COUVENTS
DE FEMMES

DU MÊME AUTEUR

L'Abbé de Choisy ou l'Ingénu libertin, Paris, 1983, Presses de la Renaissance.

Geneviève Reynes

COUVENTS DE FEMMES

La vie des religieuses contemplatives
dans la France des XVIIe et XVIIIe siècles

Fayard

CHAPITRE PREMIER

Entre le Concile et la Révolution

Après la mort de son fils, la Vierge Marie, « n'ayant plus rien qui la retînt dans le siècle, ne songea qu'à exécuter le vœu qu'elle avait fait dans sa plus tendre jeunesse d'entrer en religion. Dans ce dessein, elle fit son testament en faveur des Carmes, qu'elle laissa ses légataires universels. Elle leur donna sa maison de Nazareth avec quelque peu de terre qu'elle avait aux environs, afin d'en faire un couvent. Ayant ainsi disposé de son patrimoine, elle vint se présenter au révérend père général avec plusieurs autres filles dont elle était accompagnée, pour demander la grâce de la sainte religion et l'entrée au Carmel. Il est plus facile de concevoir que d'exprimer quels furent les sentiments de la communauté, et avec quels transports de joie ils reçurent Marie au nombre de leurs sœurs. Le révérend père Agabus fit à ces saintes filles un excellent discours, après l'Évangile de la messe, sur l'importance des vœux religieux et l'obligation de leur état. Ensuite il leur donna à toutes le voile et nomma Marie leur supérieure. L'acte de sa profession se conserve en original chez les carmes. C'est un grand rouleau fait d'un papier d'Égypte ; les caractères en sont syriaques, de ceux qu'on appelle *estrangelo*, grands, bien marqués, sans points, ornés de quelques figures et encore lisibles malgré le nombre des années.

Au bas de cet acte est l'original de son testament, signé de sa main et de deux notaires royaux du Châtelet de Nazareth ; et au haut du rouleau, on voit une belle vignette qui représente sa vêture [1] ».

C'est par cette plaisante parodie des chroniques monastiques que l'abbé Musson dénonce ironiquement la prétention de la plupart des ordres religieux de son temps à jeter leurs fondations dans le passé le plus reculé et à annexer les plus grands saints de l'histoire chrétienne, comme si l'aristocratie spirituelle, à l'exemple de celle du monde, se devait d'accumuler les ancêtres et les générations. Si la mère du Christ n'a fondé aucun ordre de son vivant — pas même celui des carmélites ! — il est d'ailleurs peu d'établissements auxquels elle n'ait prêté son concours, prodiguant du haut du ciel à leurs fondateurs des conseils sur le choix de leur nom, sur divers points de leur règle, ou sur la forme ou la couleur de leur habit.

Les premiers religieux de l'histoire de l'Église furent longtemps des solitaires qui vivaient librement à l'écart du monde, et la vie monastique mit plusieurs siècles pour se fixer dans les formes que nous lui connaissons aujourd'hui encore. Ce n'est qu'au IVe siècle de notre ère que l'on vit apparaître en Égypte des ermites pratiquant en groupe le jeûne, le silence, la prière et le travail manuel, sous la conduite d'un chef spirituel. Les premières règles, comme celle de saint Pacôme ou de saint Antoine, furent rédigées à cette époque pour tenter d'organiser cette vie religieuse communautaire, sans imposer encore de vœux aux cénobites, ni même l'obligation de s'attacher au groupe. Sous ces formes primitives, le monachisme se répandit au Moyen-Orient et en Occident. Les règles se multiplièrent, presque toujours d'une terrible austérité, mais laissant à l'individu son entière liberté.

Dès les origines de l'Église, on rencontra aussi des vierges consacrées à Dieu qui vivaient retirées dans leurs maisons, s'occupant à la prière et au travail des mains. Il semble d'ailleurs qu'elles se soient regroupées plus tôt que les hommes en petites communautés pieuses, d'abord relativement informelles et simplement placées sous la conduite d'une femme plus âgée. Ces communautés imposèrent assez tôt la clôture à celles qui s'y retiraient, sans exiger d'elles un engagement définitif. Mais au cours des siècles, ces communautés s'organisèrent progressivement jusqu'à prendre la forme de véritables monastères.

A partir du VIIe siècle, on voit apparaître en France les premières grandes abbayes bénédictines. Pour les femmes : Jouarre, Chelles, Saint-Pierre de Reims, Saint-Paul-lès-Beauvais, Almenèches, Avenay... Fondées en général par des reines ou des princesses de sang royal, ces abbayes souffrent bientôt des conséquences d'un recrutement presque exclusivement aristocratique. Dès cette époque, les familles de la haute société prennent l'habitude de reléguer au couvent les filles dont elles ne veulent ou ne peuvent se charger. Ces religieuses sans vocation vont encombrer les monastères et y introduire la tiédeur et l'indiscipline.

Après avoir connu jusqu'au Moyen Âge une véritable prolifération des règles monastiques, les ordres féminins finissent par s'unifier autour de trois règles principales : celle de saint Benoît, celle de saint Augustin et celle, plus récente, de saint François. Ces règles imposent les mêmes vœux de pauvreté, d'obéissance, de chasteté et de clôture, même si elles ne s'inspirent pas tout à fait du même esprit. Mais les différences qui peuvent exister entre elles s'estompent à l'heure où la régularité disparaît de presque tous les monastères.

Au XVIe siècle, cette décadence s'est progressivement étendue à tous les ordres religieux, masculins ou féminins. Elle est même plus marquée encore dans les couvents d'hommes : paillards, ivrognes, voleurs, ignorants, querelleurs, les moines sont considérés comme la lie de la société, et certaines de leurs abbayes sont plus redoutées que des repères de brigands. Quant aux religieuses, si elles sont moins sévèrement jugées par l'opinion publique, c'est que leurs dérèglements restent plus discrets, même si elles ne se gênent guère pour mener une vie presque séculière.

Devant l'ampleur de ces désordres, quelques tentatives de réforme furent entreprises avant même le concile de Trente dans certaines maisons religieuses, mais sans effets durables. La plus connue est celle d'Étienne Poncher, un évêque de Paris, qui chercha, au début du XVIᵉ siècle, à rétablir l'ordre dans les couvents de bénédictines dépendant de sa juridiction. Il rédigea une version de la règle de saint Benoît qui en atténuait les austérités les plus pénibles (comme l'office de nuit, ou l'abstinence complète de viande), mais rappelait la nécessité d'observer les points fondamentaux : la clôture, la vie commune, la pauvreté, la chasteté, l'obéissance, la visite d'inspection du représentant de l'évêque, etc. Bien qu'elle n'ait pas produit tous les résultats qu'il espérait, cette règle de Poncher, dite « mitigée », connut un certain succès, et de nombreux monastères s'en réclamaient encore au XVIIᵉ siècle.

Le concile de Trente, qui siégea entre 1545 et 1563, prit à son tour des mesures pour porter remède au désordre qui continuait à régner dans tous les ordres monastiques de la chrétienté. En ce qui concerne les monastères de femmes, il restaura la clôture; il s'efforça de lutter contre le phénomène des vocations forcées en fixant à douze ans l'âge minimum de la prise d'habit et à seize ans celui de la profession (ce qui constituait un progrès par rapport à l'anarchie précédente), et en menaçant d'excommunication quiconque obligerait une personne à entrer au couvent malgré elle; il décréta que les supérieures des communautés devraient avoir au moins quarante ans d'âge et huit ans de profession, recommandation qui fut d'ailleurs fort peu respectée sous l'Ancien Régime.

En raison de leurs positions gallicanes, les Parlements de France refusèrent longtemps d'enregistrer les décrets du concile pour leur donner force de loi en vertu du concordat de Bologne (1516), mais le clergé, qui souhaitait un changement réel et profond des institutions de l'Église, déclara les recevoir en ce qui le concernait dès son assemblée de 1615. Cette volonté de réforme put s'appuyer sur une génération de jeunes abbesses éprises d'absolu, qui entraînèrent vigoureusement leurs abbayes dans la voie d'un renouveau monastique. Sans doute fallait-il l'énergie et l'inconscience de l'extrême jeunesse pour oser entreprendre une telle aventure. Plus âgées, plus prudentes, elles auraient peut-être douté de leurs forces ou auraient hésité, par pitié pour leurs religieuses, à bousculer des existences dont elles étaient responsables. Si elles firent des adeptes ferventes, surtout parmi les jeunes religieuses, elles se heurtèrent aussi à des résistances acharnées. Dans certaines maisons, les moniales n'hésitèrent pas à recourir aux menaces, aux injures, aux coups et même aux tentatives d'assassinat pour tenter de s'opposer au rétablissement de la règle. On comprend d'ailleurs le désespoir qui pouvait animer ces femmes, aigries par une existence de sacrifice, en voyant menacer les derniers bastions qui défendaient leur tranquillité. Il semble cependant qu'après la flambée du début du siècle, la rigueur primitive se soit partout assez vite modérée, pour aboutir, après 1650, à une sorte de « normalisation » de l'état religieux : les maisons les plus austères s'adoucirent et les plus relâchées adoptèrent du moins les apparences de la régularité.

Ces réformes du début du XVIIe siècle correspondent d'ailleurs à une période d'intense ferveur spirituelle

qui embrase toute la société, entraînant un foisonne-
ment extraordinaire de vocations religieuses et de
fondations nouvelles. Non seulement les ordres
anciens se réveillent, mais des ordres nouveaux apparaissent, venus de l'étranger (comme les carmélites ou
les ursulines), ou nés en France (comme l'ordre de la
Visitation de saint François de Sales, ou celui des Filles
de la Charité de saint Vincent de Paul, pour ne parler
que des plus connus).

Dans les ordres féminins, ce renouveau religieux
obéit à un double mouvement aux exigences contradictoires. D'une part les ordres contemplatifs, sous
l'impulsion du concile de Trente, tentent de revenir à
l'observance de la vie monastique traditionnelle, donc
de rétablir plus rigoureusement la clôture et la séparation du monde. D'autre part, la majorité des ordres
nouveaux s'orientent délibérément vers la vie active et
s'efforcent de confier aux religieuses un rôle important
de service et d'apostolat (enseignement, aide à l'enfance abandonnée, soin des malades, accueil des filles
repenties, etc.). Il est vrai que certaines de ces activités
(en particulier le service hospitalier) étaient depuis
longtemps confiées aux religieuses, mais sans atteindre
une telle variété et une telle ampleur. Il s'agit donc
d'une démarche quasiment « révolutionnaire » qui
ouvre aux femmes des voies nouvelles dans la société.

Pour leur laisser toute la liberté de mouvement
nécessaire, les fondateurs de ces ordres « actifs »
tentent de leur donner des structures plus souples,
sans clôture ni vœux solennels. Mais ils se heurtent
souvent à l'opposition de l'Église comme à celle du
pouvoir royal, qui désapprouvent une ouverture aussi
large sur le monde, à l'heure où la restauration de la
règle dans les monastères de contemplatives se heurte
justement à tant de difficultés. C'est pourquoi des
ordres comme celui des ursulines ou celui des visitandines, fondés à l'origine comme des établissements à

vœux simples, devront bientôt céder aux pressions et adopter à leur tour la clôture et les vœux solennels. Une règle moins rigoureuse que celle des ordres anciens leur permettra pourtant de mieux s'adapter aux nouvelles conditions de vie et d'exercer malgré tout une certaine activité.

Les ordres anciens eux-mêmes n'échappent pas à cet irrésistible mouvement d'ouverture. Rares seront ceux qui n'entreprendront pas, dans la mesure de leurs possibilités, quelque mission éducative ou charitable. C'est ainsi que pendant les deux siècles qui précèdent la Révolution, les communautés de femmes, plus encore que les communautés d'hommes, vont être amenées à jouer un rôle de premier plan dans la société.

Le seul enthousiasme missionnaire ne suffit pourtant pas à expliquer une telle évolution dans la vie religieuse féminine. D'autres facteurs, en particulier géographiques et économiques, ont contribué à favoriser cette ouverture sur le monde. Les troubles des guerres de religion ont montré que les maisons isolées dans les campagnes s'y trouvaient trop exposées, et beaucoup d'entre elles se sont établies dans l'enceinte des villes, ce qui va évidemment faciliter leur insertion dans la vie de la cité.

D'autre part, un grand nombre de monastères se trouvent dans une situation financière difficile. Exercer une activité rémunérée est devenu une nécessité vitale qu'ils avaient pu ignorer jusqu'alors. Au Moyen Âge, les fondateurs des grandes abbayes leur avaient constitué un important patrimoine, souvent augmenté ensuite par des dons et des legs, qui se composait de vastes domaines comportant des terres mais aussi des maisons, des fermes, des bois, des vignes, des prés, des moulins, etc. Non imposables, ces biens d'Église avaient encore la particularité d'être possédés en mainmorte, c'est-à-dire d'être inaliénables (le roi accordant, au moment de l'acquisition de ces biens, des « lettres d'amortissement » gratuitement ou moyennant une taxe). Aux revenus de ces grandes propriétés, s'ajoutent les droits seigneuriaux qui y sont attachés (droits de justice, cens, dîmes, ensaisinement, banalités, etc.). Malgré l'ampleur souvent considérable de ces biens et de ces revenus, beaucoup d'abbayes se trouvent confrontées, dès le XVIe siècle, à de graves difficultés. Ignorantes des affaires et dans l'impossibilité de sortir de leur clôture, les religieuses ont dû faire confiance à des intendants qui n'ont pas toujours géré leurs biens avec exactitude. Elles-mêmes ont souvent contribué à leur propre ruine en engageant des travaux de réparation ou d'embellissement trop coûteux qui les ont contraintes à accumuler de lourdes dettes. Malgré leur obligation de pauvreté, ces grands monastères doivent d'ailleurs faire face à un train de vie très dispendieux : vivant pratiquement en autarcie, ils emploient un personnel très nombreux de médecins, d'hommes d'affaires, de servantes, de valets, de jardiniers, de vignerons, etc. qu'il faut loger et nourrir ainsi que leurs familles, et rémunérer. A cela s'ajoute l'aide charitable, les aumônes d'argent et de nourriture souvent considérables qu'ils distribuent traditionnellement aux pauvres des environs.

Les maisons moins importantes, dont les biens sont surtout constitués en valeurs mobilières, sont dans une situation encore plus précaire. Ces valeurs consistent généralement en rentes (rentes sur l'Hôtel de ville, rentes sur les tailles de l'élection de Paris...), acquises grâce à l'argent des dots des religieuses ou à des dons privés. Or les actes royaux se succèdent à partir du XVIIe siècle pour limiter le montant des dots et des donations et pour réduire ces rentes. Pour les couvents pauvres, qui n'avaient guère d'autres sources de revenu et dont toute la fortune était constituée en fonds d'État, ces coups furent particulièrement rudes.

La banqueroute de Law, en 1720, acheva d'en jeter beaucoup dans la misère.

A partir du XVIe siècle, les rois de France s'efforcent en effet de contrôler de plus près les activités d'un clergé trop puissant à leur goût. Le concordat de 1516, signé entre Léon X et François Ier, avait donné au roi le droit de nommer lui-même les évêques ainsi que les abbés et les abbesses de son royaume (sauf ceux des abbayes dites « exemptées » qui continuaient à dépendre directement du Saint-Siège). Ce premier pas sera suivi d'autres, qui aboutiront à une mainmise toujours plus forte du pouvoir sur les monastères. Au XVIIe siècle, les édits de novembre 1629 puis de décembre 1666 interdisent la fondation de tout nouvel établissement religieux sans lettres patentes du roi. Mais les biens immenses possédés par certaines maisons leur donnent une indépendance dangereuse, et causent un préjudice à l'économie du pays en raison du retrait du commerce de ces propriétés de mainmorte.

En 1749, le pouvoir royal franchit une nouvelle étape en interdisant aux établissements religieux, comme à toute personne de mainmorte, d'acquérir des immeubles à titre gratuit. L'essentiel des biens monastiques consistant en donations, cette mesure porte une nouvelle atteinte aux maisons en difficulté. Quant aux autres, elles cessent du moins de s'enrichir. Le pouvoir s'efforça en même temps de réduire le nombre des communautés d'hommes et de femmes qui avaient proliféré au siècle précédent et confia à la Commission des Réguliers, qui siégea de 1766 à 1780, la tâche d'examiner la situation des couvents d'hommes. Cette Commission décida de supprimer neuf ordres, presque expirants, et 450 maisons qu'elle jugeait trop pauvres ou trop indisciplinées. Elle releva l'âge des vœux à dix-huit ans pour les femmes et à vingt et un ans pour les hommes, ce qui, joint à la crise des vocations que connurent les ordres religieux au XVIIIe siècle, eut

évidemment pour conséquence d'aggraver considérablement leur problème de recrutement[2]. La question
des couvents de femmes avait été étudiée plus tôt par
une autre commission, dite « des Secours », qui avait
commencé à siéger dès 1727 et fonctionna jusqu'en
1788. Chargée en principe d'examiner la situation des
maisons en détresse et de leur octroyer éventuellement
des aides financières, elle supprima elle aussi bon
nombre de monastères qui se trouvaient dans un état
matériel ou moral trop désastreux ou qu'elle estimait
« inutiles » à la société : « Les couvents de femmes,
déclara-t-elle, ne devraient subsister qu'autant qu'ils
sont utiles à l'État par l'édification et la prière, par
l'instruction et l'éducation des enfants, par le secours
des malades et des pauvres. Ceux qui ne remplissent
pas ces devoirs, ou les remplissent mal, pourraient être
supprimés sans inconvénients, tels les couvents où le
désordre et la dissipation sont introduits ; ceux qui,
réduits à un très petit nombre, ne peuvent exercer avec
décence l'office divin ; ceux qui sont devenus dans un
tel état de pauvreté qu'il est impossible de les rétablir[3]. » Finalement, presque 250 couvents de femmes
furent eux aussi contraints de fermer leurs portes[4].
Comme on l'a souvent remarqué, la suppression de
certains ordres ou de certaines maisons monastiques
avait donc commencé bien avant 1789, au nom de cette
même notion d'utilité publique qui sera plus tard
invoquée par les révolutionnaires. En prenant une part
plus active dans la vie de la société, les couvents
avaient bien involontairement fourni des armes contre
eux-mêmes, puisqu'on les sommait désormais de justifier d'une activité d'intérêt général pour leur accorder
le droit de survivre...
À ces multiples difficultés morales et matérielles
rencontrées par l'ensemble des ordres religieux, s'ajoutent les persécutions qui vont poursuivre pendant tout
le XVIIIe siècle les maisons soupçonnées de sympathies

jansénistes par les autorités civiles et religieuses. À l'époque de Port-Royal, la plupart des communautés monastiques s'étaient prudemment tenues à l'écart d'une affaire dont elles comprenaient mal les tenants et les aboutissants. L'abbaye janséniste avait donc affronté seule ses conflits avec le pouvoir, sa lente agonie, l'expulsion de ses religieuses en 1709, et sa destruction deux ans plus tard. Mais loin de disparaître avec elle, le jansénisme continua à se répandre largement dans le clergé et la société. En septembre 1713, la promulgation de la bulle *Unigenitus* qui condamnait les *Réflexions morales* d'un oratorien janséniste, Pasquier Quesnel, mit le feu aux poudres. Elle suscita un mouvement de protestation qui gagna cette fois les communautés religieuses. Les maisons de femmes furent particulièrement nombreuses à embrasser la cause janséniste, et la répression qui suivit s'acharna, semble-t-il, davantage sur elles que sur les couvents d'hommes. Aucun ordre ne fut épargné dans cette sorte de chasse aux sorcières : les visitandines, les bénédictines, les carmélites, mais surtout les ursulines et les calvairiennes, plus suspectes encore que les autres de tendances augustiniennes.

Cette persécution prit souvent des formes encore plus impitoyables que celle de Port-Royal : privation des sacrements et de la sépulture religieuse, interdiction de recevoir des pensionnaires et des novices (ce qui signifiait la mort lente des communautés), exils, emprisonnements, furent le lot de milliers de religieuses jansénistes jusqu'à la fin du XVIIIᵉ siècle. Car s'il suffisait à l'Abbaye-au-Bois à Paris, protégée par de puissants appuis à la Cour, de cacher les livres interdits lors des visites de l'archevêque, des maisons comme la Fidélité de Saumur connurent un sort semblable à celui de Port-Royal : après des années de lutte contre le pouvoir, leurs religieuses furent dispersées et leurs bâtiments détruits[5]. Cette répression contribua donc elle aussi à la ruine de nombreuses communautés, déjà affaiblies par une situation économique difficile et par la montée de l'indifférence religieuse dans le siècle des Lumières.

Au cours de cette période de deux siècles, enclose entre deux « frontières » naturelles — la reconnaissance, au début du XVIIᵉ siècle, des décrets du concile de Trente et la Révolution — l'histoire des couvents de femmes en France pourrait donc se résumer en trois mots : renaissance, apogée et déclin. Après l'essor prodigieux et le succès qu'ils ont connus au XVIIᵉ siècle, les ordres monastiques subissent au siècle suivant une baisse considérable de popularité. Louis-Sébastien Mercier traduit bien l'opinion générale quand il déclare à la fin du XVIIIᵉ siècle : « Les couvents sont jugés. Les curiosités excessives, la bigoterie et le cagotisme, l'ineptie monastique, la bégueulerie claustrale y règnent. Ces déplorables monuments d'une antique superstition sont au milieu d'une ville où la philosophie a répandu ses lumières[6]. » Après avoir été les foyers d'une vie religieuse et sociale intense, ils apparaissent comme un anachronisme dans une société qui ne leur reconnaît de raison d'être qu'en fonction des services qu'ils peuvent lui rendre. En ce sens, la Révolution, qui les supprimera, leur rendra peut-être service en leur permettant de renaître dans un monde nouveau, avec une image rajeunie de dignité et de respectabilité.

CHAPITRE II

Enfances

> *« C'était une ancienne coutume de
> l'ordre de saint Benoît d'y recevoir les
> enfants de qualité et de les élever au
> mépris du monde en les revêtant des
> livrées de la pénitence. »*

J. Bouette de Blémur

Vers la fin du XVIᵉ siècle, une jeune femme très pieuse du Berry, la marquise de Châteauneuf, prit une décision qu'elle jugea inspirée par le ciel, celle de vouer à Dieu l'enfant qu'elle portait. Peut-être l'événement attendu n'était-il pas heureux pour elle, ou espérait-elle obtenir en échange de ce sacrifice l'exaucement d'une prière secrète ? L'enfant naquit. C'était une fille que l'on appela Marie. A peine relevée de ses couches, la marquise dut accompagner son mari en Angleterre, où le roi l'avait nommé ambassadeur. Elle laissa l'enfant aux soins d'une nourrice, en lui recommandant de la remettre à l'abbaye de Saint-Laurent de Bourges dès qu'elle serait sevrée, ce qui fut exécuté ponctuellement. La petite fille grandit dans le cloître, et donna très vite tous les signes souhaités d'une vocation religieuse. Elle demanda elle-même à prendre le voile à cinq ans, le reçut à six, et fit profession à dix-sept ans. Quelques années plus tard, elle devint abbesse du monastère qui l'avait élevée[1].

L'histoire de Marie de L'Aubespine de Château-neuf, entrée dans la vie religieuse au berceau, peut nous paraître étonnante ou terrible. Elle n'avait pour-tant rien d'extraordinaire à une époque où beaucoup de filles, orphelines ou cadettes de famille nombreuse, étaient promises au cloître dès leur plus jeune âge.

Une tradition très ancienne, remontant à l'Église primitive, encourageait les parents à vouer précoce-ment leurs enfants à Dieu. Un tel engagement, pris parfois avant même la naissance de l'enfant, était considéré comme irrévocable. Il ne pouvait plus être rompu ni par ceux qui l'avaient pris ni par l'enfant lui-même. Cette coutume était affaiblie mais encore vivante à la fin du XVIe siècle. Les familles nombreuses y voyaient un moyen commode de se débarrasser de leur progéniture excédentaire avec la bonne conscience que donne la certitude d'accomplir un devoir sacré.

Comme Marie de Châteauneuf, la plupart des grandes abbesses bénédictines sont entrées au couvent à l'aube de leur enfance, et Jeanne de Blémur, qui a retracé leur vie dans ses *Éloges*, approuve leurs familles d'avoir assuré de cette façon leur salut temporel et spirituel : « Il est certain, écrit-elle, que les enfants qui ont été offerts de la sorte ont réussi plus que les autres, comme si Dieu voulait récompenser par la piété des parents la disgrâce qu'ils ont tirée de leur première origine[2]. » Cette pratique n'était pas propre à l'ordre de saint Benoît, et presque tous les monastères conser-vèrent jusqu'à la Révolution la coutume de recevoir des pensionnaires destinées à la vie religieuse. Même un ordre nouveau comme celui de la Visitation, fondé au début du XVIIe siècle, continua à prévoir dans ses statuts l'admission de très jeunes postulantes : « L'on en peut recevoir pour quelque digne occasion deux ou trois, ou quatre au plus, âgées d'environ dix ou douze ans s'il se peut; que si on trouve convenable de les prendre plus jeunes, qu'elles soient au moins d'âge capable pour ne pas troubler la quiétude du monastère, qu'elles soient de bon naturel, et tant qu'il sera possible portées à être religieuses, ou leurs parents en ayant le désir. »

Dans les ordres plus anciens, l'entrée des enfants pouvait être très précoce, et il n'était pas rare de voir des familles confier aux religieuses des petites filles de quatre ou cinq ans, parfois de quelques semaines à peine comme ce fut le cas de Marie de Châteauneuf. Jeanne de Lorraine n'avait que onze ou douze jours quand elle fut confiée à sa tante, Renée de Lorraine, abbesse de Saint-Pierre de Reims (qui y était entrée elle-même à l'âge de six semaines). Mais le record de précocité est détenu par Françoise de Foix, puisqu'elle naquit dans l'abbaye même de Saintes où sa mère était de passage, et ne la quitta plus jusqu'à sa mort.

Si barbare qu'il puisse nous paraître, cet usage n'avait rien de cruel dans les mentalités du temps, puisque les enfants de la noblesse étaient de toute façon rarement élevés dans leurs familles. En plaçant ces filles dès leur petite enfance dans le milieu où elles devaient passer leur vie, leurs parents pensaient d'ailleurs leur épargner des souffrances inutiles, et les regrets d'un monde qu'il valait mieux pour elles qu'elles ne connussent jamais.

L'admission de très jeunes enfants est d'ailleurs souhaitée par les monastères, en dépit des embarras qu'elle présente sur le plan pratique, parce qu'elle facilite le recrutement des novices et permet d'obtenir des religieuses « sur mesure », parfaitement adaptées à la vie monastique.

L'abbesse voit en outre dans le choix précoce qu'elle fait de l'une de ses nièces ou de ses parentes, un moyen d'assurer sa succession. L'enfant est élevée auprès d'elle dans le monastère et prend dès son plus jeune âge le titre de « coadjutrice » qui fait d'elle son héritière légitime. Il est de tradition que les grandes abbayes du royaume « appartiennent » ainsi à de grandes familles qui veillent à ce que la crosse ne sorte pas de leurs mains. Notre-Dame de Soissons était ainsi détenue par la maison de Lorraine ; Saint-Paul-lès-Beauvais resta longtemps le fief des Sourdis et des Clermont-Tonnerre, et le Paraclet celui des La Roche-foucauld.

Quand les nièces manquent ou que leurs parents ne montrent pas assez de zèle pour la cause monastique, les abbesses « sans descendance » guettent des grossesses dans les branches plus éloignées de leur parenté et n'hésitent pas s'il le faut à exercer des pressions pour obtenir l'héritière convoitée. La future réformatrice de Montmartre, Marie de Beauvilliers, s'inquiétait de ne pas avoir de coadjutrice alors qu'elle n'était encore qu'abbesse de Beaumont. Un jour qu'elle rendait visite à sa famille, elle s'approcha du berceau où dormait l'une de ses nièces, la petite Catherine-Henriette de Beauvilliers, âgée d'un mois, « la prit entre ses bras, lui donna la bénédiction, l'offrant dès lors à Dieu, et le priant avec une pure affection et une sincère dévotion qu'il fût l'entier possesseur de cette petite créature », raconte Nicolas Caussin qui prononça plus tard l'éloge funèbre de Catherine-Henriette. « Ce souhait, ajoute-t-il, ne tomba point en terre, mais il fut écrit dans le ciel du doigt de la Providence divine [3] », ou plutôt la famille de Beauvilliers n'osa pas s'opposer à une prise de possession qui revêtait des apparences aussi inspirées. Quand l'enfant eut six ans, on la conduisit donc auprès de sa tante malgré les larmes de sa mère « qui l'aimait tendrement » et à qui il fallut l'arracher « par un pieux larcin » pour la remettre à Montmartre « entre les bras de la croix ».

Une abbesse de Saint-Paul-lès-Beauvais, Madeleine de Sourdis, usa d'un moyen plus direct pour obtenir une héritière, en demandant franchement à sa sœur, Mme de Tonnerre, de lui donner l'enfant qu'elle attendait : « Elles conclurent ensemble de joindre leurs prières pour intéresser le ciel dans cette affaire, et que si pendant ce commerce sacré la comtesse accouchait d'une fille, on la consacrerait au service de Notre-Seigneur. Après ce traité, on commença des messes aux capucins de Beauvais, et à la fin de l'annuel, Mme de Tonnerre mit au monde une fille dont notre abbesse fut la marraine... On lui donna le nom de Magdelaine, et dès lors on la regarda comme une petite victime que Dieu s'était appropriée par un effet de grâce très particulier. Elle était belle comme un ange et d'une humeur si agréable que Madame sa mère eut besoin d'une grande fidélité pour ne pas manquer son vœu, mais jamais elle ne s'en dédit[4]. » Mme de Tonnerre mourut jeune, mais sur son lit de mort, elle demanda à son mari d'exécuter sa promesse et de remettre à l'abbesse de Saint-Paul leur enfant qui n'avait encore que six ans. Les regrets qu'elle aurait exprimés relèvent probablement davantage de l'ornement hagiographique que de la réalité biographique. On sait que les enfants comptaient peu à cette époque ; ces « pieux larcins », pour parler comme Nicolas Caussin, procuraient trop d'avantages aux familles surchargées de filles pour provoquer de longs chagrins.

Les enfants en très bas âge sont reçues au monastère avec leur nourrice. Dès qu'elles peuvent se passer de leurs soins, elles sont confiées à la « maîtresse des pensionnaires » ou « maîtresse des petites » qui les élève ensemble à l'écart de la communauté. Elles ne quitteront plus jamais le couvent, sauf en cas de nécessité absolue comme une maladie grave ou une épidémie, et ne verront plus leurs parents qu'au parloir, et toujours accompagnées de leur maîtresse.

Les pensionnaires conservent en principe des habits séculiers très simples, d'étoffe grossière brune ou blanche, mais on les habille le plus souvent en novices sans attendre leur prise de voile. Les pensionnaires de la Visitation portent, par exemple, « une robe noire toute simple, coupée au corps, sans plis et cochée au col et les manches un peu larges, un petit colet joint au col, sans empois, un voile blanc fort court qui ne replie point sur la tête, sans barbette ni bandeau, ains [mais] une bandelette serrant les cheveux afin qu'ils ne tombent point sur le visage ».

Elles reçoivent auprès de leur maîtresse une éducation essentiellement morale, leur instruction se bornant en général à la lecture et à l'écriture (ce qui n'est déjà pas si mal à une époque où tant de femmes sont illettrées). Leur éducation religieuse reste elle aussi limitée, car on ne tient pas tant à leur enseigner la doctrine et les dogmes chrétiens qu'à les plier de bonne heure à une discipline qui tend à modifier profondément leur personnalité. Il s'agit de les accoutumer à une obéissance absolue, de corriger en elles la nature, de gommer les reliefs de leur caractère, d'anéantir leurs désirs. Elles apprennent à se conduire en toute occasion selon des schémas très simples, à répéter toute leur vie des gestes stéréotypés et des pensées toutes faites. On pense prévenir chez elles l'apparition de la sensualité en leur apprenant à vaincre dès leur plus jeune âge leurs penchants à la paresse ou à la gourmandise : « Il ne faut point qu'elles s'habituent à être délicates de bonne heure, dit un manuscrit de Notre-Dame de Montargis ; il faut qu'elles mangent de tout sans s'amuser à considérer si les choses sont grasses ou maigres, douces ou salées ; si elles sont trop salées, il y a de l'eau pour les adoucir [5]. » On cherche surtout à prévenir l'éclosion des instincts charnels en les enfermant dans le carcan d'un maintien physique rigide. Elles doivent marcher lentement, tenir les yeux

continuellement baissés, garder le silence une grande
partie de la journée ou parler à mi-voix. Il leur est
interdit de courir, de rire, de se montrer familières
entre elles ou envers leurs maîtresses.

Les jeux, qui sont à cet âge l'occasion d'abandonner
toute contrainte, sont particulièrement surveillés :
« Elles se réjouiront de bon cœur, dit le même
manuscrit, évitant les ris [rires] éclatants, les paroles
de bouffonnerie qui sentent le laquais, ne se maniant
pas les mains et ne se baisant point. [...] Jamais elles ne
feront de tragédie aux récréations, où il faille changer
d'habits ou faire de théâtre. L'on peut permettre de
jouer à la boule, de faire des énigmes qui fassent rire,
mais qu'il n'y ait rien du monde[6]. » Plutôt que de les
abandonner à elles-mêmes, leurs maîtresses les occupent pendant les récréations en leur lisant ou en leur
racontant des histoires pieuses tirées de la Bible ou de
la vie des saints. Elles organisent des processions, leur
font chanter des hymnes, ou fabriquer des petites
chapelles et des autels qu'elles les aident à décorer de
fleurs et d'images.

Dans la mesure du possible, les maîtresses évitent
tout contact physique avec leurs élèves, jusqu'au
moindre geste de tendresse. Jeanne de Blémur, fer-
vente admiratrice de ce système éducatif, cite en
exemple une prieure de Notre-Dame de Grâce de la
Ville-l'Évêque qui, « quoiqu'elle aimât les enfants et
qu'elle prît plaisir à leur innocence, [...] ne souffrait
pas qu'on les caressât beaucoup, trouvant que cela était
contraire à la modestie religieuse, et que les enfants
mêmes pouvaient en recevoir des impressions qui leur
font tort dans un âge plus avancé[7] ».

Dans certaines maisons — qui ne sont heureusement
pas les plus nombreuses — on juge bon de permettre
aux enfants un apprentissage précoce de la pénitence :
les enfants y sont laissées libres de s'exercer « volontairement » aux jeûnes et aux austérités de leurs aînées,

quand elles n'y sont pas formellement encouragées. À
l'abbaye de Montivilliers, l'abbesse Louise de L'Hôpital prétendait faire de sa nièce Anne une « sainte » et
une « parfaite disciple de la croix » : pour y réussir,
elle s'efforçait, dit Jeanne de Blémur, de « la nourrir
d'opprobres et de la rassasier d'affronts [8] ». Entrée tout
enfant à l'abbaye de Saint-Pierre de Reims, Antoinette
de Monbron jeûnait et se mortifiait elle-même, sous
l'œil complaisant de ses éducatrices, et pratiquait à
douze ans « la sainte règle avec la même exactitude que
la plus parfaite des religieuses [9] ».

Cette répression des exigences et même de la
spontanéité corporelles s'accompagne d'une contrainte
morale peut-être plus pesante encore. L'humilité et la
soumission sont les vertus maîtresses que l'on ne cesse
de prôner aux pensionnaires, les invitant, comme le
faisait Madeleine de Sourdis, à être « déjà religieuses
dans le cœur et dans les mœurs », c'est-à-dire « de
petites créatures mortifiées, soumises, modestes, solitaires et silencieuses [10] ». La faiblesse et l'infériorité de
l'enfance favorisent cet abaissement : « Je voudrais,
ma fille, disait à l'une de ses nièces Geneviève Granger,
supérieure de Montargis, que vous fussiez toute votre
vie à la place de la servante de la basse-cour ! Cachez-
vous si bien que l'on ne vous aperçoive dans le
monastère que comme un avorton disposé d'être le
marchepied de tout le monde [11]. »

Quand l'enfant est promise à la crosse, l'abbesse
tient parfois à se charger elle-même de son éducation :
éducation qu'Y. Chaussy a pu qualifier de « dressage »
tant elle présente d'aspects redoutables, surtout dans
les sévères abbayes « réformées [12] ». Sous prétexte
qu'avant de commander il faut avoir appris à obéir, de
malheureuses nièces se trouvent abandonnées à la
discrétion de tantes à la poigne terrible. Marie de
Beauvilliers, la future abbesse de Montmartre, passa

son enfance à Beaumont, dont sa tante était abbesse. Sur son ordre, elle aidait les converses dans les plus durs travaux. Un jour, comme elle travaillait avec les sœurs boulangères, on lui fit porter un sac si lourd qu'elle se rompit une côte, accident qui devait la faire souffrir toute sa vie.

L'éducation que Jeanne de Plas reçut à Faremoutiers ne fut guère plus tendre. Habillée de serge, traitée par sa tante comme une servante, elle était sans cesse grondée et punie, même — et surtout — quand elle le méritait le moins : « Lorsqu'elle avait chanté comme un ange, et qu'en vérité elle ne méritait que l'approbation universelle, c'était alors qu'elle recevait de plus rudes réprimandes, suivies assez souvent de mortifications. » Devenue abbesse à son tour, Jeanne gardait de tristes souvenirs de cette enfance aride : ma tante, racontait-elle, « ne m'avait jamais permis de fréquenter la grille, et quand il fallait nécessairement aller au parloir, elle me faisait tenir le voile baissé, m'ayant défendu de le lever avant l'âge de quarante-cinq ans. S'il arrivait qu'elle parlât à quelque personne affligée et contrefaite de corps, elle voulait que j'eusse part à la visite et elle prenait grand soin de me faire remarquer leurs disgrâces pour me dégoûter du monde ». Singulière façon de détacher un cœur des appas terrestres ! Jeanne, qui était une femme de bon sens, émettait elle-même des doutes sur la nécessité d'une éducation aussi impitoyable et déclarait que sa vocation s'était plutôt déclarée *en dépit* des bons soins de sa tante : « N'était-il pas à craindre, observait-elle, qu'une telle sévérité ne me donnât quelque inclination pour une vie plus aisée, étant maîtresse de moi-même[13] ? » C'est ce qui arriva à Françoise de Foix, qui, après avoir été élevée par une tante très austère dans l'abbaye de Saintes, fit les pires folies, quand elle se retrouva délivrée de sa tutelle, à la tête de l'abbaye de Sainte-Glossinde de Metz.

Cette éducation morale s'appuie sur la récitation d'invocations mentales qui scandent tous les actes de la journée. Inspirées des formules que récitent les religieuses elles-mêmes, ces courtes prières aident les pensionnaires à garder le silence et occupent leur esprit, l'empêchant de vagabonder dans le monde imaginaire de l'enfance tant redouté de leurs éducatrices. Ces répétitions inlassables ont pour but de leur inspirer à la longue l'attitude qui convient à chaque circonstance. Le *Règlement pour la maîtresse des petites* de Notre-Dame de Montargis offre de nombreux exemples de ces formules, empreintes de la candeur un peu affectée que les adultes croient nécessaire d'associer à l'enfance. Au début des récréations, on leur faisait dire, par exemple : « Mon amoureux Jésus, je m'en vas jouer pour honorer votre enfance, et suis bien aise que soyez fait petit enfant ; ne me méprisez pas si je suis petite comme vous, puisque vous avez accompli votre louange par la bouche des enfants. » En s'asseyant à la table du réfectoire, elles devaient réciter cette phrase, peu charitable au demeurant : « Mon Jésus, je ne veux pas être gourmande comme les filles du monde et du diable », péché qu'elles ne risquaient guère de commettre, car si la nourriture était suffisante, elle était rarement assez appétissante pour inspirer de telles tentations...

L'ardeur naïve mise par les religieuses à donner un sens mystique à la moindre des activités quotidiennes donnait parfois des résultats surprenants : « Mon Dieu, faisaient-elles dire aux enfants en les peignant, je vous supplie que mes pensées, qui sont les cheveux de mon âme, soient bien purifiées par votre sainte crainte que jamais elles ne vous déplaisent. » En commençant la leçon d'arithmétique : « Le nombre de vos miséricordes est infini, Seigneur, qui pourrait les compter ? » Le soir, à l'heure du coucher : « Bon Jésus, permettez-moi de me coucher près de vous dans l'étable de

Bethléem, et que mon cœur soit votre crèche. »
Sentences qu'on les exhorte à « ruminer » souvent et
qui transcendent à chaque instant l'ordre naturel. On
espère substituer ainsi à la perception spontanée du
monde une interprétation spirituelle et surnaturelle
des réalités physiques.

L'incident le plus banal est saisi par les maîtresses
des enfants comme l'occasion de dépasser le plan
terrestre ; le fait le plus simple est interprété comme un
signe céleste, un appel vers l'infini. La mère Boussard,
chargée des pensionnaires à Montargis, était un jour en
conversation avec une autre religieuse quand l'une de
ses élèves vint l'interrompre pour lui dire qu'elle
s'ennuyait : « N'admirez-vous pas, dit la mère Boussard à la religieuse, cette pauvre petite innocente qui
ressent déjà la peine de son exil ? Que sera-ce donc
d'une âme qui connaît Dieu [14] ! »

La douceur, une certaine tendresse, n'étaient pourtant pas exclues de ces éducations austères. Même si
elles conservaient une grande réserve physique et
affective dans leurs relations avec leurs élèves, les
religieuses s'attachaient tout naturellement à des
enfants qui leur étaient confiées si jeunes. Elles
partageaient leurs études, leurs jeux, et vivaient plus
proches d'elles que ne l'auraient fait, à cette époque,
leurs propres mères. On trouve dans les règlements des
couvents de nombreuses exhortations à l'indulgence
envers les enfants qui devaient tempérer ce que ces
méthodes éducatives pouvaient avoir d'étroit et de
rigide. L'enfermement dans la clôture, la vie en
communauté, l'étroitesse des centres d'intérêt, la
rigueur même dans laquelle on élevait les enfants ne
pouvaient d'ailleurs que favoriser un climat d'affecti-
vité très intense.

Il faut ajouter à cette exaltation des sentiments la
peur d'un monde extérieur inconnu et la ferveur

religieuse dans laquelle on les entretenait, pour comprendre l'empressement que mettaient certaines d'entre elles à voler littéralement au-devant d'une vocation qu'on leur promettait comme une récompense divine. Des enfants de six ans à peine venaient supplier la supérieure de les autoriser à prendre l'habit, regrettant de ne pas être déjà en âge de prononcer des vœux définitifs. Catherine-Henriette de Beauvilliers, élevée à Montmartre, fit « de son propre motif », vœu de chasteté à sept ans [15]. Savait-elle seulement de quoi il s'agissait ? Certainement non, puisque la pureté parfaite réclamait l'ignorance et qu'aucune de ses éducatrices ne se serait évidemment chargée de l'éclairer sur le sens de cette promesse.

Au sujet de ces vocations précoces, si facilement inspirées à des enfants trop jeunes, Massillon aura le courage de prononcer des paroles d'une extraordinaire dureté pour son temps : « Cependant on se détermine [*à entrer en religion*] d'ordinaire dans un âge où à peine la raison peut connaître, loin qu'elle soit capable de choisir. Une démarche où la circonspection la plus attentive devrait encore craindre de se méprendre, est toujours l'ouvrage des amusements et des goûts puérils de l'enfance : à peine commence-t-on à bégayer qu'on décide déjà de l'affaire la plus sérieuse de la vie, et ces paroles irrévocables qui prononcent sur notre destinée sont les premières qu'on nous apprend à former avant même qu'on nous ait appris à les entendre. On accoutume de loin notre esprit naissant à ces images suggérées : le choix d'un état n'est plus qu'une impression portée de l'enfance : ainsi, avant que nos penchants soient développés et que nous sachions ce que nous sommes, nous nous formons des engagements éternels et arrêtons ce que nous devons être pour toujours [16]. »

Le concile de Trente avait pourtant imposé l'âge minimum de seize ans pour la vêture, mais avant que ce décret ne fût effectivement appliqué en France, l'admission au noviciat pouvait avoir lieu à un âge extrêmement précoce. Françoise de La Châtre, entrée à six ans à Glatigny, y reçut l'habit un an plus tard, « en suite des prières très abondantes qu'elle fit pour l'obtenir »; pour qu'on lui permette de quitter plus vite les vêtements laïcs qu'elle portait encore, elle les découpa en lambeaux. Anne de L'Hôpital, qui prit, à sa demande, le voile blanc à dix ans dans l'abbaye de Montivilliers, témoignait du même mépris précoce des ornements mondains : le jour de sa vêture, « elle ne se contenta pas de dire, comme les autres novices, qu'elle avait méprisé la gloire du monde et tous les ornements de la vanité, mais, joignant l'effet à la parole, elle foula aux pieds une robe très magnifique dont elle était revêtue [17] ».

Le zèle de Jeanne de Plas et d'Anne de Gonzague, élevées ensemble à Faremoutiers, dépassa même les buts de leurs éducatrices. Les deux enfants, qui étaient continuellement « régalées » de la lecture des Pères du Désert, voulurent dans leur enthousiasme embrasser sans attendre la vie érémitique. Comme elles ne pouvaient pas sortir du couvent, elles décidèrent de se retirer secrètement dans une vieille masure au fond de la cour, n'emportant avec elles que trois pains pour toute provision. Mais elles furent découvertes par un jardinier, et les religieuses les obligèrent bien vite à renoncer à cette expérience mystique [18]. La vocation peut parler tôt à condition de répondre aux normes habituelles. Les Pères du Désert étaient un modèle édifiant, mais ne convenaient finalement guère à des jeunes filles, et l'on dut réfléchir à deux fois avant de les « régaler » encore du récit de leurs exploits.

Dans la plupart des couvents, on pouvait donc voir de minuscules novices empêtrées dans leurs voiles et leurs longues robes, trotter sur les pas des religieuses et les suivre aux offices et dans les exercices de la communauté, comme la petite Anne d'Aligre dont Jeanne de Blémur dit qu' « elle était d'une complexion si délicate que ses habits, qui étaient grossiers, la soutenaient, et quand elle allait à la procession et que le vent entrait dans sa robe, elle tombait à terre [19] ». C'est à peine si la règle, déjà très dure pour des femmes adultes, était adoucie pour elles. Jusqu'à quinze ans, elles étaient dispensées de suivre rigoureusement le jeûne et l'abstinence, mais c'est là l'une des rares, et peut-être la seule atténuation apportée aux exigences de leur vie. Plus vite elles se conformeraient à la discipline de la règle, et mieux elles s'adapteraient, pensait-on, aux conditions de leur future vie.

À la même époque, d'autres petites filles vécurent cependant des enfances bien différentes dans les monastères qui les élevaient. Peut-être étaient-elles nombreuses à connaître un sort plus doux, dans une de ces abbayes nonchalantes où l'on n'avait pour la règle nul zèle excessif. Jeanne de Blémur évoque avec indignation l'enfance dorée que Flandrine de Nassau passa dans l'abbaye du Paraclet. L'abbesse, qui était une cousine germaine de sa mère, s'ennuyait dans son monastère, malgré le relâchement qui y régnait, et demanda à la famille d'Orange de lui envoyer une de ses filles pour la distraire. « Le prince d'Orange accorda avec peine sa prière ; cependant comme il avait six filles de ce troisième mariage, il consentit d'en sacrifier une à la tendresse de Madame du Paraclet. » Les années que Flandrine passa auprès de sa parente furent choyées. L'abbesse « n'oublia ni les caresses ni les présents pour captiver ce cœur dont elle voulait être la maîtresse absolue ». Habillée « superbement », l'enfant était servie en princesse par les religieuses, attentives à satisfaire ses moindres caprices. Cette éducation complaisante inquiéta l'une de ses tantes, Jeanne de Bourbon, abbesse de Jouarre, qui crut bon d'enlever Flandrine du Paraclet et de la conduire à Sainte-Croix de Poitiers où elle reçut une éducation monastique plus traditionnelle et se découvrit bientôt l'inévitable vocation religieuse qui devait en résulter[20].

La très haute naissance de Flandrine explique certainement son sort privilégié au Paraclet. Catherine d'Orléans, une fille naturelle du duc de Longueville, bénéficia pour la même raison d'un traitement de faveur dans l'abbaye de Maubuisson où elle passa sa jeunesse. Elle y avait sa propre « maison », c'est-à-dire sa domesticité, et y recevait une cour de gentils-hommes et de dames qui lui tenaient compagnie. C'était une enfant gâtée et capricieuse qui donna bien du souci à Mme Suireau, une abbesse de mœurs austères, que l'on avait placée à la tête de Maubuisson dans l'espoir, d'ailleurs vain, qu'elle parviendrait à y remettre un peu d'ordre.

Bénédicte de Gonzague appartenait elle aussi à une famille très illustre, mais sa place de troisième fille la destinait irrévocablement au couvent. Elle fut donc confiée à deux ans à l'abbesse d'Avenay, Françoise de Beauvilliers, dont elle devait plus tard prendre la succession. Sans mener une existence aussi mondaine que Flandrine de Nassau ou Catherine d'Orléans, elle semble avoir été heureuse auprès de cette abbesse qu'elle appelait sa « bonne maman ». En 1624 (elle avait six ans), son père voulut la faire revenir quelque temps dans sa famille par crainte d'une épidémie qui sévissait dans l'abbaye. Elle lui écrivit à cette occasion une petite lettre, qui donne une idée assez juste de sa vie à Avenay et de l'affection qu'elle portait à sa mère d'adoption :

« Monsieur mon Père,
« Je vous supplie très humblement de ne point trouver mauvais si je n'obéis à vos commandements, m'étant du tout impossible de jamais quitter ma

bonne maman, et de sortir de cette maison, et croirais en cela faire contre l'inspiration que Dieu me donne tous les jours d'y demeurer toute ma vie. Ma bonne maman a plus de soin de moi que d'elle-même : elle m'a mis [*sic*] dans un corps de logis où j'ai chambre et antichambre, cabinets, et du lieu pour me promener, et ne peux pas prendre de mauvais air en ce lieu. Je vous en assure, et suis si contente ici que je ne peux pas désirer être mieux. Faites-moi l'honneur, je vous supplie très humble-ment, que je demeure, Monsieur, votre très humble et très obéissante fille, Bénédicte de l'Incarnation. »

Cette lettre comporte un post-scriptum que l'on ne peut résister au plaisir de citer : « Monsieur, j'ai cru vous donner avis comme j'aime mieux être prisonnière dans la Bastille que de jamais sortir d'ici. J'ai un petit panier que je pends par mes fenêtres : s'il vous plaît de faire l'aumône au pauvre [*sic*] prisonnière, pour l'amour de Dieu [21] ! »

L'éducation des futures abbesses n'était pas aussi limitée que celle des simples religieuses. Destinées à assumer la direction spirituelle et temporelle de grandes maisons et à en porter la responsabilité devant le pouvoir royal, il importait que leur instruction leur donne les compétences et le prestige nécessaires dans l'exercice de leurs fonctions. La plupart savaient le latin, la musique, la théologie et l'histoire religieuse. Ces connaissances n'étaient pas superficielles : Mar-guerite d'Arbouze, la réformatrice du Val-de-Grâce, grande amie d'Anne d'Autriche, avait appris « la note » et elle était capable de composer de la musique ; Mme de Bellefonds et Mme de Rochechouart, deux abbesses de Montmartre, parlaient couramment le latin et savaient même le grec. Curieusement, certaines d'entre elles avaient appris des langues étrangères comme l'italien et l'espagnol qui étaient à la mode dans la haute société. De quelle utilité pouvaient bien être ces connaissances profanes à des femmes vouées à la solitude et au silence ? Il est probable qu'elles représentaient une culture de prestige, un signe d'éducation aristocratique qui devaient leur donner plus d'autorité sur les religieuses qu'elles dirigeaient.

Pour les futures abbesses, de puissants intérêts hâtaient encore davantage le moment de la vêture et de la profession, déjà si précoces avant l'application des décrets du concile de Trente. L'enfant choisie comme l'héritière d'une abbaye devait se tenir prête à toute éventualité : plus tôt elle aurait prononcé ses vœux, ou du moins pris l'habit, et moins l'on courrait le risque de contestations dans la communauté ou de difficultés de la part du roi ou de Rome pour reconnaître ses droits à la crosse. Le cas d'Angélique Arnauld, professe à neuf ans, et abbesse de Port-Royal à dix ans, n'est pas unique, surtout au début du siècle. L'histoire de Louise de Médavy est moins connue : elle n'avait que six ans quand l'abbesse d'Almenèches, Marie des Guets, se démit de sa charge en sa faveur ; le roi lui accorda le brevet demandé sans sourciller, mais Rome trouva l'abbesse beaucoup trop jeune et refusa les bulles. On dut recourir aux services d'une cousine obligeante, Judith de Médavy, qui accepta de devenir abbesse d'Almenèches « en confidence » en attendant que Louise grandisse un peu. Rome ne se montra d'ailleurs pas trop sévère, et Louise reçut ses bulles à treize ans, un an après avoir fait profession.

Une vingtaine d'années plus tard, en 1625, Bénédicte de Gonzague n'avait que sept ans quand elle perdit sa « bonne maman » d'Avenay et hérita de sa crosse. Sachant que le pape hésitait à accorder les bulles à des abbesses aussi jeunes, son père la vieillit de quelques années dans la demande qu'il adressa à Rome. C'est ainsi que Bénédicte devint abbesse à l'âge où l'on joue encore à la poupée. Bossuet osa s'en indigner le jour où il prononça l'oraison funèbre de sa sœur, Anne de Gonzague : « La princesse Bénédicte, s'écria-t-il, la plus jeune des trois sœurs, fut la première immolée à ces intérêts de famille. On la fit abbesse sans que, dans un âge si tendre, elle sût ce qu'elle faisait, et la marque d'une si grave dignité fut comme un jouet entre ses mains. » Mais on était en 1684, et à cette époque de tels faits choquaient déjà davantage. Les abbesses-enfants se firent plus rares à mesure qu'on avançait dans le siècle. Sans respecter les décrets du concile de Trente qui exigeaient que les abbesses eussent au moins quarante ans d'âge et huit ans de profession, on attendit en général que l'héritière désignée eût seize ans et qu'elle eût prononcé ses vœux pour remettre la crosse entre ses mains.

Des enfants aussi jeunes étaient évidemment incapables d'exercer effectivement l'autorité dont elles étaient investies. Pendant leur minorité, qui n'était jamais très longue, une religieuse de la communauté (le plus souvent la prieure) détenait réellement le pouvoir et formait l'abbesse à ses futures responsabilités. Il s'agissait là de véritables « régences », semblables à celles qui avaient lieu pendant la minorité des rois. Cette analogie n'avait rien de fortuit : ces deux pouvoirs, spirituel et temporel, n'avaient-ils pas en commun d'être considérés tous deux comme d'essence divine ?

C'est au fond la reconnaissance de sa prédestination, en justifiant sur l'enfant toutes les exigences, qui lui permettait aussi d'accéder au pouvoir sans attendre l'âge adulte. Dans un monastère, la future abbesse n'était pas regardée comme un enfant, mais comme la dépositaire d'une vocation et d'une mission qui la dépassaient. Elle devait les accomplir en dépit d'elle-même, en dépit de sa jeunesse et de sa faiblesse qui n'étaient que des apparences de la matière, des contingences sans grand poids face à l'éternité.

CHAPITRE III

La meilleure part

> « *Le Seigneur lui répondit :* " *Mar-*
> *the, Marthe, tu t'inquiètes et t'agites pour*
> *trop de choses. Une seule est nécessaire.*
> *Marie a choisi la meilleure part ; elle ne*
> *lui sera pas enlevée.* " »

Luc, X, 41-42

> « *Mon père, aussi ma mère,*
> *Ont juré par leur foy*
> *Qu'ils me rendront nonnette*
> *Tout en dépit de moy* »

Chanson de nonnes du Moyen Âge

À l'époque du concile de Trente, il avait déjà paru urgent aux autorités religieuses de prendre des mesures radicales pour améliorer l'image désastreuse qu'offrait une grande partie du clergé séculier et des ordres monastiques. Une centaine d'années plus tard, en dépit du renouveau religieux du début du XVIIe siècle et des efforts de l'Église pour imposer les réformes nécessaires, la situation n'avait guère changé en France. La société considérait depuis trop long-temps les carrières ecclésiastiques comme le refuge de ses membres inutiles ; les cloîtres et les séminaires étaient remplis de gens sans vocation, insatisfaits de leur sort, qui s'opposaient à tout changement par crainte de voir leur état s'aggraver.

En prenant conscience qu'un recrutement aussi catastrophique était la cause principale de ses problèmes, l'Église fut donc la première à remettre en question ce véritable phénomène de société qu'étaient devenues les vocations forcées. Bien avant que ce scandale ne fût dénoncé par les intellectuels et les esprits éclairés, des voix avaient retenti du haut de la chaire pour stigmatiser l'injustice et la cupidité des familles. Des prédicateurs célèbres comme Bossuet, Bourdaloue et plus tard Massillon avaient osé prendre la défense de ceux qui n'avaient pas droit à la parole, ces garçons que l'on consacrait malgré eux au service de Dieu et ces filles enfermées dès leur plus jeune âge dans des cloîtres. Le sermon de Massillon sur la vocation est peut-être l'une des condamnations les plus vigoureuses qui aient été prononcées contre cette violence légale faite à des enfants sans défense :

« Des parents barbares et inhumains, pour élever un seul de leurs enfants plus haut que ses ancêtres et en faire l'idole de leurs vanités, ne comptent pour rien de sacrifier tous les autres et de les précipiter dans l'abîme : ils arrachent du monde des enfants à qui l'autorité seule tient lieu d'attrait et de vocation pour la retraite ; ils conduisent à l'autel des victimes infortunées qui vont s'y immoler à la cupidité de leurs pères plutôt qu'à la grandeur du Dieu qu'on y adore. [...] Pourvu que ce qui paraît d'une famille éclate, brille et fasse honneur dans le monde, on ne se met point en peine que des ténèbres sacrées cachent les chagrins, les dégoûts, les larmes, le désespoir de ce qui ne paraît qu'aux yeux de Dieu. »

Et l'orateur sacré n'hésite pas à appeler « crime » l'acte d'autorité qui force la volonté de ces enfants, et à menacer de la damnation éternelle les parents qui s'en sont rendus coupables. Dans son émotion, il les accuse d'être les « meurtriers » de leurs fils et de leurs filles. Mais comment sa colère aurait-elle pu toucher les grands personnages qui l'écoutaient, trop bien établis dans leur bonne conscience et leur confort moral? Pouvaient-ils se juger eux-mêmes avec sévérité quand tant de gens qu'ils connaissaient, coupables des mêmes fautes, n'encouraient aucune réprobation? Avaient-ils seulement le choix d'agir différemment dans une société où le bien familial ne devait pas être partagé mais transmis à l'aîné; où, pour garder intact cet héritage, on ne pouvait doter plus d'une fille ou deux par famille; où les femmes célibataires n'avaient aucune place honorable? Par un étrange paradoxe, plus une famille jouissait d'un rang et d'une fortune élevés, et moins il lui était possible d'établir tous ses enfants.

Pour les garçons, le choix était plus vaste et moins contraignant : le second faisait carrière dans les armes, et le troisième dans l'Église, c'est-à-dire qu'après avoir reçu la tonsure, il obtenait quelque bénéfice ecclésiastique qui le mettait à l'abri du besoin et le laissait libre de vivre à sa guise. La prêtrise était rarement inéluctable pour lui, sauf s'il briguait un évêché. Le couvent ne menaçait que le quatrième, et un couvent bien moins sévère que ceux des femmes, ne serait-ce que parce que la clôture n'y existait pas. Pour les filles au contraire, une fois l'aînée dotée et mariée, le cloître se refermait habituellement sur toutes les cadettes [1].

L'Église savait donc qu'elle ne pouvait pas compter sur les laïcs pour changer un système qui leur était si profitable. Elle ne pouvait davantage faire confiance aux ordres monastiques, trop soucieux de leur recrute-

ment pour exercer une véritable sélection. La plupart
des maisons se faisaient les complices des familles en
s'efforçant d'inspirer des vocations aux jeunes filles qui
leur étaient confiées. Brunet de Brou, dans *La Religieuse malgré elle*, prétend que les religieuses y étaient
poussées par l'obscur désir de faire des victimes
comme elles, et qu'elles ressemblaient en cela aux
soldats qui « trouvent une espèce de consolation à
avoir des compagnons de misère[2] ». Elles cherchaient
surtout à assurer le prestige, ou tout simplement la
survie de leur communauté. Pour attirer des partis
avantageux, les couvents se ménageaient des intelli-
gences dans le monde au service de leurs intérêts. On
conseillait à Marguerite d'Arbouze, la réformatrice du
Val-de-Grâce, de suivre l'exemple des autres, de
recevoir dans son parloir des gens de la bonne société
et d'avoir « des personnes affidées qui épiassent les
occasions[3] » — ce qui en dit long sur la guerre occulte
que devaient se livrer entre eux les établissements pour
s'arracher les dots intéressantes. Mme Roland raconte
dans ses *Mémoires* qu'à l'âge de douze ans, sa piété et
son recueillement pendant la messe matinale (et peut-
être sa réputation de fille unique) attirèrent l'attention
d'un de « ces accapareurs de conscience qui se faisaient
un mérite devant Dieu de peupler les cloîtres ». Il
l'aborda à la sortie de l'église en lui demandant si elle
avait déjà fait des projets pour sa « destination future
et le renoncement au monde », et lui proposa son
ministère pour la conduire « dans les voies du Seigneur[4] ».

Certains couvents très réguliers, comme Montmartre ou Port-Royal, prétendaient ne recevoir que des
vocations éprouvées, ce qui était sans doute vrai, car
seul un choix sévère pouvait leur permettre de conserver une discipline chèrement acquise. Pour les mêmes
raisons, certains ordres nouveaux ou particulièrement
austères, comme le Carmel, se montraient eux aussi

très exigeants. Mais de telles maisons étaient rares et n'étaient d'ailleurs pas recherchées par les familles qui voulaient établir leurs filles sans les condamner à une vie trop rigoureuse.

Soucieuse comme toujours de ne rien brusquer et de ménager les intérêts et les susceptibilités de chacun, l'Église choisit la voie de la prudence et ne fit rien de décisif pour résoudre ce grave problème. L'appel aux consciences, si véhément qu'il ait pu être parfois, heurtait trop les idées reçues pour être vraiment convaincant. Le concile de Trente avait pris certaines décisions pour tenter de protéger les adolescents contre les pressions exercées sur eux, mais ces mesures timides, incomplètes et mal appliquées, n'eurent aucun effet réel. On sait qu'il avait en particulier fixé l'âge des vœux à seize ans, ce qui constituait un progrès mais restait encore très insuffisant. Des filles de cet âge, élevées dans le respect absolu de la volonté de leurs parents, osaient rarement s'opposer à une décision prise sans les consulter. Peu d'entre elles eurent le courage de cette postulante dont parle Esprit Fléchier et qui répondit fermement, le jour de sa prise de voile, au grand vicaire qui lui posait la question rituelle : « Ma fille, que demandez-vous ? — Je demande les clefs du monastère, Monsieur, pour en sortir[5]. » Mme de Genlis raconte que sa mère, contrainte par sa famille à prononcer ses vœux à seize ans, montra elle aussi une grande détermination en annonçant, le matin même de sa profession, qu'au lieu du « oui irrévocable, elle dirait non ». On la crut assez pour renoncer à une cérémonie qui s'annonçait aussi scandaleuse. Mais la jeune fille bénéficiait de l'appui secret de l'abbesse du monastère, qui l'encourageait à résister, et qui plus tard l'aida à quitter le couvent et à se marier[6].

En 1768, la commission des réguliers fixa l'âge des vœux à dix-huit ans pour les filles et à vingt et un ans pour les hommes, décision qui contribua à diminuer sensiblement le nombre des vocations à la fin du XVIIIᵉ siècle : ce délai de deux ans était sans doute encore très insuffisant, mais pouvait permettre à certains adolescents d'acquérir assez de maturité pour se défendre contre les influences de leur entourage.

Le concile de Trente avait aussi menacé d'excommunication, et même de damnation, toute personne qui obligerait une fille à entrer en religion malgré elle. Mais cette menace n'impressionna guère les laïcs ni même les religieux, persuadés que Dieu ne pouvait que leur être reconnaissant de remplir ses monastères. Quant à l'examen de la jeune fille par l'évêque, il se révélait peu sûr, même quand il était pratiqué avec sérieux, ce qui n'était pas toujours le cas. Dans son *Traité des excommunications*, Jacques Éveillon, qu'un long exercice de ces visites en qualité de vicaire général avait rendu très pessimiste, met fortement leur utilité en doute : « Ceux qui seront employés en cet examen me permettront de les avertir que se prennent garde d'y être trompés. Car l'expérience de longues années [...] m'a appris que souvent les filles ou embouchées par les religieuses ou prévenues par leurs parents auxquels elles n'osent déplaire, disent avoir la volonté qu'elles n'ont pas. Cela vient de la faiblesse de jugement ou d'ignorance, étant si jeunes quand on les met sous le joug de la profession, qu'elles ne savent ce qu'elles disent ni ce qu'elles font[7]. » À son avis, les parents ont rarement recours à la brutalité et aux mauvais traitements (dont se plaignit pourtant, lors de son procès, Marguerite Delamarre, la religieuse qui servit de modèle à Diderot). Les pressions morales, comme il le remarque très justement, peuvent d'ailleurs se montrer plus efficaces que la violence physique, « et la tyrannie s'en exerce dans les familles par mauvais traitements, mauvais visages, menaces, indignations perpétuelles, haines, injures, reproches, fausses persuasions et frauduleuses : les parents prétendant que leurs enfants ne doivent point avoir d'autre volonté que la leur[8] ».

Mais la « crainte révérentielle » (c'est-à-dire le respect filial, en jargon d'Église), qui en impose sans même avoir recours à la contrainte ouverte, est jugée par Éveillon plus dangereuse encore, quand les parents « tiennent un si haut et absolu empire sur elles que les pauvres filles n'oseraient pas leur avoir témoigné l'aversion qu'elles ont à la religion, ou quoi que ce soit n'y avoir pas inclination. Ainsi, de peur de mécontenter leurs pères et mères, elles entrent en religion et disent *oui*, là où le cœur dit *non*[9] ». Et il estime qu'un tiers des religieuses de son temps ont prononcé leurs vœux malgré elles, par simple crainte d'un conflit avec leurs parents. Cette estimation est intéressante, bien qu'elle n'ait qu'une valeur indicative, car c'est l'une des rares données statistiques dont nous disposions. Elle est d'autant plus impressionnante qu'il faut comprendre dans les deux tiers restant les vocations réelles, mais aussi celles qui ont pu être imposées par une contrainte physique ou morale plus déclarée.

Assez curieusement, ce sont les regrets du monde éprouvés par ces religieuses sans vocation qui servent le plus volontiers d'argument aux autorités ecclésiastiques pour justifier et même renforcer la clôture. En rendant leur prison plus rigoureuse, on pense agir pour le bien de ces pauvres filles et leur faire oublier qu'un autre univers et d'autres aspirations continuent d'exister hors des murs du cloître. Pour illustrer cette thèse très commune, Florent Boulenger raconte dans son *Traité de la clôture*, une histoire qui est un tragique témoignage de l'état de désespoir dans lequel tant de jeunes religieuses pouvaient se trouver plongées, sans pitié ni recours, après des vœux forcés. Il s'agit d'une jeune fille qui « par crainte révérentielle de son père, s'étant contre sa volonté faite religieuse et professe et puis visitée par sa sœur après ses noces habillée à la mondaine fut si émue de ces vanités, et si réveillée en ses affections endormies non amorties et regrets de n'avoir contredit son père et de se voir liée, étant seule et sans assistance par le dedans [*dans le parloir*], demande à sa sœur sa belle et grosse chaîne d'or, comme pour la voir de plus près, laquelle elle se mit au col, et par désespoir épouvantable s'en étrangla à la vue de ses proches, et si vite qu'on n'y put venir à temps pour l'empêcher [10] ». Ce récit qui, dans sa sobriété, suggère avec une particulière violence la détresse de cette jeune religieuse et sa jalousie devant le spectacle du bonheur triomphant de sa sœur, n'est pour Boulenger qu'un prétexte pour reprocher aux familles leurs visites inopportunes au parloir, visites qui ravivent de vains regrets dans le cœur des religieuses. Qu'elle l'ait ou non choisie, la religieuse a reçu « la meilleure part », celle de Marie, sœur Marthe, en contemplation aux pieds du Christ. Qu'on ne vienne pas la lui retirer en faisant inutilement miroiter devant elle les tentations du monde.

Le concile de Trente avait pourtant accordé aux religieuses un délai de cinq ans après leur profession pour formuler une demande en nullité de vœux, et ce délai avait été reconnu officiellement par la législation française. Mais rien n'était fait pour les aider à profiter de cette clause. Elles devaient d'abord apporter la preuve qu'elles étaient entrées en religion « par force » ou « par crainte » (les deux motifs acceptés par le concile pour prononcer la résiliation des vœux), et cette preuve était presque impossible à fournir. La famille niait toujours, les témoins manquaient, et le couvent accusait la religieuse de mensonge.

Cette demande aboutissait normalement à un véritable procès. Or il était très difficile à une religieuse cloîtrée, surtout si elle se trouvait en conflit avec son monastère, de rencontrer un homme de loi et de lui parler librement. Toutes les relations avec l'extérieur passaient obligatoirement par la supérieure : lettres, paquets, tout était ouvert avant d'être remis à la religieuse ou expédié à son destinataire. Au parloir, les conversations étaient écoutées par une surveillante, et les visiteurs devaient parler à voix assez haute pour être entendus d'elle. Le succès d'une telle démarche était donc peu sûr, et en cas d'échec, la contestataire devait passer le reste de sa vie dans le même monastère, en butte aux brimades et aux vexations, ou du moins à la rancune soupçonneuse de sa communauté qui voyait en elle un être possédé par le diable, une brebis galeuse qui pouvait contaminer le troupeau.

Personne ne lui venait en aide : ni son couvent qui tenait à sauver sa réputation autant qu'à préserver ses intérêts, ni les autorités ecclésiastiques qui n'aimaient pas le bruit fait autour de ce genre d'affaires, ni surtout le monde qui ne voyait pas d'un bon œil le retour d'une religieuse dans la vie séculière. Il eût fallu la réintégrer dans ses droits civils, lui rendre peut-être une part d'héritage, lui donner une dot si elle voulait se marier. Face à des intérêts si nombreux et si puissants, la lutte d'une personne seule, entravée dans ses mouvements et ses démarches, se trouvait quasiment vouée à l'échec.

À cela s'ajoutait pour la religieuse la honte attachée à l'état de défroquée et la peur de se retrouver seule et sans soutien dans un monde dont elle avait désappris les règles. La vie monastique impose une manière particulière d'être et de se comporter. Après quelques années, il devient difficile d'en changer. La *Religieuse* de Diderot écrit à M. de Croismare, après son évasion, qu'elle craint à chaque instant de se trahir par la répétition de ces gestes automatiques qu'on exige dans les monastères : « Je n'ai jamais eu l'esprit du cloître, et il y paraît assez à ma démarche. Mais je suis accoutumée en religion à certaines pratiques que je

répète machinalement ; par exemple une cloche vient-
elle à sonner ? ou je fais le signe de la croix, ou je
m'agenouille. Frappe-t-on à la porte ? Je dis *Ave*.
M'interroge-t-on ? C'est toujours une réponse qui finit
par oui ou non, chère mère, ou ma sœur. S'il survient
un étranger, mes bras vont se croiser sur ma poitrine,
et au lieu de faire la révérence, je m'incline. »

Il arrive que les parents préfèrent envoyer au
couvent l'aînée de leurs filles pour établir à sa place
une de ses sœurs plus jolie ou mieux aimée. Le manque
de beauté ou d'intelligence, et plus encore des doutes
sur la légitimité de la naissance peuvent être de
puissants motifs pour écarter une fille du monde. Ainsi
la *Religieuse* de Diderot est-elle une fille adultérine,
sacrifiée par sa mère à ses remords. Son modèle,
Marguerite Delamarre, racontait à ses compagnes
qu'elle était une enfant naturelle. Les abbesses des
abbayes les plus illustres sont souvent des bâtardes de
haut rang, comme les demoiselles de Romorantin,
filles naturelles d'Henri IV et de Charlotte des Essarts,
dont l'une devint abbesse de Chelles et l'autre de
Fontevrault.

Pour certaines familles, au contraire, le couvent
pouvait représenter une véritable promotion sociale,
puisque les professes étaient en général des filles de
bonne maison. On trouve, parmi les lettres de cachet
concernant des femmes internées chez les dames de
Saint-Michel à Paris, l'histoire curieuse d'une fille de
paysans, religieuse à Sainte-Scholastique de Troyes.
Elle avait pris le voile contre son gré, « par crainte
d'une mère rustique qui voulait une religieuse dans la
famille », mais la malheureuse, s'étant révoltée contre
son sort, était soupçonnée d'avoir tenté par deux fois
de mettre le feu à son couvent[11]. Quoique d'origine
paysanne, il ne semble pas que cette fille ait été
converse. Il est probable que ses parents, malgré leur

« rusticité », étaient assez riches pour lui avoir offert une dot de professe, car l'ambition d' « avoir une religieuse dans la famille » paraît indiquer une paysannerie aisée qui avait les moyens d'imiter les classes sociales plus élevées.

Au XVIIIe siècle, la dot d'une professe dans un couvent parisien pouvait varier, selon les indications de Jèze, entre 2 000 et 10 000 livres ; mais elle était le plus souvent de 6 000 livres [12]. Ces sommes, qui restaient très élevées pour les classes modestes (c'était l'équivalent d'une dot de mariage dans la bourgeoisie), étaient peu de chose en comparaison des dots pratiquées dans la haute société. Selon le « tarif des partis sortables » établi par Furetière dans son *Roman bourgeois*, une fille qui voulait épouser un « auditeur des comptes, trésorier de France, ou payeur des rentes », devait offrir une dot de 30 000 à 45 000 livres et ne pouvait prétendre à « un président à mortier, vrai marquis, surintendant, duc et pair » à moins d'une dot de 300 000 à 600 000 livres. De tels chiffres montrent la disproportion qui pouvait exister dans une même famille entre le sort que l'on faisait à l'aînée et celui que l'on réservait aux cadettes.

Les dots indiquées par Jèze n'ont d'ailleurs qu'une valeur indicative, car les couvents se réservaient la possibilité d'en discuter le montant exact avec les familles. Les formules qu'il utilise pour exprimer cette marge de liberté, prises probablement de la bouche même des religieuses, révèlent de façon amusante les préoccupations des maisons. À Saint-Antoine (à Paris) par exemple, la dot peut être diminuée « suivant les talents des sujets qui se présentent », ailleurs ce sont « les mérites » ou « la vocation » qui sont pris en considération. Certains établissements assurent avoir « des égards pour de belles voix » ; d'autres leur préfèrent la naissance, comme Sainte-Marie ou l'abbaye de Pentémont, qui prennent au rabais « les demoiselles de condition ».

Les couvents refusent en général de recevoir les infirmes ou les filles qui ont des tares physiques ou mentales trop évidentes. Ceux qui les acceptent monnayent souvent leur tolérance en réclamant une dot beaucoup plus élevée. Le même monastère de Sainte-Marie, rue Saint-Antoine à Paris, faisait payer son pesant d'or l'exercice de la charité chrétienne en exigeant une dot de 15 à 20 000 livres pour les infirmes au lieu des 8 000 livres qu'il demandait habituellement, somme déjà assez élevée même pour un couvent parisien.

L'usage de la dot, propre aux ordres féminins (les hommes étaient reçus gratuitement), montre bien que la profession religieuse était en fait assimilée au modèle social du mariage, puisque la femme était censée être entretenue, tandis que l'homme devait vivre de son travail. Mais cette assimilation était relativement injuste puisque les religieuses travaillaient de leurs mains comme les moines. L'obligation de la dot, inconnue au début du monachisme, commença à se généraliser à partir du XVIe siècle, au moment où les « dotations » fournies par les fondateurs ne suffirent plus à l'entretien des communautés. Mais cet usage contribua certainement à réserver l'entrée des cloîtres à la bonne société, ce qui n'était pas pour lui déplaire. Même pour servir Dieu, mieux valait ne pas mélanger les conditions, et certains couvents n'hésitaient pas à exiger, en plus de la dot, des preuves de noblesse pour garantir l'honneur de leur maison de toute souillure plébéienne.

L'histoire monastique féminine de l'Ancien Régime ne se réduit pourtant pas au problème des vocations forcées, et leur caractère tragique ne doit pas faire oublier que les vocations réelles, libres, étaient elles aussi nombreuses. L'entrée de Mlle de La Vallière au Carmel est restée célèbre, mais d'autres vocations illustres, comme celle d'une fille du Régent, Louise-Adélaïde d'Orléans, et plus tard celle d'une fille de Louis XV, Madame Louise, firent elles aussi beaucoup de bruit en leur temps.

La première moitié du XVIIᵉ siècle fut une période de grande tentation monastique pour les femmes, entraînées par le puissant enthousiasme religieux qui soulevait alors la société. La Grande Mademoiselle raconte dans ses *Mémoires* comment, à l'époque de sa jeunesse, des vocations soudaines se déclaraient autour d'elle jusque chez les grandes dames de la Cour. Elle dut aller chercher elle-même chez les carmélites une fille de sa suite, Mlle de Saujon, qui s'y était retirée malgré l'opposition de ses parents. Ramenée de force au palais du Luxembourg, Mlle de Saujon refusa de sortir de sa chambre pendant cinq ou six semaines, se coupa les cheveux et coucha sur des claies bien dures : « Enfin, dit Mademoiselle, c'était un zèle extrême. » Les prières de son entourage finirent par persuader la jeune fille de renoncer au couvent, mais, pour marquer son mépris du monde, elle affecta longtemps des façons négligentes et un air distrait : « Elle roule fort les yeux dans la tête, dit Mademoiselle, et regarde toujours en haut, ce qui fait qu'elle choque [*heurte*] tout ce qu'elle trouve ; et quand elle en fait des excuses, elle laisse à entendre que c'est que son esprit s'applique peu aux choses du monde [13]. » Sa propre expérience aurait dû pourtant rendre la Grande Mademoiselle plus charitable pour les aspirations mystiques d'autrui. Peu de temps auparavant, c'est elle qui s'était cru une vocation pressante pour le Carmel, au point d'en perdre le sommeil. Elle passait des heures dans les églises à rêver à son départ du monde, et à verser des larmes d'attendrissement en pensant à la surprise et au chagrin qu'il ne manquerait pas de faire aux gens qui l'aimaient. Au bout d'une semaine, sa vocation s'était considérablement affaiblie, mais « la dévotion, raconte-t-elle, qui s'était séparée de cette envie, m'était demeurée et je me l'étais rendue si sévère que je n'allais point aux cours, je ne mettais point de mouches ni de poudre sur mes cheveux ; la négligence que j'avais pour ma coiffure les rendait si malpropres et si longs que j'en étais toute déguisée [14] ». Car le négligé de la tenue est comme la coquetterie de la dévotion, une allusion discrètement ostentatoire au sac et à la cendre dont l'âme est recouverte.

Mais plutôt que ces exemples connus, c'est l'histoire d'une petite fille que l'on voudrait évoquer pour illustrer cette force irrésistible qui peut pousser des êtres vers le cloître. Elle s'appelait Anne-Bathilde de Harlay, et elle était née en 1611, dans une grande famille de parlementaires parisiens, au cours de ce premier quart de siècle si marqué par cette profonde vague de mysticisme. Elle n'avait que cinq ans quand sa mère l'emmena pour la première fois dans l'abbaye de Chelles pour rendre visite à une tante religieuse. Pendant cette visite, l'enfant regarda sa tante avec beaucoup d'intérêt et demanda si elle pouvait rester avec elle. Sa mère refusa, sans penser d'ailleurs que la question pouvait être sérieuse, mais elle s'aperçut, au moment de partir, que sa fille n'était plus auprès d'elle. On la chercha partout et on finit par la découvrir dissimulée sous le lit d'une cellule. À partir de ce jour-là, Anne-Bathilde demanda avec une telle insistance à revenir à Chelles que ses parents, qui l'adoraient, finirent par céder bien à contrecœur. « Lorsqu'elle dit adieu à ses parents, raconte Jeanne de Blémur, pour entrer dans le cloître, elle ne répandit pas une larme, quoiqu'elle eût le cœur tendre. » À sa propre demande, elle prit le voile à onze ans. Sa mère en eut tant de chagrin qu'elle supplia l'abbesse de ne pas couper les cheveux de sa fille ; mais quand l'enfant, que l'on avait oublié de prévenir, vit qu'on épargnait sa chevelure, elle saisit les ciseaux, la coupa elle-même et en jeta les longues mèches dans le feu [15]. Le respect dont firent preuve les parents d'Anne-Bathilde à l'égard de la vocation précoce de leur fille montre du moins qu'à côté des tyrans dont parlent Massillon et Jacques Éveillon, il existait des parents aimants et indulgents prêts à se conformer au désir de leur enfant. Dans ces circonstances, un tel respect peut, il est vrai, nous choquer autant que la contrainte. Mais le XVIIᵉ siècle ne voyait pas entre l'enfant et l'adulte une différence aussi grande que nous et accordait à l'un et à l'autre autant, ou aussi peu d'importance.

Quel abîme pourtant entre le sacrifice d'une petite fille et celui de femmes mûres ! Entre Anne-Bathilde, qui quitte le monde sans l'avoir connu, et Mlle de La Vallière qui embrasse les austérités du Carmel pour expier sa liaison avec le roi, ou une princesse comme Louise de France qui cherche à combler le vide de son existence. Mais par-delà leurs destins personnels, ces grandes dames comme cette enfant se sont trouvées prises dans le mouvement puissant d'une société qui voyait dans le cloître, davantage qu'à d'autres époques peut-être, une réponse aux grandes questions de la vie. Il s'agissait de donner un sens à des aspirations que le monde ne pouvait pas satisfaire, d'ouvrir des perspectives dans une existence banale ou décevante. Il est pourtant étrange de constater que seules ont osé parler de bonheur dans leur vocation celles qui ont pu la comparer avec un autre mode de vie. « Je ne suis point aise, mais je suis contente », disait Louise de La Vallière à Mme de Montespan qui lui demandait si elle était « bien aise » au Carmel. Comme un visiteur de Louise de France lui avouait qu'il ne comprenait pas que sa nouvelle vie puisse la rendre heureuse, elle lui répondit : « Il est vrai, Monsieur, que notre bonheur est de la classe de ceux qu'il faut goûter pour y croire ;

mais comme j'ai la double expérience, je suis en droit de prononcer que la carmélite dans sa cellule est plus heureuse que la princesse dans son palais. » Et elle disait du Carmel : « Tout y rit pour moi, jusqu'aux murs qui me séparent du monde [16]. » Certaines religieuses, blanchies sous la règle et le voile, auront peut-être connu elles aussi un bonheur paisible malgré la rudesse de leur vie, mais il n'est pas sûr qu'elles l'aient ressenti aussi vivement que ces pénitentes de la dernière heure qui ont quitté le monde en connaissance de cause, sans regrets et sans illusions.

Mais le bonheur peut-il être le but de la vocation religieuse ? Les maisons les plus régulières qui se montrent en principe sévères sur la qualité des vocations, se méfient en général des postulantes animées par une vision trop idéale de la vie monastique. À Montmartre, par exemple, on mettait en garde les novices contre leur goût pour les actions héroïques qui pouvait les pousser à prendre des partis extraordinaires, mais on craignait peut-être davantage encore les tendances mystiques qui apparaissaient comme une dangereuse évasion. Mais quelle définition se proposait-on de la vocation idéale, puisqu'on souhaitait qu'elle ne soit attirée ni par les douceurs de la vie religieuse ni par ses rigueurs ? Sans être clairement donnée, la réponse à cette question apparaît avec une certaine évidence dans les textes monastiques de l'époque. Car si l'on se méfie autant des aspirations à la pénitence qu'à la contemplation, c'est que les unes comme les autres mettent encore trop l'accent sur ce qui est humain dans la vie religieuse : il n'est pas bon qu'une novice, qui est appelée à mourir à elle-même, manifeste des penchants trop personnels ou trop vifs. Sans cœur, sans corps, sans volonté propre, elle doit simplement s'attacher à servir Dieu en appliquant la règle. On comprend donc que le simple désir de mener dans le cloître une vie conforme à ses aspirations profondes ne soit pas considéré comme le signe d'une vocation véritable. La peur de l'enfer, le souci de son salut éternel, la volonté d'expier ses péchés, apparaissent comme des motifs mieux fondés. On préfère que la nature se fasse violence, qu'elle tranche dans le vif et choisisse malgré elle la voie de la mortification. En ce sens, les vocations forcées se rapprochaient davantage peut-être de cet idéal monastique qu'un consentement joyeux, la volonté personnelle faisant seule défaut.

À partir du XVIIIᵉ siècle, les véritables vocations forcées se font déjà moins nombreuses. Au moment où la littérature s'empare de ce thème, où la conscience de ce scandale envahit l'opinion publique, le fait lui-même, sans être exceptionnel, est moins fréquent qu'aux siècles précédents. « Autrefois, écrit Sébastien Mercier, de jeunes sœurs étaient sacrifiées à l'avancement d'un frère au service, et plus d'une mère coquette voyait avec déplaisir auprès d'elle une fille qui grandissait. On a tant écrit sur cet abus que les mères les plus ambitieuses et les plus dénaturées n'osent plus parler de couvent à leurs filles. Celles qui peuplent les monastères sont des filles pauvres et sans dot [17]. C'est-à-dire qu'à défaut d'éprouver toujours des vocations réelles, certaines religieuses se sont résignées d'elles-mêmes à un destin inévitable. Mais le problème de recrutement que les couvents connaissent à la fin du siècle est peut-être le signe que le choix s'est élargi pour les femmes, et que la pauvreté elle-même n'est plus une motivation inélectable [18].

À la veille de la Révolution, le scandale des vœux forcés est pourtant devenu un tel lieu commun que les couvents ont fini par représenter dans l'opinion publique le symbole même de l'oppression de l'Ancien Régime. En s'attaquant à eux, l'Assemblée constituante crut donc agir avec humanité et générosité, et délivrer des prisonnières de leurs chaînes injustes. Des religieuses contribuèrent elles-mêmes à faire voter les décrets de suppression des vœux monastiques en se plaignant des pressions exercées sur elles pour admettre comme novices des jeunes filles sans vocation. L'une d'elles écrivit aux députés une lettre qui fut lue à la séance de l'Assemblée du 28 octobre 1789 : « C'est avec douleur que je prends la liberté de vous prier de procurer un prompt secours pour empêcher la tenue de deux chapitres de novices que l'on veut nous faire recevoir, malgré toutes les raisons d'une droite conscience. Je balance depuis quelques jours ; daignez seconder ma conscience, et que l'interdit soit annoncé à toute la communauté assemblée [19]. » A la suite de cette séance, les vœux monastiques furent suspendus dans tous les monastères masculins et féminins, et quelques mois plus tard, le 13 février 1790, l'Assemblée vota la suppression des ordres monastiques à vœux solennels.

En adoptant ces décrets, les députés pensaient sincèrement que leur initiative serait accueillie avec joie par les moines et les religieuses et que les couvents se videraient immédiatement des malheureux qui y étaient retenus par force. A leur grande surprise, il n'en fut rien.

Le 13 novembre 1789, l'Assemblée avait déjà ordonné aux maisons de procéder à l'inventaire de leurs biens, de leurs revenus, de leurs charges, et de déclarer leurs effectifs. Le 20 mars 1790, elle décréta que les couvents devaient être visités par des officiers municipaux pour vérifier l'exactitude de ces déclarations. Ces officiers étaient également chargés d'interroger chaque religieuse en particulier pour savoir si elle souhaitait ou non demeurer dans son monastère. Ils furent très surpris de les entendre, dans leur majorité, proclamer leur attachement à leur maison et à leurs vœux. Ces déclarations, dont une grande partie nous est parvenue, ont un ton de conviction et de fermeté qu'on ne pouvait guère attendre en effet de femmes réputées enfermées contre leur gré derrière une clôture. Les trois Carmels de Paris réunis annoncèrent fièrement : « On aime à publier dans le monde que les monastères n'enferment que des victimes lentement consumées par les regrets ; mais nous protestons devant Dieu que s'il est sur la terre une véritable félicité, nous en jouissons à l'ombre du sanctuaire et que, s'il fallait encore opter entre le siècle et le cloître, il n'est aucune de nous qui ne ratifiât, avec plus de joie encore, son premier choix. » A la Visitation du faubourg Saint-Antoine, une religieuse déclara « que ce serait de tout cœur qu'elle renouvellerait ses vœux devant toute la France, et qu'elle les signerait de son sang ». Une autre dit encore « qu'elle s'[était] engagée volontairement dans son saint état et qu'elle aimerait mieux perdre la peau que son saint habit [20] ».

Il y eut pourtant quelques défections, mais elles restèrent en général isolées. Il est plaisant de constater qu'elles furent relativement nombreuses à Montmartre, le modèle des abbayes (sur une cinquantaine de religieuses, onze furent tentées de partir, et six le firent effectivement), alors qu'à Longchamp, connue de longue date pour ses mœurs relâchées, les religieuses déclarèrent à une totale unanimité qu'elles refusaient de quitter leur maison.

Il serait pourtant imprudent de conclure trop vite que celles qui restèrent le firent toujours de leur plein gré. Si elles furent finalement peu nombreuses à choisir la liberté, c'est peut-être parce que, dans une époque aussi troublée, le cloître pouvait apparaître à beaucoup d'entre elles comme un refuge rassurant. En le quittant, elles auraient dû affronter un monde qui leur était devenu inconnu et supporter peut-être la misère et la solitude. Seules des femmes encore jeunes, qui avaient conservé des attaches avec leur famille, pouvaient être tentées par cette aventure. Il est d'ail-

leurs intéressant de constater qu'après avoir été sécula-
risées malgré elles par la Révolution, un très petit
nombre de religieuses reprirent la vie communautaire
en 1800 (6 700 sur 30 640, alors qu'un prêtre sur deux
réintégra le clergé), comme si la force d'inertie qui les
avait empêchées d'abandonner leur clôture les avait
encore retenues au moment de la retrouver[21]. Elles
s'étaient sans doute accoutumées plus facilement qu'elles ne l'avaient pensé à cette vie séculière qui leur avait
paru si redoutable quelques années plus tôt, et ne
souhaitaient déjà plus la quitter.

Ce n'est donc pas la seule rareté des défections au
début de la Révolution qui permet de décider, comme
on l'a trop souvent fait, de l'authenticité des vocations
des religieuses à cette époque. Quant au courage
héroïque dont firent preuve beaucoup d'entre elles face
aux persécutions révolutionnaires et à l'échafaud, il
montre du moins qu'un destin peut s'assumer jusque
dans ses conséquences les plus extrêmes, qu'il ait été
ou non librement choisi.

CHAPITRE IV

L'école des vertus

> « *Une vocation aussi noble mérite tous vos soins et votre application, et... étant aussi opposée qu'elle est à la corruption de votre nature, il faut y employer toutes vos forces sans aucune réserve, pour détruire d'une main et bâtir de l'autre.* »

Exercices du noviciat
de Montmartre

Au XVIIIe siècle, existait dans la rue Neuve-Sainte-Geneviève (l'actuelle rue Tournefort), la maison des dames de Sainte-Aure, un petit couvent contemplatif et enseignant qui ne survécut pas à la Révolution. Son pensionnat, qui avait bonne réputation dans Paris, recevait de nombreuses élèves. Mme du Barry y fut élevée, ce dont ces dames tiraient grand honneur, même si cela ne prévenait pas autant qu'elles auraient sans doute pu le souhaiter en faveur de leurs méthodes d'éducation...

Ce monastère, le seul de l'ordre, comptait une cinquantaine de religieuses, des augustines vouées à l'adoration perpétuelle du Saint-Sacrement, qui avaient grande allure dans leur costume imposant :

une longue robe blanche, un scapulaire écarlate, un ample manteau noir couvrant les épaules et un cœur pendant en médaillon sur la poitrine. La jeune fille qui désirait entrer devait se soumettre, le jour de son arrivée, à un cérémonial dont les paroles et les gestes étaient minutieusement réglés. À l'heure fixée, toute la communauté l'attendait derrière la porte, massée autour de la supérieure et du directeur de la maison. En entrant, la jeune fille s'agenouillait devant le prêtre et lui demandait sa bénédiction. Après la lui avoir donnée, il la relevait et la présentait à la supérieure en disant : « Voici, notre chère fille, une jeune vierge qui soupire après la solitude et que je remets entre vos mains. C'est Jésus-Christ même qui vous la confie, et il vous en demandera compte. Formez-en une Adoratrice perpétuelle de son divin cœur. » La supérieure la recevait. « Si notre céleste et divin époux nous confie cette vierge qu'il aime jusqu'au point de la choisir pour son épouse et son Adoratrice perpétuelle pour assurer son bonheur, répondait-elle, nous la remettons entre les bras de sa miséricorde pour qu'il daigne achever ce qu'il commence aujourd'hui en sa faveur. » La communauté conduisait la jeune fille en procession devant le Saint-Sacrement en chantant le *Veni Creator*. Puis la supérieure, prenant la postulante par la main, la présentait à toutes les religieuses en commençant par la maîtresse des novices. La jeune fille s'agenouillait devant chacune, et chacune la relevait en l'embrassant.

Cette cérémonie achevée, la maîtresse des novices la conduisait au noviciat et lui annonçait en l'y faisant pénétrer : « C'est ici, ma chère fille, l'école des vertus et de l'adoration perpétuelle du cœur de Jésus, où Dieu, dans sa miséricorde, daigne vous recevoir. » Se prosternant pour baiser le seuil de la porte, la postulante répondait : « Qu'il soit béni à jamais [1]. »

Chaque ordre prévoyait dans son coutumier une cérémonie d'entrée qui ressemblait à peu près à celle-ci, même si elle n'obéissait pas toujours à des rites aussi précis. Elle devait donner aux premiers pas de la jeune fille dans la vie religieuse ce caractère solennel qui les rend toujours plus impressionnants et plus irrévocables.

Pour la postulante va maintenant commencer une période d'épreuves, au sens où elle va devoir se rendre compte par elle-même des exigences de son futur état, mais où ses aptitudes à la vie religieuse et communautaire vont aussi être jugées par la supérieure et la maîtresse des novices. Les autres religieuses la verront peu, car novices et postulantes vivent à part dans le noviciat et ne rencontrent la communauté que pendant les offices et les repas qui se déroulent en silence.

Avant d'être autorisée à faire son entrée officielle dans le monastère, la jeune fille a eu un long entretien avec la supérieure qui l'a interrogée sur sa vocation et l'a prévenue des règles et des habitudes de la maison. Une enquête a été effectuée sur son compte pour savoir si sa famille est honorable, si sa conduite a été jusqu'ici sans tache, et si elle n'a pas dissimulé quelque maladie du corps ou de l'esprit : « Avant que de s'engager à la réception, conseille le coutumier de la Visitation, que la supérieure s'enquière soigneusement de leurs races, s'il n'y a point quelque tare de corps ou d'esprit, comme serait la folie ou hypocondre, et quels ont été les débordements et réputation des filles dans le monde [2]. » Cette enquête, comme le postulat lui-même d'ailleurs, est propre aux ordres féminins et ne s'imposera que plus tard dans les ordres masculins. Il ne s'agit pas tant d'éprouver une vocation (ce qui, à l'époque, pouvait paraître d'un intérêt négligeable) que de vérifier qu'on ne fait pas une mauvaise affaire. Les familles ayant une fâcheuse tendance à se débarrasser dans les cloîtres de leurs laissées-pour-compte, on veut surtout s'assurer qu'elles n'ont pas caché des faits graves qui pourraient plus tard porter préjudice à la maison.

Pendant le temps de sa postulance — qui peut durer de trois mois à un an selon les ordres —, la jeune fille conserve ses vêtements laïcs, c'est-à-dire « un habit honnête et modeste, sans frisure, dentelle, ni cornette[3] ». À la fin de cette période, le chapitre du couvent se réunit pour décider de son admission au noviciat, et elle est elle-même interrogée une première fois par l'évêque ou son représentant pour éprouver sa vocation, conformément aux instructions du concile de Trente.

Au Moyen Âge, la cérémonie de vêture, considérée comme le mariage spirituel de la jeune fille avec Jésus-Christ, était célébrée en grande pompe, avec bal, musique, demoiselle d'honneur et profusion de fleurs et de diamants. Dès le xviie siècle, les prises d'habit se déroulent plus simplement, bien que chaque ordre suive ses propres rites, plus ou moins fastueux ou compliqués.

La jeune fille que nous avons vue entrer comme postulante chez les dames de Sainte-Aure, y prenait l'habit selon un cérémonial très courant. Parée de sa plus belle robe, couverte de bijoux et les cheveux répandus sur les épaules, elle était conduite à l'église où l'attendaient ses parents et ses amis. Elle s'agenouillait au milieu du chœur, un cierge allumé dans la main, devant le célébrant qui commençait par l'interroger :

« Ma fille, que demandez-vous ?

— Mon père, je demande la miséricorde de Dieu, la charité des sœurs et le saint habit de religion.

— Est-ce de bonne volonté et de votre propre mouvement que vous demandez le saint habit de religion ?

— Oui, mon père. »

Se tournant vers la supérieure, l'officiant lui demandait alors si la communauté jugeait la postulante digne d'être reçue. Sur sa réponse favorable, la jeune fille était conduite hors de l'église pour être dépouillée de ses vêtements séculiers. Les habits de religion, disposés dans des corbeilles et couverts de fleurs, étaient bénis par le prêtre l'un après l'autre, puis apportés à la jeune fille qui revêtait la robe, la guimpe, et gardait encore les cheveux épars. Pendant son absence, la grille du chœur, demeurée jusque-là ouverte, était refermée avec fracas pour symboliser la rupture avec le monde, et ce bruit lourd qui retentissait sur les dalles de l'église faisait passer sur les rangs des fidèles comme le frisson d'une terreur sacrée.

À son retour dans le chœur, la jeune fille était conduite devant la supérieure qui lui coupait les cheveux et les déposait dans un bassin d'argent. Puis elle achevait de l'habiller en lui mettant sa ceinture, son scapulaire, la croix autour du cou, et le voile blanc des novices sur la tête. La jeune fille revenait s'agenouiller devant l'officiant qui lui déclarait en posant sur son front une couronne de fleurs blanches : « N'ayez plus de goût que pour le ciel. Oubliez même le nom que vous portiez. Celui que la religion vous donne aujourd'hui vous dédommage bien glorieusement de celui que vous sacrifiez. Vous vous appellerez désormais sœur N. » Après une dernière prosternation, la nouvelle novice allait donner le « baiser de paix » à toutes les religieuses en commençant par la supérieure[4].

Selon les ordres, certains rites de ce cérémonial étaient fréquemment reportés à la profession, comme le changement de nom ou le sacrifice de la chevelure. C'est ainsi que chez les dames de Sainte-Aure, la remise de l'anneau et la déclaration par l'officiant de la formule : « Je te marie à Jésus-Christ », qui appartenaient primitivement à la vêture, n'en faisaient déjà plus partie.

L'entrée au noviciat ne représentait pas de grands changements pour les filles élevées depuis leur enfance dans le couvent, sinon une application plus rigoureuse de la règle, des jeûnes et des abstinences. Les autres devaient apprendre en un an les principes de la vie religieuse et acquérir le minimum d'instruction que devait posséder une professe.

La part du travail intellectuel reste toujours relativement réduite : une heure de lecture (fractionnée en deux ou trois séances), une demi-heure d'écriture, un peu de latin, de calcul, une leçon de catéchisme suffisent en général pour une journée. Certaines novices doivent réellement apprendre à lire et à écrire ; les autres améliorent leur orthographe et acquièrent cette écriture monastique si caractéristique par ses lettres appliquées, nettes et bien formées. La maîtresse des novices choisit les livres qu'elles doivent lire : des ouvrages de piété ou de morale, les règlements et les coutumiers de l'ordre, des commentaires de la règle. Il leur est formellement interdit de lire quelque livre que ce soit, même le plus édifiant, sans autorisation. On se méfie souvent de l'accès direct à l'Évangile ou à la Bible qui pourraient susciter des questions embarrassantes ou des réflexions dangereuses. Même pendant les leçons de catéchisme, qu'elles doivent écouter en silence, on ne leur permet pas de « subtiliser et faire des questions curieuses, car ce serait un temps inutilement perdu, qui se doit plutôt employer au saint recueillement et à la pratique des vertus[5] ».

L'étude quotidienne du chant choral fait obligatoirement partie de l'emploi du temps. Les novices douées pour la musique apprennent parfois à jouer d'un instrument comme l'orgue. Le reste de leur temps est consacré à l'initiation à la liturgie et aux différents cérémonials, aux commentaires de la règle par la maîtresse des novices, aux travaux manuels ou ménagers, à la participation aux offices.

L'importance généralement accordée à l'acquisition de « bonnes manières » en dit long sur l'abandon dans lequel on laissait les filles, même dans les meilleures familles. On constate, non sans étonnement, que la maîtresse des novices était obligée de leur rappeler, à seize ans passés, de ne pas parler la bouche pleine, de ne pas tenir leur couteau la pointe en l'air et de ne pas mettre les coudes sur la table ; qu'elle devait leur répéter que l'on tient la fourchette de la main gauche et le couteau de la main droite quand on coupe la viande dans son assiette et qu'il faut s'essuyer la bouche avant de boire. Parmi ces recommandations, certaines nous déconcertent, non plus par leur évidence, mais parce qu'elles choquent au contraire l'idée que nous nous faisons actuellement de la bonne éducation. Les *Instructions pour le noviciat* de Sainte-Aure expliquent aux novices que « si on avait porté quelque chose à la bouche dont on fût dégoûté, il faut, sans qu'on s'en aperçoive, le recevoir dans la main et le faire tomber sous la table : ce serait une insigne malpropreté que de le remettre dans l'assiette », elles ajoutent un peu plus loin que « si on avait fait ou qu'on trouvât quelques ordures, comme des flocons de laine, des rognures de papier il faut les relever et les mettre en lieu d'où on puisse les jeter par la fenêtre quand on les ouvrira ». Preuve que le code social ne s'appuie pas toujours sur la même conception de l'hygiène !

Cet enseignement du savoir-vivre répond évidemment au souci de former des femmes appelées à vivre dans une étroite promiscuité jusqu'à la fin de leurs jours. Dans ces conditions, la politesse, qui n'est que l'art de vivre ensemble agréablement, prend une importance capitale. Mais cette éducation des manières correspond à une seconde préoccupation, d'ailleurs clairement avouée, celle d'offrir au monde, trop souvent enclin à la moquerie, une image respectable de la religieuse. Ainsi demande-t-on avec insistance aux sœurs de la Visitation de veiller à ne rien écrire dans leurs lettres « qui puisse causer de la risée aux séculiers si elles leur tombaient entre les mains[6] ». Chez les dames de Sainte-Aure, il est recommandé aux novices de ne pas se montrer trop familières avec les « personnes séculières » qui n'auraient pas lieu d'en « être édifiées ». On redoute qu'au parloir elles ne fassent preuve de mauvaise éducation en criant, en interrompant ceux qui parlent, en riant trop haut, en disant « des puérilités et des simplicités » ; ou bien que, voulant trop se surveiller, elles ne se montrent raides et guindées, « l'esprit glacé », et que, ne sachant pas « dire quatre paroles à propos », elles soient traitées « d'ignorantes et de stupides[7] ».

On pourrait ajouter que les « manières » que l'on cherche à inculquer aux novices ne sont pas seulement de « bonnes manières » telles qu'on les comprend dans le monde. Elles tendent aussi à façonner une personnalité religieuse idéale, et impliquent une attitude profonde. Elles affichent les dehors de la modestie, de la réserve, de l'humilité, de la gravité, de la dignité pour mieux les imprimer peu à peu dans les cœurs. Les novices apprennent donc à marcher à pas lents, à garder un maintien effacé et sérieux, à répondre à voix basse, à tenir les yeux baissés. « Jusqu'aux choses les plus indifférentes dont on parle quelquefois, il doit toujours paraître dans l'air de celle qui les dit et dans son expression, quelque chose de modeste, de réservé et de religieux[8]. » Tout ce qui peut, chez ces adolescentes, appartenir encore aux jeux et à la spontanéité de la jeunesse, est traqué, condamné comme les manifestations d'une nature profondément mauvaise. « Badiner avec leur chapelet ou leur ceinture, courir en descendant les degrés ou les monter précipitamment, regarder derrière elles ou par les fenêtres pour voir ce qui se passe, se précipiter pour aller au feu [*pour se chauffer près de la cheminée*] ou en récréation, rire sans raison ou par la seule raison qu'elles en voient d'autres rire, chanter dans leur cellule ou dans les escaliers de manière à être entendues, éclater en riant ou battre des pieds et des mains pour applaudir à ce qui leur fait plaisir, balancer le corps ou traîner les pieds en marchant, faire des grimaces... », tels sont les principaux « péchés contre la modestie » dénoncés chez les novices, qui nous rappellent surtout que la plupart d'entre elles n'étaient encore que des enfants [9].

Cette rééducation du comportement naturel s'appuie, comme pour les enfants, sur la récitation de formules qui accompagnent les principaux actes de la journée. Ces formules, on ne leur demande plus de les répéter machinalement, mais de les méditer, de laisser leur imagination s'en pénétrer jusqu'à éprouver réellement les sentiments qu'elles suggèrent. À la Visitation, on leur conseille de se figurer, le soir dans leur lit, « qu'un jour elles seront ainsi étendues dans le tombeau ». À Montmartre, on leur recommande de prendre leurs repas en se « souvenant du fiel et du vinaigre que Jésus-Christ goûta en sa Passion ». Cet effort de l'imagination pouvait atteindre un réalisme difficilement supportable aujourd'hui, quand on leur demandait, par exemple, de se représenter à l'heure des Vêpres, Jésus-Christ pendant sur la croix : « Entrez, leur proposait-on, dans la plaie de son côté, passez par cette porte dans son cœur pour en connaître et pour en suivre tous les mouvements ; sucez le sang et l'eau qui en découlent, lavez vos péchés et vos faiblesses dans cette divine liqueur, et ne permettez pas qu'il en tombe une seule goutte inutilement à terre [10]. »

L'obéissance méticuleuse à la règle et la pratique des mortifications physiques et morales sont présentées comme les points les plus importants de la vie religieuse, et le « chapitre des coulpes », où les religieuses s'accusent publiquement de leurs fautes, est l'occasion pour les novices d'apprendre à les mettre en pratique.

Dans certains ordres, les postulantes ont l'autorisation d'y assister, mais n'y participent jamais ; les novices, au contraire, doivent s'exécuter à tour de rôle, en commençant par celle dont la vêture est la plus récente. Si ce chapitre n'est pas toujours sévère, il est très redouté des novices, encore peu aguerries à ces pratiques impressionnantes. Elles doivent apprendre à garder en mémoire les fautes les plus légères qu'elles ont pu commettre, jusqu'aux simples distractions ou maladresses, car si elles oublient de les mentionner, elles auront la honte de voir la sœur zélatrice, dont c'est la fonction dans la maison, se lever pour les leur reprocher devant toute la communauté.

Les jours fixés par la règle, les novices reçoivent la discipline avec toute la communauté assemblée autour de la supérieure. À ces pratiques de mortification s'ajoutent celles que l'on appelle « du réfectoire » parce qu'elles s'accomplissent devant la communauté réunie pour les repas. Des religieuses volontaires ou punies pour quelque faute exécutent des pénitences publiques, comme de manger par terre, de jeûner au pain et à l'eau, de baiser les pieds des autres religieuses, etc. On encourage les novices à s'y livrer elles aussi pour les accoutumer à l'humilité et briser la fierté qu'elles pourraient avoir conservée du monde.

Avec l'autorisation de leur maîtresse, elles peuvent pratiquer des pénitences plus secrètes, comme de porter une haire ou une ceinture de fer sous leurs habits, de prendre la discipline dans leur cellule ou de jeûner volontairement. Si elles ne se montrent pas assez ardentes à les réclamer, le rôle de leur maîtresse est de « leur donner la faim de la mortification, de les habituer à la rechercher d'elles-mêmes ; et quand elles sont tièdes sur ce point, elle les excite par les moyens que Dieu lui suggère [11] » : gageons que l'émulation mutuelle en était l'un des plus sûrs.

Ces pratiques, qui n'épargnaient pas les très jeunes

filles, presque encore des enfants, peuvent nous paraître fort cruelles. Mais dans la mesure où elles occupaient une place très importantes dans la vie religieuse de l'époque, il aurait paru peu honnête de laisser les novices les ignorer avant leurs vœux. Adoucir le noviciat, fait pour éprouver leur vocation, et attendre la profession pour appliquer la règle dans toute sa rigueur n'auraient pas semblé digne des maisons sérieuses. Pour éviter un tel reproche, certains ordres faisaient même cette période un temps d'épreuve dans tous les sens du terme. Chez les filles du Calvaire ou chez les dominicaines, une discipline de fer régnait sur les novices jusqu'à ce qu'elles aient fait l'entier sacrifice d'elles-mêmes et de leurs attaches avec le monde. Les filles de la Visitation, ordre plus « moderne », plus doux, où les châtiments corporels n'étaient pas en faveur, raffinaient davantage sur les vexations et les humiliations morales, qui ne devaient pourtant pas manquer d'efficacité. Le redoutable abbé Musson, qui a dressé un tableau impitoyable mais vraisemblablement très juste des couvents de son temps, s'étend plus particulièrement sur les mortifications en usage dans le noviciat de la Visitation et se moque des « minuties » et des « puérilités » qu'il y remarque[12] : travaillez, recommande-t-il à une postulante de l'ordre, à « mortifier vos inclinations et à combattre votre amour-propre, car on ne vous pardonnera rien dans votre noviciat sur ce point, et votre maîtresse cherchera tous les moyens les plus efficaces pour contrarier votre humeur et votre fantaisie. Lorsqu'elle remarquera quelques affectations dans votre voile, votre robe ou votre guimpe, parce que peut-être ils seront neufs ou plus propres que ceux des autres, sur-le-champ elle vous fera dépouiller, vous ôtera avec confusion, en présence des autres novices, ces habits dans lesquels vous vous glorifiez, et elle vous fera prendre un voile tout usé, une guimpe déchirée et de grosse toile, et une robe pleine de pièces et de lambeaux ; et il n'y aura pas à répliquer. Vous aurez beau représenter que cette robe est trop courte ou trop longue, ou trop large, ou trop étroite, qu'elle ne vous couvre pas les épaules, votre maîtresse ne daignera pas vous écouter ; au contraire, plus elle verra en vous de répugnance, plus elle sera ferme à ne se point relâcher [13] ». Si vous désirez écrire une lettre (ce qui montre évidemment un attachement tout à fait répréhensible au monde), lui dit-il encore, « votre maîtresse vous laissera faire, elle vous donnera permission d'écrire (car on n'écrit jamais à la Visitation sans permission des supérieures), elle vous dictera même la lettre, surtout si c'est à une personne de distinction, elle la cachettera devant vous, et dans le moment, afin de vous mortifier plus sensiblement, elle vous commandera de la jeter au feu. Elle fera la même chose pour les lettres qui vous seront adressées, et auxquelles vous prendrez le plus de part. Elle les déchirera en votre présence et les fera brûler [14] ». D'autres exemples, cités dans le coutumier même de l'ordre, montrent que cette méthode était utilisée chaque fois que la novice aspirait à des satisfactions trop humaines : il s'agissait de laisser croître l'espoir, de l'entretenir même, puis de le briser d'un coup, dans toute sa force, comme une plante dont on arrache jusqu'à la racine.

Pour des vétilles, les punitions de la Visitation sont exemplaires et visent surtout à humilier la coupable. Une novice qui a marché trop vite dans les couloirs devra se tenir à la porte du réfectoire et dire aux religieuses qui y pénètrent : « Ma sœur, je mérite d'être séparée de la communauté » ; si elle récidive, elle demandera publiquement pardon à Dieu et aux sœurs « de la mauvaise édification » qu'elle aura donnée et du scandale qu'elle aura causé par ses « immodesties » et ses « irrévérences ». Si elle a parlé intempestivement, elle portera un bâillon sur la bouche pendant la récréation, ou un écriteau sur le front indiquant le motif de sa punition. « On ne veut point de filles dissipées et immodestes, dit Musson ; celles qui le sont apprennent aux dépens de leur nez et de leurs yeux la modestie et la récollection. C'est pour cela que le noviciat est toujours fourni de grandes lunettes. Il y a un magasin de bâillons, de voiles de grosses toiles, de pierres de billots de toute sorte de grosseur. Dès que vous porterez la vue égarée, on vous mettra quelqu'un de ces voiles sur la tête ; on vous attachera une de ces grandes machines sur le nez ; on vous mettra en guise de masque un grand et énorme bandeau qui vous couvrira tous les yeux et vous descendra jusqu'à la ceinture ; ou bien l'on vous commandera d'aller après le *Benedicite* dire à la supérieure : " Ma mère, plaît-il bien à votre charité que nos sœurs regardent comme je porte la vue tout au contraire de ce que la règle enseigne ? " Vous n'aurez qu'à vous regarder pour lors dans le miroir, vous verrez comme vous serez jolie dans cet équipage [15]. »

Pendant le temps de la postulance et du noviciat, la famille de la jeune fille paie au couvent soit une somme forfaitaire, soit une pension annuelle, plus ou moins importantes selon le renom des maisons. Ainsi au Val-de-Grâce, en 1760, pour six mois de postulance et un an de noviciat, « il en coûte, avec la prise d'habit, deux mille livres ou environ ». La Visitation de la rue Saint-Jacques ne demande que mille livres et l'abbaye Saint-Antoine huit cents livres. Parmi les maisons qui préfèrent demander une pension : elle est fixée à quatre cent cinquante livres à Pentémont, et à trois cents livres chez les ursulines de la rue Saint-Avoye ; mais c'est au couvent de l'Ave Maria que le prix demandé est le plus bas : deux cents livres à peine. Il est vrai que l'état de pauvreté austère embrassé par ces religieuses ne devait guère entraîner de frais : « Elles font toujours maigre, dit Jèze, ne portent point de linge, marchent toujours nu-pieds, couchent dans leur cercueil [16]. »

A la fin du noviciat, la supérieure réunit une nouvelle fois le « chapitre des novices », composé des « discrètes » ou principales religieuses de la maison, pour le consulter sur l'admission de la jeune fille à la profession. Dans les maisons sérieuses, sa vocation est pesée, mais aussi son adaptation à la discipline et à la vie commune, sa santé, sa résistance physique et morale, surtout quand il s'agit de l'admettre dans un ordre très dur. Les appuis que la novice peut avoir à l'extérieur et l'importance de sa famille sont encore des motifs qui pèsent lourd dans la décision finale.

Selon une coutume plus ancienne conservée dans certaines maisons et reprise dans un ordre récent comme celui de la Visitation, c'est la communauté tout entière qui vote pour la réception des novices au moyen de « pois et de fèves ». La fève blanche est un suffrage favorable. Le pois (ou à défaut la fève noire) est défavorable. Chaque religieuse dépose un pois ou une fève dans une boîte que la supérieure tient à la main. Après le vote, on compte les fèves : il suffit que leur nombre soit « plus grand d'une seule » pour que la novice soit acceptée par la communauté [17]. Si elle passe avec succès son deuxième interrogatoire mené par l'évêque (mais il s'agit en général d'une simple formalité), la profession peut avoir lieu.

Quelques jours avant la cérémonie, la novice est convoquée au chapitre pour y faire publiquement sa coulpe des fautes qu'elle a commises durant son noviciat et entendre un discours de la supérieure sur l'état religieux et les devoirs qui l'attendent. Puis elle est séparée de la communauté et des autres novices et entre en retraite pour méditer sur la gravité des engagements qu'elle va prendre. À l'abbaye de Saint-Paul-lès-Beauvais, le silence total lui est imposé pendant quatre jours. On la conduit dans une pièce spéciale de l'abbaye, nommée « le Sépulcre », où on la laisse seule « pour n'avoir plus d'autre occupation que l'entretien du céleste Époux, la lecture des livres de piété, et la méditation de la mort mystique [18] ».

Si la vêture représentait le mariage spirituel de l'âme humaine avec Dieu, la profession symbolise davantage la mort à la chair et au monde. Le glissement progressif de certains rites de la première cérémonie à la seconde avait pourtant fini par réunir dans la profession le rituel du mariage et celui de l'ensevelissement, ce qui la rendait encore plus solennelle et impressionnante. Ainsi le changement de nom, quand il n'intervenait que le jour de la profession, prenait le double sens de l'imposition du joug d'un nouveau maître et celui de l'anéantissement de la personnalité primitive. Dans l'ancien droit français, le religieux qui avait prononcé des vœux solennels était en effet frappé de mort civile (incapacité de succéder, de tester, de recevoir par donation, de témoigner, etc.). Il n'existait plus, désormais, pour le monde.

Alors que la vêture était une fête joyeuse, la profession présentait donc un aspect plus sombre, plus tragique, qui se prêtait particulièrement bien au goût de l'Ancien Régime pour les effets dramatiques. Toute la cérémonie était réglée de manière à frapper l'imagination, à susciter la frayeur parmi les assistants en leur rappelant leur destinée mortelle, la vanité des biens de ce monde et l'incertitude de leur salut. C'était avant tout un spectacle, d'ailleurs très couru, où tout était fait pour rendre la « victime » plus touchante, l'atmosphère plus lugubre, la liturgie plus grandiose. Dans son sermon, le prédicateur cherchait à provoquer les larmes de l'assistance en évoquant le contraste pathétique entre la vie brillante que la jeune fille aurait menée dans le monde et le tombeau dans lequel elle allait s'ensevelir pour gagner le ciel. Mme Roland, qui avait

assisté encore enfant à une profession, évoque dans ses
Mémoires l'émotion profonde qui l'avait bouleversée, à
un âge où les sentiments sont encore si vifs : « Lorsque
après avoir prononcé ses vœux la novice prosternée fut
couverte d'un drap mortuaire sous lequel on aurait dit
qu'elle était ensevelie, je frissonnai de terreur ; c'était
pour moi l'image de la rupture absolue des liens du
monde, du renoncement à tout ce qu'elle avait de
cher ; je n'étais plus moi, j'étais elle ; je crus qu'on
m'arrachait à ma mère, et je versai des torrents de
larmes [19]. » Les esprits les plus fermes étaient ébranlés.
Des conversions, des vocations soudaines se déclaraient dans l'assemblée. C'est pendant la profession
d'une dame de la Cour, la comtesse de Rupelmonde,
que Madame Louise, l'une des filles de Louis XV, prit
la décision d'entrer chez les carmélites : « Voilà du
courage », se dit-elle avec admiration. « Voilà comme
on ravit le ciel [20]. »

La jeune novice n'était pas la moins émue par ce
cérémonial imposant, même s'il l'engageait dans la
voie qu'elle avait choisie. Mais que dire si la pauvre
fille ne s'y prêtait qu'à contrecœur, résignée à subir un
destin sans attrait pour elle ? Ne lui fallait-il pas un
grand courage pour entendre le prêtre lui demander
conformément au rituel : « Ma fille, croyez-vous avoir
la force de porter constamment le joug de Jésus-Christ
jusqu'à la fin de votre vie ? »

Les professions tragiques ne manquent pas dans la
littérature ou les Mémoires. On se souvient surtout de
la scène superbe des vœux d'Amélie qui sert de pivot
au roman de Chateaubriand, *René* : pour expier un
amour coupable, l'héroïne se sacrifie elle-même, tandis
que l'aveu de sa passion s'échappe malgré elle de sa
bouche, « à travers les glaces du trépas et les profon-
deurs de l'éternité ». Mais parmi ces témoignages,
vécus ou transposés sur le plan romanesque, il en est
un qui touche peut-être particulièrement par sa vérité

et sa simplicité : c'est le récit que la jeune Hélène Massalska (qui devint plus tard princesse de Ligne) donne dans son Journal d'enfant d'une profession qui eut lieu à l'Abbaye-au-Bois, vers 1778. Ses effets dramatiques sont d'autant plus émouvants qu'ils ne sont pas recherchés, comme dans des textes plus élaborés, mais se dégagent tout naturellement des faits, sous le regard attentif et clairvoyant qu'une enfant de treize ans pose sur le monde des adultes. La détresse de Mlle de Rastignac, une jeune novice épouvantée par la comédie qu'on lui fait jouer, n'en est que plus intolérable, comme le sont sa solitude et son impuissance au milieu de la foule indifférente de ses parents et de ses amis qui remplit l'église.

Pendant tout son noviciat, cette jeune fille avait paru « plongée dans une mélancolie affreuse », et le bruit courait parmi les pensionnaires que sa famille la faisait religieuse malgré elle. La cérémonie avait d'ailleurs dû être remise plusieurs fois à cause de sa santé délicate.

« Le jour de sa profession, raconte Hélène, tous les Hautefort du monde remplissait l'église, car elle était leur proche parente. Mademoiselle de Guignes portait son cierge et lui servait de marraine, le comte d'Hautefort fut son chevalier. Elle était d'une très jolie figure ; elle fut d'abord dans l'église du dehors sur un prie-Dieu, avec une robe de crêpe blanc brodée d'argent et couverte de diamants. Elle soutint fort bien le sermon que lui fit l'abbé de Marolle, où il lui disait que c'était un grand mérite aux yeux de Dieu de renoncer au monde quand on était faite pour y être adorée et pour en faire le charme et l'ornement. Il semblait qu'il se plût à lui peindre en beau tout ce qu'elle allait quitter ; mais elle fit bonne contenance.

« Après le sermon, le comte d'Hautefort lui donna la main et la conduisit à la porte de la

clôture. Dès qu'elle fut entrée, on jeta la porte
avec grand bruit sur elle et on mit les verrous avec
fracas, car c'est une gentillesse qu'on ne manque
jamais de faire en pareille occasion. Nous remar-
quâmes toutes que cela lui fit un effet terrible et
qu'elle pâlit très visiblement. Elle entra dans la
cour plus morte que vive ; on disait toujours que
c'est qu'elle était malade, mais il nous paraissait
que son âme souffrait plus que son corps. Quand
elle fut arrivée à la grille du chœur, on la ferma
pour la déshabiller ; alors on s'empressa de la
dépouiller de ses ornements mondains. Elle avait
de longs cheveux blonds ; quand on les défit, nous
pensâmes toutes crier pour empêcher qu'on ne les
coupât, et toutes les pensionnaires disaient tout
bas : " Quel dommage ! " Dans le moment où la
maîtresse des novices y mit les ciseaux, elle
tressaillit. On mit ses cheveux sur un grand plat
d'argent, c'était charmant à voir ; on la revêtit des
habits de l'ordre, on lui mit le voile et une
couronne de roses blanches, ensuite on ouvrit la
grille et on la présenta au prêtre qui la bénit.

« Alors on apporta un fauteuil, près de la grille,
où madame l'abbesse s'assit, ayant à ses côtés sa
porte-croix et sa chapelaine. Mlle de Rastignac se
mit à genoux devant elle, mit ses mains dans les
siennes. Pour prononcer ses vœux, la formule
est : " Je fais vœu à Dieu, entre vos mains,
Madame, de pauvreté, d'humilité, d'obéissance et
de clôture perpétuelle, suivant la règle de saint
Benoît, observance de saint Bernard, ordre de
Cîteaux, filiation de Clairvaux. " Elle était si
faible qu'à peine pouvait-elle se soutenir à
genoux. Les maîtresses des novices, Madame de
Saint-Vincent et Madame de Saint-Guillaume,
étaient derrière elle. Elle avait l'air d'avoir un
nuage sur les yeux et de ne savoir où elle était ;

Madame de Saint-Vincent lui disait le vœu mot à mot, et elle répétait. Quand elle eut fait son vœu d'obéissance et que cela vint au vœu de chasteté, elle s'arrêta si longtemps que toutes les pensionnaires, qui avaient beaucoup pleuré, ne purent s'empêcher d'avoir envie de rire ; enfin, après avoir jeté les yeux de tous côtés, comme pour voir s'il ne lui viendrait aucun secours, la maîtresse s'approcha lui disant : " Allons, du courage, mon enfant, achevez votre sacrifice ! " Elle fit un profond soupir en disant : " de chasteté et de clôture perpétuelle ", et en même temps elle laissa tomber sa tête sur les genoux de madame l'abbesse. On vit qu'elle s'évanouissait, aussi on la mena à la sacristie.

« L'usage est qu'elle doit aller embrasser les genoux de toutes les religieuses après sa profession, et embrasser les pensionnaires. Mais l'on dit qu'elle n'était pas en état, et qu'elle viendrait seulement se prosterner au milieu du chœur. Rien ne m'a affectée davantage que quand elle parut à la porte de la sacristie, pâle comme la mort, le regard éteint, soutenue par deux religieuses. Mademoiselle de Guignes, qui portait son cierge, était si tremblante qu'à peine pouvait-elle marcher. Madame de Sainte-Magdeleine, car c'était le nom que Mademoiselle de Rastignac avait pris, s'avança jusqu'au milieu du chœur où on l'aida à se prosterner. On étendit sur elle le drap mortuaire et on chanta le *Miserere* de Lalande, qui fut chanté par nous, ainsi que le *Dies irae* et le *Libera* des Cordeliers, qui est une musique superbe. Le tout dura une heure et demie, car on leur dit les prières des morts pour les avertir qu'elles sont mortes au monde.

« Le soir même, comme elle avait la fièvre, on la mit à l'infirmerie, où elle resta six semaines[21]. »

Sans qu'il y ait eu évidemment d'influence réciproque possible, le récit d'Hélène fait beaucoup penser à la profession de la *Religieuse* de Diderot. Comme Mlle de Rastignac, Simone Simonin se trouve « presque réduite à l'état d'automate » et prononce les vœux qu'on lui dicte sans savoir ni ce qu'elle dit ni ce qu'elle fait. Le lendemain, elle tombe dans un abattement si profond qu'elle se sent « physiquement aliénée » et qu'elle doute de la réalité de la cérémonie. Comme Mlle de Rastignac, de longues semaines de convalescence suffisent à peine à la « tirer de cet état ». Diderot avait peut-être assisté lui-même à de telles professions forcées probablement assez fréquentes. Sinon, il a admirablement compris quelles pouvaient être les réactions d'une jeune fille sensible et nerveuse, à qui on arrachait un engagement irrévocable, au milieu d'une mise en scène bien faite pour frapper ses esprits.

Dans son malheur, Mlle de Rastignac eut pourtant plus de chance que Simone Simonin, puisque ses vœux la liaient à une communauté bienveillante, où son désespoir suscitait une certaine sympathie sinon une véritable compréhension : « Elle est dans une langueur qui intéresse tout le monde, conclut Hélène, et que tout le monde cherche à dissiper en tâchant de lui rendre la vie agréable. » On voudrait croire que de jeunes religieuses comme elles finissaient par se résigner à leur sort, à s'habituer à la vie du cloître, et qu'elles n'étaient finalement pas trop malheureuses. Mais l'oubli n'est pas chose si facile. Cette lente agonie de la sensibilité pouvait prendre une vie entière, et le sacrifice exigé en un moment, devant une nombreuse assistance, était peut-être à renouveler chaque jour, dans la solitude du cœur.

CHAPITRE V

La bague et la crosse

> « *Les sœurs rendront un grand respect
> à la supérieure, regardant Dieu en elle,
> l'honorant comme l'organe du Saint-
> Esprit...* »
>
> Coutumier de la Visitation

Chef spirituel mais aussi temporel, de sa communauté, la supérieure, qu'elle soit abbesse ou simplement prieure, porte le double signe symbolique des
fonctions paternelles et maternelles. En tant que
représentante du Christ et « organe du Saint-Esprit »,
elle joue un rôle viril à la tête du monastère, puisqu'elle
est revêtue de l'autorité suprême et qu'elle est instituée
gardienne de la règle, donc de la loi. Mais en tant que
mère, dont elle porte le titre, elle veille sur ses
religieuses et en assume la responsabilité physique et
morale.

Cette double fonction prend toute sa valeur du fait
que, fortement hiérarchisée, la société conventuelle
l'est sur le modèle d'une structure familiale. Les
religieuses s'appellent d'ailleurs entre elles « mères »
ou « sœurs », les plus anciennes par la date de leur
profession (et non par leur âge) jouant le rôle d' « aî-

nées », avec tous les privilèges accordés à cette place dans la société d'Ancien Régime. Privées de responsabilités réelles et de droit d'initiative, les religieuses sont d'ailleurs réduites à un statut d'enfants, dominées par la grande figure bicéphale de la supérieure qui incarne à elle seule le couple père-mère. Dans son rôle paternel, elle est secondée par les autres supérieurs du couvent (l'évêque ou l'abbé de l'ordre, le directeur spirituel...). Dans son rôle maternel, elle délègue ses pouvoirs aux religieuses placées immédiatement au-dessous d'elle dans la hiérarchie, en particulier à « la sous-prieure » ou « l'assistante », que les religieuses appellent aussi « ma mère ».

Si elle n'a pas les pouvoirs religieux d'un prêtre (elle ne peut administrer les sacrements), la supérieure préside les cérémonies et les offices du couvent et officie elle-même certains jours de fête ; elle peut même prononcer des sermons. Au chapitre des coulpes, qui se tient une ou deux fois par semaine, elle entend les confessions publiques de ses filles (mais il ne s'agit pas du sacrement de la confession), et les reçoit en particulier chaque fois qu'elles ont besoin d'être dirigées ou conseillées (ce que, dans le langage des couvents, on appelle lui « rendre compte de son intérieur »). La bague que l'abbesse porte au doigt et la crosse qu'elle tient en main comme un évêque sont les signes de son autorité spirituelle : cette crosse se termine par un long crochet à la manière des houlettes de berger afin, précise un cérémonial de l'abbaye du Pont-aux-Dames, d'arrêter par le pied la brebis qui s'engage dans un mauvais chemin.

Telle une souveraine, la supérieure est entourée d'un culte respectueux de la part de ses religieuses qui ne l'abordent qu'à genoux dans toutes les circonstances où elles ont affaire à elle personnellement, ou quand elles en reçoivent des conseils, des avis, ou des ordres particuliers. « Lorsqu'elles donneront ou prendront quelque chose de la main de la supérieure, peut-on lire dans le coutumier de la Visitation, soit lettres, livres, ouvrages, et choses semblables, elles mettront un genou en terre et baiseront la terre... En quelque part qu'elles soient, si la supérieure passe près d'elles, elles se lèveront et feront un grand enclin, excepté quand elles sont à genoux dans le chœur, qu'elles s'inclineront seulement[1]. » Si la supérieure reprend une religieuse, celle-ci doit s'agenouiller pour recevoir cette réprimande, les yeux baissés et les mains jointes. Les abbesses de haute naissance ne s'en tiennent pas à ces marques de déférence prescrites par la règle : une abbesse de Maubuisson, Mme de Soissons (fille naturelle du comte de Soissons), exigeait de ses religieuses des respects qu'on n'accordait pas au roi de France : « Les religieuses se mettaient toujours à genoux en entrant dans sa chambre et se traînaient ainsi jusqu'à ce qu'elles arrivassent auprès de Madame à qui elles parlaient avec des cérémonies et des respects non pareils[2]. » Mais à quelle gloire une abbesse n'est-elle en droit de prétendre quand elle joint au titre de lieutenant de Jésus-Christ, l'honneur d'appartenir, même de la main gauche, à la famille de Bourbon ?

Dans le cas d'une abbaye, cette autorité absolue s'étend sur le nombreux personnel qui l'habite (domestiques, jardiniers, cochers, vignerons, médecins, etc.). Le journal d'un médecin de Jouarre, Jacques Dufour, nous montre une abbesse, grande dame du XVIIe siècle, Henriette de Lorraine, veillant au salut éternel comme aux bonnes mœurs de ses gens, qui éprouvent pour elle une véritable vénération. Au mois de mai 1690, elle préside une cérémonie à laquelle assiste tout le personnel de l'abbaye : « Madame avait, ce matin, rassemblé ses officiers en l'église de l'abbaye. Après la messe, qui fut chantée en musique, Son Altesse a prononcé un discours fort savant, citant les Pères de l'Église comme l'aurait fait un évêque. Elle nous a dit aussi que Dieu n'était pas seulement le Créateur du monde, mais aussi le gardien de toute âme. S'il nous laissait parfois sans son appui, c'était pour éprouver notre fermeté, et qu'il fallait quand même marcher dans le chemin des vertus. Puis elle a recommandé d'éviter les frivolités, les plaisirs grossiers et surtout le jeu. Son Altesse ne peut voir une carte sans frémir, à tel point que son cocher ayant fait partie avec un palefrenier, Madame l'avait su et fit brûler leurs cartes devant elle, en condamnant ses gens à réciter cinquante *Pater* et cinquante *Ave* devant la statue de la Vierge qui est en la cour près de la porterie. Après le sermon de Madame et sa bénédiction, que nous reçûmes à genoux, avons regagné nos demeures, fort remués par la parole d'une si savante et si sainte Dame, que Dieu conserve [3]. »

Le Concordat signé en 1516 par Léon X et François Ier avait donné aux rois de France le droit de nommer les abbés et les abbesses de leur royaume. Mais les autres monastères, non érigés en abbayes, avaient conservé en général l'usage ancien d'élire eux-mêmes leurs supérieurs tous les trois ans, ce qui entretenait l'émulation entre les religieuses en leur donnant à chacune des chances réelles d'accéder un jour au pouvoir [4].

Il n'était pas toujours agréable pour une supérieure qui arrivait au terme de sa charge de devoir si tôt rentrer dans le rang en abandonnant tous les privilèges attachés à cette fonction. Le jour où elle devait céder la place à une autre, une coutume tacite voulait qu'elle fasse cependant bonne figure en manifestant un grand soulagement de se voir déchargée d'une si lourde croix et en assurant qu'il ne pouvait y avoir de plus grand bonheur que celui de faire les exercices d'une simple religieuse tout entière consacrée à Dieu [5]. De son côté, la nouvelle supérieure ne se montrait pas en reste de bons sentiments : elle se désolait d'avoir été choisie.

priait ses sœurs d'avoir pitié d'elle et de lui épargner un si pesant fardeau, et proclamait son insignifiance et son indignité. Quelques larmes ne déparaient pas la scène. Une ursuline de Dijon, Marguerite de Saint-Xavier, raconte avec une rare franchise que le jour de son élection au priorat de son couvent, elle tenta elle aussi de se conformer à ces usages : « En ce moment, notre directeur déclara mon élection. Ma superbe commença à se réveiller pour me mettre dans les soins de mon intérêt, me faisant voir que je passerais pour une ambitieuse si je ne pleurais comme les supérieures bien humbles. Je voulus essayer de donner quelques larmes[6]. » S'en dispenser aurait paru un manquement à l'obligation d'humilité, presque aux règles de la politesse monastique.

L'élection d'une nouvelle supérieure a lieu à bulletins secrets. Au jour fixé, les religieuses se rendent au chapitre en chantant le *Veni Creator* pour demander à l'Esprit-Saint de les inspirer. Puis elles élisent des « scrutatrices », chargées de veiller au bon déroulement du vote et de compter les bulletins. Après la proclamation des résultats, la communauté conduit la nouvelle supérieure en procession à l'église pour chanter un *Te Deum* en action de grâces. Quand il le peut, l'évêque (ou son représentant) assiste à ces élections pour leur donner plus de solennité. Parfois aussi pour veiller à ce que les religieuses fassent un bon choix.

En 1735, l'archevêque de Rouen, Mgr de Saulx-Tavannes, jeta ainsi le trouble chez les bénédictines du Saint-Sacrement de la ville, qu'il prétendait obliger à voter pour une religieuse d'une autre maison. Ce petit couvent de vingt-six religieuses connaissait, comme beaucoup de communautés de cette époque, de graves difficultés et se trouvait sous la menace d'une suppression. Estimant qu'il était de son devoir de remettre coûte que coûte en ordre les affaires de cette maison,

l'archevêque entendait placer à sa tête une religieuse de
son choix, la mère Saint-Placide, prieure d'un couvent
de Dreux, qui passait pour une sage administratrice.
Son inquiétude était compréhensible et ses motifs
louables, mais il s'y prit de façon si maladroite qu'il ne
réussit qu'à provoquer une révolte indignée chez ces
filles paisibles qui auraient été toutes prêtes à lui obéir,
en dépit de l'entorse flagrante faite à leurs constitutions. Le jour de l'élection, il arriva en force, « accompagné de huit ou neuf abbés », et posta des sentinelles
à toutes les portes du couvent pour impressionner la
communauté. Il commença par faire enfermer à clef
dans un confessionnal une religieuse récalcitrante, puis
demanda à l'intendant de la généralité, qui l'avait
accompagné, de lire une prétendue lettre de cachet
interdisant à six autres religieuses de voter. Neuf de
leurs compagnes se levèrent alors et quittèrent le
chapitre avec les six « exclues », pour protester contre
ces mesures d'intimidation. On remarque parmi elles
le nom de la mère Madeleine Corneille de la Miséricorde, une très vieille dame presque impotente, qui
n'était autre que la propre fille de Pierre Corneille.

L'élection commençait à tourner au drame, « et ce
n'était de toutes parts que larmes et sanglots ». Il fallait
cependant procéder au vote. Un abbé, envoyé en
émissaire par l'archevêque pour ramener les rebelles au
chapitre, parcourait la maison du haut en bas sans
rencontrer personne, sauf · « quelques-unes des
exclues qui lui offrirent poliment de le rafraîchir, car
cet abbé était aussi las, aussi fatigué que dans la plus
pénible canicule ». Au cours de cette pénible recherche, il ne retrouva que la mère Corneille qui s'était
réfugiée à l'infirmerie. Mais elle refusa absolument de
descendre et lui déclara, avec ce dédain tranquille que
donne la vieillesse hautement portée, « qu'elle n'avait
point de voix à donner pour une pareille élection, et
qu'elle gardait sa voix pour elle-même ».

L'archevêque dut finalement se résigner à faire voter les onze religieuses qui étaient fidèlement demeurées au chapitre, et la prieure de Dreux fut déclarée élue avec sept voix sur les vingt-six que comptait la maison. Malheureusement pour l'archevêque qui n'avait même pas songé à s'assurer de sa candidate, celle-ci refusa de quitter son couvent. Le Saint-Sacrement de Rouen put donc procéder, deux mois plus tard, à une nouvelle élection dans des conditions plus raisonnables, et la mère Sainte-Scholastique, qui était l'une des six « excluses », fut désignée. Son gouvernement fut sage et elle sut rétablir à la fois la paix et les finances de son monastère [7].

Dans les abbayes au contraire, l'abbesse nommée par le roi détenait à vie la crosse qu'elle recevait parfois fort jeune. Depuis le XVIe siècle, les rois exerçaient jalousement ce droit de nomination dont ils tiraient d'importants avantages : en premier lieu celui de contrôler des puissances spirituelles et temporelles souvent considérables qu'il aurait été dangereux d'abandonner à elles-mêmes ; ensuite celui de disposer de moyens commodes de récompenser les services de la noblesse sans que la couronne ait à débourser un écu. Quelques maisons restaient directement rattachées à Rome, mais le pouvoir royal les surveillait discrètement, guettant l'occasion de les ramener au rang des autres. Le Saint-Siège, de son côté, n'avait pas totalement renoncé à son droit de regard sur les abbayes françaises et s'était réservé de confirmer par des bulles le choix fait par le roi. En refusant parfois ces bulles, ou en en retardant l'envoi, Rome montra parfois qu'elle n'entendait pas en faire toujours une ratification de pure forme.

Les abbayes, dont la tradition aristocratique était déjà ancienne, étaient devenues la propriété quasi exclusive des grandes familles qui se les disputaient âprement. Quant à leurs abbesses, elles vivaient souvent plus en princesses qu'en religieuses, croyant devoir soutenir par leur faste plutôt que par leur piété l'éclat des maisons qu'elles gouvernaient.

À la mort d'une abbesse, le choix de celle qui doit la remplacer est habituellement décidé de longue date. L'abbesse a prévu elle-même sa succession en faisant élever auprès d'elle une de ses parentes, désignée avec l'accord du roi comme sa « coadjutrice », c'est-à-dire son héritière officielle. Mais le roi peut changer d'avis si la famille de la coadjutrice l'a mécontenté ou s'il veut favoriser une candidate mieux placée. L'abbesse peut aussi mourir sans avoir eu le temps d'assurer sa succession. Il arrive ainsi qu'une « dynastie » s'effondre et soit remplacée par une autre.

Outrepassant leur droit, les rois n'hésitaient pas à « démissionner » une abbesse en place quand ils souhaitaient attribuer une crosse et qu'ils ne trouvaient pas d'abbaye vacante à leur convenance. À Chelles, le cas arriva même deux fois : au XVIIe siècle, quand Louis XIV demanda à Mme de Cossé-Brissac de céder sa place à Mme de Roussille-Fontanges, sœur de l'une de ses favorites ; au XVIIIe siècle, quand le Régent obligea Mme de Villars à se retirer en faveur de sa fille, Louise-Adélaïde d'Orléans. Une forte pension, qui faisait l'objet de longs marchandages, récompensait en général le sacrifice de l'abbesse déchue. Une abbesse de Maubuisson, Françoise de Possé, s'en était tirée moins habilement. Lorsque Henri IV, qui voulait donner une abbaye à Angélique d'Estrées, sœur de la belle Gabrielle, lui fit dire d'abandonner sa charge, elle s'enfuit sans demander son reste. Il est vrai qu'elle savait sa position trop précaire pour résister : simplement élue par ses religieuses, alors que son abbaye dépendait du pouvoir royal, elle avait négligé de demander à Rome les bulles qui l'auraient confirmée dans ses fonctions.

En disposant à leur guise des crosses de leur royaume, les rois ne se gênaient guère pour choisir les abbesses hors des ordres auxquels elles auraient dû appartenir, malgré les interdictions formelles des règles monastiques. Jeanne de Lorraine changea ainsi plusieurs fois d'habit, au gré des nominations royales successives : religieuse de l'ordre de Fontevrault à l'origine, elle devint dominicaine pour recevoir le prieuré de Notre-Dame de Prouille, puis bénédictine pour devenir abbesse de Jouarre. En la nommant abbesse de Notre-Dame de Prouille, le roi avait d'ailleurs commis un autre abus de pouvoir, puisque ce prieuré disposait tout à fait légalement de son droit d'élection. Mais depuis le concordat, le pouvoir royal s'efforçait de mettre la main sur tous les monastères qui pouvaient avoir l'importance et la richesse d'une abbaye. Si les religieuses protestaient assez vigoureusement, il arrivait qu'elles gagnent la partie et qu'elles reprennent leur droit d'élection, mais à la prochaine vacance de priorat, le roi cherchait à nouveau à imposer sa candidate. Sans autre appui que leur bon droit, les pauvres religieuses étaient souvent obligées de céder, bien à contrecœur.

L'histoire de Saint-Louis de Poissy, un autre monastère dominicain, n'est qu'une succession de tentatives d'ingérence du pouvoir royal que les religieuses ne parvinrent pas toujours à contrer. A la fin du XVIᵉ siècle, elles s'étaient déjà vu imposer comme prieure une Jeanne de Gondi et espéraient pouvoir choisir librement celle qui lui succéderait à sa mort. Mais en 1602, Henri IV, qui savait parler aux femmes, vint lui-même à Poissy et leur déclara poliment « qu'il leur présentait sa filleule, Louise de Gondi, religieuse de leur maison [...] pour être la coadjutrice de sa tante, et prieure après sa mort, et que si néanmoins elle n'était pas bonne religieuse et qu'elles n'en fussent pas bien satisfaites, il n'y penserait plus. Les religieuses consen-

tirent par de très profondes révérences à ce que le roi
leur faisait l'honneur de leur proposer, sans qu'il n'y
eût aucune opposition [8] ». Conscientes pourtant que le
roi leur avait joué un mauvais tour, les pauvres
dominicaines étaient bien décidées à récupérer la
prochaine fois leur fameux droit d'élection. En 1661, à
la mort de Louise de Gondi, elles choisirent donc pour
lui succéder l'une d'entre elles, Élisabeth de Bermond,
tandis que Louis XIV désignait de son côté Guyonne-
Marguerite de Cossé-Brissac. Les deux prieures
coexistèrent quelques années, aucune ne voulant céder
la place à l'autre, jusqu'à ce que Mme de Cossé-
Brissac, qui avait toute la communauté contre elle,
accepte enfin de se retirer moyennant une pension de
3 000 livres. Cette Mme de Cossé-Brissac était décidément poursuivie par la malchance, car c'est elle,
devenue plus tard abbesse de Chelles, qui dut céder sa
place à la princesse d'Orléans sur l'ordre du Régent.

Même dans les abbayes qui ne pouvaient s'y dérober, ces nominations royales n'étaient pas toujours
bien acceptées par les religieuses qui pouvaient craindre le pire en voyant arriver une jeune abbesse
inconnue, plus soucieuse de ses plaisirs que des
intérêts de sa nouvelle maison. À la mort d'une de
leurs abbesses, Mme de Pellevé, les religieuses de
Saint-Paul-lès-Beauvais crurent naïvement qu'en plaçant le roi devant un fait accompli, elles obtiendraient
plus facilement une abbesse de leur choix. Elles
enterrèrent discrètement Mme de Pellevé, sans « avertir personne de la perte qu'elles avaient faite », et
s'assemblèrent en chapitre pour procéder à des élections. « Mais elles ne purent jamais s'accorder, et les
sentiments se trouvèrent tellement divisés qu'il fut aisé
de conjecturer du peu de succès de cette entreprise. De
trente religieuses vocales, il n'y en eut que deux qui
emportèrent huit voix qui n'étaient pas suffisantes
pour faire une élection canonique ; celles qui préten-

daient soutenir le privilège ne laissèrent pas de pousser l'affaire jusqu'au bout et nommer une sœur Catherine de Saint-Sauveur pour leur abbesse ; elles la menèrent à l'église, chantant le *Te Deum*, pendant que les autres se moquaient d'elle. En effet personne ne se mit en devoir de lui procurer de confirmation. Dans cet intervalle, une vieille mère de Villeretz, la plus ancienne de la maison, se saisit de toutes les clefs. [...] Elle fit venir une religieuse de Maubuisson, sa parente, nommée Madame de Mailly, à laquelle elle confia toute l'administration de l'abbaye, faisant croire aux religieuses qu'elle avait le brevet du roi et que bientôt les bulles seraient expédiées. Ce mensonge les amusa quelque temps, et pendant l'espace de six semaines, les deux abbesses prétendues, au défaut d'une légitime, divisèrent ce gouvernement[9]. » Cependant le roi coupa court à ces disputes en nommant à la tête de l'abbaye une jeune fille de quinze ans à peine, Madeleine de Sourdis, qui était encore novice dans l'abbaye de Beaumont.

On ferait pourtant erreur en pensant que ces nominations royales ne présentaient que des inconvénients pour les monastères et qu'elles y étaient toujours mal accueillies. D'une part, en évitant des intrigues internes comme celles dont Saint-Paul-lès-Beauvais avait pu donner l'exemple, l'arbitrage royal garantissait la paix de la communauté. Marie de Beauvilliers s'en aperçut quand, à l'époque de la réforme de Montmartre, elle demanda à Henri IV de renoncer à son droit de nomination dans l'abbaye. Elle espérait que le rétablissement des élections triennales stimulerait le zèle de ses religieuses, mais elle se heurta à de telles difficultés qu'elle préféra rendre au roi le droit qu'elle avait reconquis[10].

D'autre part, les abbayes étaient fières d'avoir à leur tête des abbesses dont la noble origine rehaussait leur prestige. Pour justifier sa mainmise sur les plus belles abbayes du royaume, l'aristocratie faisait valoir qu'elle apportait au service de Dieu les avantages du nom et de la fortune. Elle prétendait qu'une abbesse roturière ou de trop petite noblesse ne pourrait avoir ni assez d'ascendant sur sa communauté, ni assez d'influence face aux autorités civiles et religieuses pour soutenir dignement les devoirs de sa charge. Plus concrètement, les familles des abbesses contribuaient souvent largement à la subsistance des abbayes, qui, pour certaines, n'auraient pu survivre sans ces secours.

Alors que l'élection d'une prieure donne lieu à une cérémonie très simple, la nomination d'une abbesse s'accompagne de fêtes et de réjouissances souvent somptueuses. Si Madame vient d'un autre monastère, son arrivée dans l'abbaye est environnée de toute la pompe d'une princesse entrant dans ses États. Elle fait en carrosse la route qui la mène à son abbaye, entourée d'une escorte de parents et d'amis, et suivie, surtout s'il s'agit d'une très grande dame, d'une véritable armée de domestiques, femmes de chambre, valets, cochers, cuisiniers, marmitons, qui formeront sa maison personnelle.

Chaque village traversé l'accueille avec des concerts, des discours et des ovations. Des délégations conduites par des personnages importants (notables de la ville, médecin ou directeur spirituel de l'abbaye) viennent à sa rencontre et grossissent peu à peu le train qui la suit. Ce grand tumulte est sévèrement critiqué par un auteur comme Jean-Baptiste Thiers, qui lui reproche d'être peu convenable à l'humilité monastique : « Qui pourrait justifier devant Dieu et devant les hommes, s'exclame-t-il, les supérieures qui, s'oubliant de leur profession, font leurs entrées dans leurs monastères comme les rois, les princes souverains, les généraux d'armées et les gouverneurs des provinces dans les villes de leur dépendance ; je veux dire avec beaucoup d'éclat, avec grand cortège, au bruit des armes, au son des tambours et des trompettes, et avec les acclamations intéressées d'une populace confuse, indiscrète, hardie, et qui croit avoir liberté de tout faire et de tout dire dans ces rencontres [11] ? » En arrivant à son abbaye, Madame descend de son carrosse, tandis que les cloches sonnent à toute volée. Ses religieuses, venues l'accueillir en procession, la conduisent à l'église avec son cortège pour y chanter un *Te Deum*. Le reste de la journée se passe en divertissements et en festins auxquels prennent part la famille et les invités de la nouvelle abbesse.

L'austérité d'une abbesse élevée dans la piété contraste parfois avec ces traditions de faste. Quand Louise de L'Hôpital, jeune abbesse de vingt-cinq ans, se présenta dans son abbaye de Montivilliers, elle ne voulut pas y « paraître en l'équipage d'une souveraine, mais comme l'esclave de Jésus-Christ ». Elle mit pied à terre à l'entrée de la ville et, marchant pieds nus, elle se rendit d'abord dans plusieurs églises où elle fit ses dévotions, visita les pauvres de l'hôpital et les prisonniers, distribuant partout de larges aumônes. « Elle arriva enfin dans sa maison, marchant toujours nu-pieds par les rues sur du petit caillou pointu qui lui causa bien de l'incommodité, montrant sa dignité par la Croix et par les épines [12]. »

Cette première cérémonie, appelée « prise de possession » de l'abbaye, est suivie, après l'arrivée des bulles pontificales, d'une seconde cérémonie, plus éclatante encore, celle du « sacre » ou de la « bénédiction » de l'abbesse. Une pompe magnifique entourait Louise-Adélaïde d'Orléans, la fille du Régent, quand elle fut nommée à vingt et un ans à la tête de Chelles. L'église de l'abbaye avait été tendue de tapisseries splendides envoyées de Versailles. Une foule d'abbesses, venues des abbayes les plus notoires, formait comme une cour autour de la princesse. Les uniformes des Gardes-

Suisses étincelaient à la porte de l'église tandis que les musiciens du roi faisaient entendre pendant la cérémonie une musique qui semblait descendre du ciel. Six cents personnes furent invitées au festin qui terminait cette journée, et la princesse fit distribuer de magnifiques présents aux abbesses qui l'avaient assistée.

Au siècle précédent, Chelles avait déjà resplendi d'une semblable magnificence à l'occasion du sacre de Mme de Roussille, la sœur d'une favorite de Louis XIV, Mlle de Fontanges. L'évêque de Rennes, qui y avait assisté, raconta à son retour à Mme de Sévigné que « les tentures de la couronne, les pierreries au soleil du Saint-Sacrement, la musique exquise, les odeurs, la quantité d'évêques qui officiaient, surprirent tellement une manière de provinciale qui était là, qu'elle s'écria tout haut : " N'est-ce pas ici le Paradis ? — Ah non, Madame, dit quelqu'un, il n'y a pas tant d'évêques [13] " ».

L'abbesse dispose dans l'abbaye d'un logement personnel appelé « appartement », « logis » ou même « palais abbatial » et y mène souvent une vie de grand seigneur plutôt que de grande dame, car peu de femmes détiennent à cette époque une telle autorité et jouissent, paradoxalement, d'une telle liberté. Servie par une nombreuse domesticité, ayant carrosse et chevaux, elle reçoit sur un grand pied, rend des visites dans le voisinage, fait des voyages, et donne même des fêtes presque séculières.

Elle ne se croit guère tenue de respecter la règle ni même les vœux qu'elle a prononcés. La clôture, la pauvreté, l'humilité, le jeûne et l'abstinence entrent rarement à ses yeux dans les devoirs de son état. Sa table est délicatement servie ; quant à son habillement, s'il reste en général monastique, il est plus recherché que celui de ses religieuses : de riches étoffes, des dentelles et des bijoux lui ôtent sa rebutante simplicité, indigne d'une si grande dame.

Beaucoup d'abbesses vivent d'ailleurs séparées de leur communauté qu'elles ne rencontrent qu'aux offices et aux chapitres, quand elles daignent y assister, et laissent à la prieure la direction effective de l'abbaye. La dernière abbesse de Maubuisson, Césarine de Baynac, se préoccupait si peu de ses religieuses qu'elle les voyait à peine quelques jours par an, à l'occasion des grandes fêtes où elle officiait; elle ne paraissait jamais aux chapitres. Il arrive aussi que l'abbesse ne réside pas dans son abbaye et se contente d'y faire des séjours de temps à autre pour régler les affaires courantes, soit parce qu'elle cumule la charge de deux monastères (la chose est interdite mais fréquente), soit parce qu'elle préfère vivre dans le siècle (cas moins habituel que pour les abbés, mais qui n'était pas exceptionnel). Deux sœurs de Julie d'Angennes, Claire-Diane et Catherine-Charlotte, qui se succédèrent ainsi à la tête de Notre-Dame d'Yerres, passaient la majeure partie de leur temps à Paris, dans leur famille. Leur abbaye était pourtant l'une des plus mondaines de France et ressemblait davantage à une maison de plaisance qu'à un monastère.

En principe, l'abbesse dispose librement de son bénéfice, mais ne peut utiliser pour son usage personnel les biens du couvent qui sont la propriété collective des religieuses. Mais les abbesses se conduisent souvent en maîtresses absolues et ne se gênent pas pour puiser sans vergogne dans les revenus de la maison. Il faut cependant que la situation devienne particulièrement grave pour que les autorités civiles interviennent, tant est puissant le respect du pouvoir en place. Une abbesse de Maubuisson, Mme de Châteaumorand, fut pourtant destituée par le Régent sur plainte de ses religieuses. Les pauvres filles avaient à peine de quoi vivre, tandis que leur abbesse ruinait l'abbaye par ses folles dépenses. En partant, elle laissa une situation financière catastrophique et des milliers de livres de dettes. Cependant les fantaisies de Madame n'étaient pas toujours aussi dispendieuses : une Mme de La Rochefoucauld, abbesse du Saint-Sauveur d'Évreux à la fin du XVIIe siècle, préférait se consacrer au sauvetage des chiens perdus qu'à la direction des âmes. Elle avait transformé le logis abbatial en « asile des chiens malheureux » qu'elle comblait de ses soins, et l'on encourait sa colère quand on marchait par mégarde sur la patte d'un de ses pitoyables protégés [14].

La plus extraordinaire, on pourrait presque dire la plus extravagante de ces abbesses mondaines, est certainement Angélique d'Estrées, une abbesse de Maubuisson, qui osa pousser jusque dans ses conséquences les plus extrêmes la quête de la liberté et des plaisirs. Henri IV lui avait donné Maubuisson pour pouvoir y loger sa sœur Gabrielle, une de ses nombreuses maîtresses, à qui il cherchait un asile commode près de Paris. C'était une femme ardente dans ses désirs et impérieuse dans ses volontés, qui ne se souciait guère de l'opinion publique, toute abbesse qu'elle était. Du côté de sa mère, nous dit Tallemant des Réaux, elle était de « la race la plus fertile en femmes galantes qui ait jamais été en France », car les femmes de sa famille, religieuses ou mariées, étaient toutes réputées pour avoir « fait l'amour hautement ». Ses cinq sœurs, son frère et elle soutenaient d'ailleurs si bien l'honneur de leur nom qu'on les avait surnommés « les sept péchés mortels [15] » ! Le cloître était un dur destin pour une femme de cette trempe, mais elle sut le plier à sa convenance. La présence continuelle de la Cour dans l'abbaye, ou plutôt dans le palais abbatial, en avait fait, du temps d'Henri IV, un lieu consacré au plaisir. Des concerts, des bals, des festins étaient donnés tous les jours dans les jardins, et dans les appartements mêmes de l'abbesse. On disait qu'elle avait eu de nombreux enfants et que ses filles, qu'elle faisait élever auprès d'elle dans l'abbaye, y étaient différemment traitées selon la condition de leur père : la mieux née était entourée de soins particuliers, et sa mère l'avait destinée à devenir sa coadjutrice [16].

Après la mort brutale de Gabrielle d'Estrées, en 1599, le roi ne revint plus à Maubuisson, mais il continua à protéger Angélique qui n'entendait pas mettre fin si tôt à sa vie tumultueuse. Tant que Henri IV vécut, elle ne fut pas inquiétée, mais après sa mort, des plaintes parvinrent à la régente, Marie de Médicis, qui demanda à l'abbé de Cîteaux, supérieur de l'ordre, d'intervenir. Celui-ci envoya des émissaires à Maubuisson pour procéder à une enquête. Mais Angélique les reçut avec insolence. Elle les fit enfermer dans une pièce de l'abbaye, les mit au pain sec et à l'eau, et fit même donner les étrivières à un commissaire qui ne put s'échapper qu'en sautant par une fenêtre. La victoire resta pourtant à l'ordre moral qu'elle avait cru pouvoir défier avec tant d'audace. En 1618, elle fut conduite aux Filles pénitentes, où elle expia durement sa faute d'avoir cru pouvoir résumer en elle seule les sept péchés capitaux.

Cette ardeur que mettaient certaines abbesses dans la recherche des plaisirs, d'autres la consacraient à se soumettre elles-mêmes aux devoirs imposés par leurs vœux. Les jeunes abbesses réformatrices du début du XVIIe siècle, qui voulaient entraîner leurs religieuses par leur exemple, se firent les premières servantes de cette règle dont elles étaient les restauratrices et les gardiennes. Une abbesse de très haute naissance comme Flandrine de Nassau n'hésita pas à dépouiller le palais abbatial de Sainte-Croix de Poitiers de tous ses ornements avec une rigueur qui choqua même ses religieuses, refusa les honneurs qui accompagnaient jusque-là l'abbesse, et mangea au réfectoire à la table commune. Marie-Françoise Lescuyer, abbesse du

Lys, et Madeleine de Sourdis, abbesse de Saint-Paul, quittèrent même l'appartement abbatial pour coucher dans une cellule du dortoir, comme de simples religieuses.

Vivant au milieu de leur communauté, ces abbesses en partageaient les travaux et les peines. A Notre-Dame de Troyes, Claude de Choiseul-Praslin coulait la lessive, faisait la vaisselle et la cuisine et travaillait au jardin, portant elle-même le fumier « comme si elle eût été la servante des servantes et la dernière des sœurs converses ». À Saintes, Françoise de Foix soignait ses religieuses à l'infirmerie, sans se laisser rebuter par les maladies les plus dangereuses et les soins les plus pénibles.

Marie de Beauvilliers, abbesse et réformatrice de Montmartre, fut à son époque l'une des plus célèbres de ces abbesses exemplaires. Elle était la contemporaine d'Angélique d'Estrées, ce qui accentue encore les contrastes qui les opposent, car si Angélique fit scandale en poussant à l'extrême le dédain des convenances, Marie était au contraire d'une pudeur si farouche qu'on dit qu'elle n'osa jamais embrasser même son propre frère. Très jeune encore, et fort jolie, elle édifia beaucoup Henri IV en gardant les yeux constamment baissés en sa présence. Le roi, qui avait toujours été très amateur de belles religieuses et qui n'avait pas l'habitude de rencontrer une telle réserve, s'approcha d'elle pour l'embrasser, mais elle le repoussa avec autant de respect que de fermeté. C'était d'ailleurs une femme énergique, aux principes rigides, qui sut toujours faire face aux obstacles avec un courage indomptable. Et ce courage lui fut bien nécessaire du jour où elle entreprit, à vingt-quatre ans, de faire de Montmartre, qui était l'une des abbayes les plus relâchées de France, l'exemple même des maisons régulières, le phare vers lequel tous les couvents qui souhaitèrent adopter la réforme tournèrent plus tard leurs regards. Avant d'y parvenir, elle dut relever l'abbaye de sa misère, payer ses lourdes dettes, convaincre les religieuses d'observer la règle, résister au découragement et à la lassitude, déjouer même des tentatives d'assassinat, et lutter le plus souvent seule contre tous. Comme Angélique d'Estrées, elle avait à sa manière une âme intrépide et méprisait la faiblesse. Les cœurs doux et aimants eurent peut-être à souffrir à son contact, et elle put se montrer dure avec celles de ses religieuses qui avaient un tempérament mystique, comme Marie Granger. Elle ne pouvait les comprendre, elle qui n'avait compté toute sa vie que sur sa force et qui se méfiait de ce qui lui apparaissait comme une coupable complaisance envers soi-même. Elle mourut à quatre-vingt-trois ans, auréolée de cette gloire austère qu'obtiennent les pionniers et les bâtisseurs.

CHAPITRE VI

Sous le regard de l'ange

L'ordre qui régit la vie monastique féminine après les réformes du XVIIᵉ siècle a été acquis de haute lutte ; de gré ou de force, la règle triomphe désormais dans la plupart des maisons, imposant un déroulement immuable aux activités et aux travaux des jours.

Levées vers 4 heures du matin en été (5 heures en hiver), les religieuses se rendent immédiatement à l'office de prime, qui est suivi d'une messe basse. La prière occupe jusqu'au tiers de leur journée, le reste étant employé par le travail manuel et domestique, les tâches des obédiences (les différents « services ») dont chaque religieuse est responsable, les récréations et les repas. Leur emploi du temps est minutieusement réglé de manière à ce qu'elles ne restent pas un seul instant inoccupées. Pour éviter peut-être l'ennui, inspirateur de mauvaises pensées, ou un intérêt trop vif pour les choses de ce monde, une même activité n'est jamais poursuivie longtemps : au bout d'une demi-heure, une heure au maximum, la cloche sonne pour les avertir qu'elles doivent abandonner une tâche à peine commencée pour en aborder une autre.

Après prime, les offices importants de la journée sont vêpres à 3 heures de l'après-midi, complies à 6 heures du soir, et matines, prescrit par la règle à 2 heures du matin, mais plus souvent chanté à minuit.

Les petits offices — tierce et sexte, le matin ; none et laudes, l'après-midi — sont dits séparément ou sont joints aux offices principaux selon les habitudes de la maison.

La journée se termine tôt. Vers 8 heures du soir, 9 heures au plus tard, les religieuses se retirent dans leur cellule. Avec cette densité si particulière qu'ils ont dans les cloîtres, l'ombre et le silence retombent sur le couvent comme sur un immense tombeau.

Cette régularité apparente contraste avec l'agréable laisser-aller que les monastères ont connu au cours des siècles précédents. Était-elle aussi uniformément observée que pourrait le faire croire la lecture des coutumiers des maisons, soigneusement remis à jour ? Il est probable que le poids des habitudes ou la tolérance des supérieures, en laissant souvent subsister une partie des usages anciens, contribuaient à faire de chaque monastère un cas particulier, différent des autres par ses traditions et sa manière de vivre. En fait l'unité ne s'établit que très progressivement, si elle fut jamais totalement acquise.

C'est au début du XVIIe siècle que les ordres féminins furent obligés d'adopter le costume sombre, moins salissant et surtout moins seyant que l'habit blanc traditionnel. La règle l'exigeait d'une couleur brune non teinte, appelée « noir naturel ». De toutes les prescriptions imposées par les réformes, celle qui concerne l'habit semble avoir été, avec le rétablissement de la clôture, une des plus difficiles à accepter peut-être parce que le port d'un vêtement réglementaire est souvent ressenti comme une perte douloureuse de la personnalité propre. Pendant longtemps encore, les directeurs de conscience et les prédicateurs ne cesseront de fulminer, en chaire ou la plume à la main, contre les religieuses de certains couvents frivoles, qui « montrent cheveux, les frisent, jaunissent ou noircissent s'ils sont trop blancs, portent gants, manchettes, collets, voiles et guimpes (si encore elles en ont) de toile fine, et tout artistement composé et agencé, horloges en montre ou sonnant à la ceinture ; ceintures et chapelets riches ; souliers mondains, et qui enfin sont plus mondaines, mignardes et poupines en leurs façons que les plus vaines et perdues du monde [1] ». Ils leur reprochent de se farder et de se parfumer, de porter des bagues ou de riches tabatières, des rochets (ou tuniques) garnis de dentelle et des guimpes plissées si fines qu'elles laissent voir leur gorge. Certaines vont jusqu'à adopter un habit presque séculier, « hors un voile voltigeant au gré du vent, ou un morcelet de toile plissée à la mondaine pendant au-dessous du menton, servant bien à montrer qu'elles sont religieuses, mais sans marque d'aucun ordre [2] ».

Les ordres nouveaux et les maisons sérieuses ne se permettent pas de telles fantaisies vestimentaires, fréquentes dans les monastères relâchés, surtout en province. Cette forme de rébellion obstinée que manifestent quelques religieuses contre leur sort choque particulièrement les gens du siècle qui aiment le spectacle de la vertu et du bon ton. De passage à Perpignan, en 1660, la Grande Mademoiselle fut « fort effrayée » d'y voir des religieuses « très coquettes » qui se fardaient, mettaient du rouge, portaient des « guimpes de quintin plissé » et se vantaient « d'avoir des amants [3] ». Mais on rencontrait à la même époque des religieuses qui poussaient la passion de la pauvreté jusqu'à porter, comme Jeanne de Chantal, un voile rapiécé de quatorze ou quinze pièces, une robe usée jusqu'à la trame par onze ans de service et des souliers si éculés qu'elle devait les attacher avec des courroies de cuir [4].

Austères ou relâchés, les couvents pratiquent tous une hygiène des plus relatives. Les règlements autorisent les religieuses à faire, chaque matin au lever, une toilette sommaire. Elles s'essuient le visage avec un linge propre, et se lavent les mains à l'eau pure. Elles se nettoient aussi les dents comme on le fait à l'époque, en les frottant avec un linge et en les rinçant avec de l'eau mêlée éventuellement de vin pour l'acidifier.

Il n'est qu'exceptionnellement permis de faire une toilette plus approfondie. Le *Règlement* de Notre-Dame de Montargis admet que si les mains sont très sales et que l'eau pure ne suffit pas, il est possible de les frotter avec du pain, du son ou de l'oseille, mais l'autorisation doit en être demandée à la supérieure. On peut aussi se frotter les dents avec de la croûte de pain brûlé ou avec de la suie. « Pour les pieds, déclare le même *Règlement*, on les lavera au moins deux fois dans l'année, savoir au commencement des premières chaleurs et au commencement de septembre [5]. »

Le reste du corps ne doit être ni vu ni touché, ni par conséquent lavé. Au XVIIe siècle, on se lavait fort peu de toute façon. Les médecins entretenaient eux-mêmes la peur de l'eau, capable, disaient-ils, de propager des maladies contagieuses, de provoquer l' « imbécillité » et même des morts subites. À ces appréhensions très répandues s'ajoutait pour les religieuses la crainte obsessionnelle que les soins corporels ne mettent leur pureté en péril. Or si les gens du siècle ne se lavaient guère plus qu'elles, ils changeaient très souvent de linge et se parfumaient abondamment. Pas question d'expédients aussi « immodestes » dans les monas-tères, et les religieuses devaient supporter avec dignité leur odeur naturelle qui était celle de la sainteté et de la régularité. Toutes n'avaient pourtant pas cet héroïsme, et les « eaux de senteur » continuèrent longtemps à être d'un usage courant dans les couvents malgré les foudres brandies par les confesseurs.

Changer de linge trop souvent est le signe d'une mollesse tout aussi condamnable. Les vêtements, comme les corps, sont lavés le moins possible, « de peur que le trop grand désir de la propreté extérieure ne souille la pureté des âmes », disait-on à Saint-Cyr. Dans un couvent comme celui de Notre-Dame des Anges de Montargis, on donne à chaque religieuse une chemise de serge par semaine en été, et une tous les quinze jours en hiver. C'est à peu près l'usage général. La propreté des vêtements est alors un luxe, une marque extérieure de richesse, et la religieuse qui s'en montre préoccupée manifeste trop de tendresse pour un corps périssable et un souci excessif de son apparence. Elle n'a pas encore suffisamment acquis l'esprit de pauvreté. « Les sœurs prendront garde de ne demander [*à la sœur chambrière*] que le pur nécessaire, précise le *Règlement* du couvent, et que la vanité ne s'y mêle point, ne s'éloignant jamais de l'obligation qu'elles ont de souffrir la pauvreté[6]. » Ces recommandations concernent le linge de dessous. Quant aux robes, elles ne sont changées que deux fois par an. On garde celle d'été jusqu'à la Toussaint, et celle d'hiver jusqu'à Pâques.

Le même souci de pauvreté dicte, dans les règlements, les prescriptions concernant les repas. La nourriture, comme la propreté, a une valeur symbolique avant d'être une nécessité physique : il ne suffit donc pas qu'elle soit simple et bon marché, elle doit encore être insipide pour témoigner de la pauvreté véritable qui n'est pas seulement matérielle, mais surtout spirituelle. Un aliment d'un goût délicat, même s'il n'a rien coûté, serait un luxe inadmissible sur une table monastique. En outre, comme l'explique le père Tronson, un pieux auteur très représentatif des mentalités religieuses du XVIIe siècle, manger est une « action dangereuse » pour notre nature physique autant qu'humiliante pour notre nature angélique. Les saints ne s'y trompaient pas, qui ne prenaient « leur nourriture qu'en gémissant et en détrempant leur pain dans leurs larmes ». Aussi la table doit-elle être considérée comme un autel sur lequel l' « appétit doit servir de victime aussi bien que les viandes qui y doivent être consumées[7] ».

Les religieuses ne prennent que deux repas par jour : le premier en fin de matinée, vers 11 heures ; le second en fin d'après-midi, vers 6 heures du soir. D'après les instructions d'Étienne Poncher, le père de la règle dite « mitigée », les bénédictines doivent se contenter de deux plats à chaque repas, mais, « s'il se trouve là des fruits ou de nouvelles herbes [*salades*] ou légumes, on pourra ajouter un troisième ». Le premier plat peut être de la viande, qu'il autorise trois fois par semaine (ce qui n'est pas le cas dans tous les ordres), sauf pendant certaines périodes d'abstinence comme le Carême, l'Avent, et de l'Ascension à la Pentecôte. Les jours maigres, on sert des œufs ou du poisson. Le second plat se compose habituellement de fèves ou de pois. Chaque religieuse a droit à une demi-pinte de vin (un peu moins d'un demi-litre) par jour qu'il lui est conseillé de couper d'eau. Ce menu est à peu près celui que l'on retrouve sur toutes les tables monastiques, du moins celles qui ne sont ni trop sévères ni trop relâchées.

Les jours de jeûne, non seulement la viande est interdite, mais la portion se réduit à un morceau de pain et à des fruits ou de la salade. Le nombre de ces jours varient selon les ordres ou les maisons. Poncher les prescrit tous les vendredis de l'année, et y ajoute les mercredis de « la Nativité de la Vierge aux calendes de novembre », et tous les lundis et les mercredis « des calendes de novembre à Pâques ».

La pauvreté de certains couvents contribuait autant que leur régularité à maintenir ces observances. Bien des maisons n'avaient rien d'autre à offrir aux religieuses que deux œufs et un morceau de pain pour tout

repas. Ailleurs, quand l'opulence rejoignait le relâchement, les menus pouvaient être plus abondants et plus
délicats.

Pour mieux détourner leur pensée de cette occupation avilissante et élever leur âme tandis que leur corps
se nourrit, les religieuses écoutent la sœur lectrice leur
faire à haute voix une lecture pieuse. On leur conseille
encore, si la lecture ne suffit pas à les dégoûter de ces
nourritures terrestres, de méditer sur le fiel et le
vinaigre que le Christ dut boire sur la croix, de se
réjouir si ce qu'on leur propose ne leur plaît pas, et de
s'affliger si elles le trouvent bon. Celles qui sont
parvenues à un haut degré de mortification mêlent de
l'absinthe ou de la cendre à leur nourriture, mais de
tels exemples semblent plus fréquents dans les biographies édifiantes que dans la réalité quotidienne.

En principe, les religieuses n'ont pas le droit de
prendre le moindre aliment entre les repas, mais toutes
les maisons ne sont pas strictes sur ce point. Les
religieuses de Saint-Eutrope, dans le roman de Diderot, se faisaient servir des collations où elles buvaient
« du thé, du café, du chocolat, des liqueurs ». Il ne
s'agit pas d'une simple invention littéraire. Au Carmel
de la rue Saint-Jacques à Paris, une enquête du
XVIIIe siècle montre que la sévérité originelle s'y était
singulièrement adoucie. Les carmélites y buvaient,
comme à Saint-Eutrope, du café et du chocolat, « et
souvent deux fois par jour », et l'on y consommait la
quantité scandaleuse de 800 à 1 000 livres de sucre par
an. Plus grave, déclare le rapport indigné de l'enquête,
« nous avons trouvé cachée, dans un endroit de la
maison fort retiré, une grosse provision de sucre », et
les religieuses ont été surprises plusieurs fois organi-
sant de petites réfections « dans leurs cellules et autres
endroits de la maison [8] ». Qu'aurait dit le père Tronson
de ces orgies de friandises, de ces doux péchés de
gourmandise commis non dans quelque couvent de

province, mais dans l'un des plus hauts lieux de la
piété et de l'austérité, fondé par les disciples mêmes de
Thérèse d'Avila ?

Dans tous les monastères, le travail manuel occupe
une grande partie de la journée. Il est une véritable
nécessité pour les communautés pauvres qui en tirent
leur subsistance, mais il a surtout un rôle spirituel
important puisqu'il garantit les religieuses d'une inaction dangereuse. « Vous ferez quelque travail ou
ouvrage de vos mains, dit la règle des carmélites, afin
que le diable vous trouve toujours occupées, et qu'il
n'ait point d'entrée en vos âmes, se servant de votre
oisiveté [9]. » Les coutumiers des ordres reconnaissent
volontiers que le travail physique oblige aussi les
religieuses trop sédentaires à prendre un exercice
bénéfique pour leur santé. Il permet encore d'éprouver
leur obéissance et leur humilité puisque, de la plus
humble à la plus aristocratique, elles doivent toutes se
faire les servantes de leurs sœurs. Les converses
effectuent les tâches les plus rudes, mais les professes
les aident à la cuisine ou au jardin et font une partie du
ménage courant. Chacune à son tour sert au réfectoire,
balaie les escaliers et les salles communes, fait la
lessive, ou reprise le linge de la maison.

Outre ces travaux d'entretien, les religieuses confec-
tionnent elles-mêmes leurs vêtements, leurs chaussures, et quelques-uns des objets d'usage courant,
comme les cierges et les chandelles, des ustensiles de
fer-blanc (chandeliers, lanternes, batterie de cuisine...), sans oublier les remèdes de l'apothicairerie et
les instruments de mortification (disciplines, cilices,
ceintures de crin, etc.).

Les maisons pauvres effectuent aussi de petits
travaux rémunérés pour l'extérieur, surtout des
ouvrages d'aiguille. Ces travaux, destinés aux gens du
siècle, ne seraient pas encouragés s'ils ne rapportaient

un argent bien nécessaire à la communauté. La sœur qui en est responsable évite pourtant de prendre des commandes luxueuses, dentelles fines ou broderies précieuses, qui rappelleraient trop le monde aux religieuses. Elle doit aussi refuser les « ouvrages servant à l'usage des hommes comme seraient des caleçons, chemises et autres semblables » qui pourraient choquer la modestie de ces vierges consacrées à Dieu [10].

Les couvents distingués préfèrent quant à eux s'assurer des sources de revenus plus honorables comme l'éducation des jeunes filles, ou la location d'immeubles ou d'appartements. S'ils se mêlent de produire quelque chose, ce sont de ces produits utiles ou raffinés qui s'adressent à la société élégante. Le très convenable prieuré de la Madeleine du Traisnel à Paris ne dédaignait pas de vendre par exemple une eau de lavande qui connaissait un vif succès au XVIIIe siècle.

La confection de médicaments était aussi très à la mode dans les monastères. Les religieuses hospitalières, qui en faisaient pour leurs hôpitaux, en vendaient aux habitants de leurs quartiers, et des couvents moins habilités à le faire suivirent leur exemple. Au XVIIIe siècle, les dames du Très-Saint-Sacrement, au Marais, avaient le secret d'une pommade qui guérissait les abcès, les coupures et même les fractures, et qui s'appelait tout simplement « la pommade des Filles de la Sainte-Famille du Sacré-Cœur de Jésus ». Sainte-Perrine de Chaillot s'était spécialisé dans la confection d'un sirop balsamique pectoral. La mère Agnès de Sainte-Thècle, une tante de Racine, avait inventé un fameux onguent que l'on vendait à Port-Royal sous le nom d' « Onguent de la mère », et dont la fabrication exigeait de l'huile d'olive, de la graisse de porc, du beurre, du suif de mouton, de la cire jaune, de la litharge et de la poix noire [11]

Cet exercice de la pharmacie dans les couvents, bien

qu'illégal, avait du succès auprès du public, et les autorités fermaient les yeux. Mme de Sévigné raconte qu'un jour les potions des carmélites faillirent pourtant provoquer un drame à la Cour. Au cours de l'automne de 1677, Marie-Louise d'Orléans (une fille de Monsieur) eut la fièvre quarte et courut demander à ces dames un remède qui la rendit cent fois plus malade encore. On avait beau l'interroger, elle refusait de dire comment elle se l'était procuré. « Enfin on le sut. Le roi se tourna gravement vers Monsieur : " Ah ! ce sont les carmélites, je savais bien qu'elles étaient des friponnes, des intrigueuses, des ravaudeuses, des brodeuses, des bouquetières, mais je ne croyais pas qu'elles fussent des empoisonneuses. " La terre trembla à ce discours ; tous les dévots furent en campagne[12]. » Les carmélites n'en continuèrent pas moins leur petit commerce. On préférait sans doute mourir de leurs mains, en terre sainte, que de celles d'un vulgaire apothicaire qui n'avait que sa science pour tout mérite...

Une partie de ces travaux s'effectuent dans la « salle de communauté », où les religieuses se réunissent à heures régulières. Tandis que leurs doigts s'activent, une de leurs compagnes leur fait la lecture, sans doute pour décourager les bavardages mais aussi, comme l'observe très justement l'abbé Musson, « de crainte que l'esprit ne soit diverti par l'entretien du corps, et que la sollicitude de Marthe aux choses de la terre ne détourne Marie de sa contemplation [13] ». C'est reconnaître que le travail n'est pas seulement un acte qui mortifie l'orgueil et la volonté, mais que c'est aussi un exercice qui procure des plaisirs : plaisir du corps en mouvement, plaisir du geste, plaisir de la besogne bien faite et plaisir de voir une œuvre, même toute simple, se former sous les doigts. Laisser une religieuse y prendre intérêt, c'est détourner le travail de son but qui doit être l'humiliation de la chair.

Quand les habitudes du couvent sont douces, la salle de communauté peut ressembler davantage à un salon où des dames du monde se seraient retrouvées pour exécuter des ouvrages délicats en bavardant, parfois en écoutant de la musique. Hélène Massalska raconte qu'à l'Abbaye-au-Bois, au XVIIIe siècle, les pensionnaires venaient égayer les religieuses par des petits concerts improvisés : « Il y avait toujours cinquante personnes dans la salle de communauté, qui travaillaient à toute sorte d'ouvrages. Talleyrand [*une des pensionnaires*] jouait du clavecin, moi de la harpe, nous chantions ; cela faisait des concerts qui amusaient fort ces dames [14]. »

Les tâches domestiques et les responsabilités sont réparties en « offices » ou « obédiences », distribuées à toutes les professes. Le nombre de ces obédiences est très variable et dépend de l'importance du monastère et du nombre des religieuses qu'il faut occuper. Le premier de ces offices est celui de la prieure (ou sous-prieure quand la supérieure est appelée prieure). La prieure est le « lieutenant » de la supérieure. Elle veille à ce que ses ordres soient transmis et exécutés et l'informe de tout ce qui se passe dans la communauté : elle est encore une sorte de « surveillante générale » chargée de maintenir l'ordre et la discipline dans le couvent, de visiter les dortoirs et les lieux de travail pour vérifier que rien n'y est contraire à la règle. Si la supérieure assume d'une certaine manière une fonction virile et paternelle (dans la mesure où elle détient l'autorité suprême), le rôle de la prieure est plus proche de celui de la mère, car elle porte la responsabilité physique et morale de la communauté, elle est la confidente des religieuses et leur médiatrice devant la supérieure. Elle prend aussi « un soin particulier » de la supérieure elle-même, et veille « à voir si par trop de zèle, elle ne fait point quelque chose qui puisse intéresser sa santé, à lui faire prendre les soulagements qu'elle jugera en conscience lui être nécessaires, et à soigner tous ses besoins, tant en santé qu'en maladie [15] ».

La maîtresse des novices est elle aussi un personnage important dans le couvent. On choisit en général pour cette fonction une religieuse d'expérience ou d'un mérite particulier, parfaitement rompue à la règle. Elle est souvent aidée d'une sous-maîtresse.

Viennent ensuite l'office de la portière et celui de la tourière, responsables l'une de l'entrée du couvent et de l'accueil des fournisseurs, et l'autre de la réception des visiteurs au parloir. Puis celui de la cellerière qui est une sorte d'intendante : elle s'occupe de l'administration temporelle de la maison et dirige les converses.

La dépositaire règne sur les provisions, garde en dépôt les objets nécessaires à la vie quotidienne, fait les comptes et conserve les archives du couvent. Hélène Massalska qui, comme toutes les pensionnaires de l'Abbaye-au-Bois, avait assisté les religieuses dans leurs obédiences, décrit de façon charmante les deux vieilles dépositaires de la maison, Mme de Saint-Romuald et Mme de Saint-Germain, âgées respectivement de quatre-vingts et de soixante-quinze ans, qui passaient leur temps à se disputer : « Elles se trompaient toujours dans leurs calculs et elles mettaient tout cela sur le compte l'une de l'autre. C'était comique de les voir avec leurs lunettes, le nez dans de grands livres d'archives. Elles passaient leur vie à lire de vieilles lettres que les abbesses de l'Abbaye-au-Bois avaient reçues autrefois, ou d'anciens plaidoyers de ces dames, et, quand on voulait savoir quelque chose d'ancien touchant l'Abbaye, elles ne savaient jamais rien [16]. »

La boursière établit les commandes et reçoit de la dépositaire l'argent nécessaire pour payer les fournisseurs. La sacristine entretient les objets du culte et range l'église ; c'est elle qui fait sonner la cloche des offices religieux. A l'infirmerie, la sœur infirmière, qui peut avoir plusieurs aides, soigne les malades et confectionne les remèdes de l'apothicairerie. Dans les communautés nombreuses, l'entretien du linge est confié à deux officières, la chambrière en linge (chargée de la lingerie de corps) et la chambrière en drap : elles font la collecte du linge sale, le portent à laver, et redistribuent le linge propre.

Des offices moins importants sont attribués au reste des religieuses : la chantre dirige les chants à l'église ; la lectrice fait la lecture pendant les repas ou le travail en commun ; l'hospitalière reçoit les hôtes éventuels ; l'auscultatrice écoute les conversations au parloir ; la bibliothécaire veille sur les livres ; les semainières de table servent au réfectoire, etc. La liste des « obédiences » peut être inépuisable.

Les religieuses qui occupent les offices les plus importants comme la sous-prieure, la maîtresse des novices, la cellerière, etc. sont appelées les « discrètes ». Elles se réunissent en chapitre, à la demande de la supérieure, pour la conseiller, en particulier pour la réception des postulantes et des novices.

Pendant la journée, de longues heures de silence sont prescrites par la règle. Les religieuses continuent à vaquer à leurs occupations sans s'adresser la parole. Il ne leur est permis d'échanger quelques mots à voix basse qu'en cas d'absolue nécessité, et le plus brièvement possible. Pour les aider à communiquer sans se parler, un code de signes muets désignant les termes les plus courants leur est enseigné dès le noviciat[17]. Chaque officière a son signe distinctif. Chez les bénédictines, pour parler de la supérieure, on porte la main à son front ; pour la sous-prieure, on montre le bras droit, et pour la maîtresse des novices, l'épaule droite... Les lieux du couvent sont désignés par des signes eux aussi très suggestifs : pour le parloir, on

croise deux doigts sur deux autres, en forme de grille ;
pour le jardin, on montre la terre du doigt, et pour le
dortoir, on met les doigts sur les yeux. On indique
qu'il faut ouvrir ou fermer les fenêtres en faisant une
croix sur l'œil droit, et pour les portes sur l'œil gauche.

Quand la nouvelle de la libération de Saint-Cyran,
que Richelieu avait fait enfermer à Vincennes, parvint
à Port-Royal, c'était l'heure du grand silence, mais
dans sa joie, la mère Agnès ne voulut pas attendre pour
l'apprendre à ses sœurs : « Pour faire entendre ce
qu'elle ne voulait pas dire, elle prit sa ceinture et la
délia devant la communauté pour faire entendre que
Dieu rompait les liens de son serviteur. Comme on
espérait déjà sa liberté, on comprit aussitôt ce signe, et
la joie se répandit sur les visages, sans parole et sans
aucune dissipation [18]. » Suivant peut-être l'exemple de
la mère Agnès, une novice de cette abbaye trouvait si
amusant ce langage par gestes qu'elle inventait sans
cesse de nouveaux signes. Elle mettait un véritable
point d'honneur à ne pas prononcer une seule parole,
mais ses compagnes avaient tant de peine à la comprendre, qu'on dut lui demander de se contenter des signes
qu'elle avait appris, quitte à leur ajouter, s'il le fallait,
quelques mots brefs pour les rendre intelligibles aux
autres [19].

Un silence aussi long et aussi exigeant est coupé une
ou deux fois par jour par de courtes récréations qui ont
lieu généralement après les repas. Les religieuses y ont
la liberté de parler entre elles, mais cette liberté est
bien la seule qu'on leur accorde : elles doivent rester
groupées, garder un maintien réservé, éviter les
conversations frivoles, les plaisanteries, les rires
bruyants, les contacts physiques entre elles, même les
plus anodins. Cette liberté de parler pendant les
récréations est même refusée aux religieuses du Calvaire, dont l'ordre est particulièrement austère. Elles

prennent des récréations « muettes », auxquelles l'abbé Musson trouve, à son habitude, une explication plaisante : « Les religieuses du Calvaire sont bénédictines et capucines en même temps. Il faut donc qu'elles tiennent quelque chose des unes et des autres, cela est certain. Or les bénédictines ont des récréations, les capucines n'en ont point, non plus que les capucins. Comment concilier deux pratiques aussi opposées ? Les récréations muettes en sont le dénouement. » Et cette décision, ajoute-t-il, est sage : épuisées par les pratiques rigoureuses de leur ordre, les calvairiennes n'auraient certainement pas la force de parler pendant leurs récréations, et il convient d'admirer dans cette précaution, « la douce et sage condescendance de la règle » qui a tenu à « ménager leurs poitrines faibles et délicates », plutôt que de blâmer sa sévérité [20].

L'ordre des Annonciades se montre plus généreux en accordant à ses religieuses, une fois par mois, une récréation « extraordinaire » qui dure l'après-midi entière. Pas question pourtant qu'elles en fassent chacune à leur tête. Ce jour-là, elles doivent rester « toutes ensemble autant qu'il se peut, tenant quelques discours récréatifs, joyeux et religieux ». Elles chantent des cantiques ou se livrent à des jeux propres « à exciter la dévotion, à donner de la joyeuseté et du soulagement spirituel et corporel ». Le coutumier de l'ordre propose même quelques scénarios de saynètes à leurs talents dramatiques et à leur piété. Il leur suggère d'imaginer, par exemple, « ces saints ermites d'autrefois lorsqu'ils se visitaient entre eux et s'entretenaient avec tant de ferveur. D'autres fois, on se représente les martyrs quand ils étaient conduits devant les tribunaux et qu'ils subissaient leur sentence. [...] D'autres fois, on se représente un pécheur qui, aux exhortations de quelque saint, revient à Dieu, [...] d'autres fois, une personne très tiède, tombée dans le relâchement qui, par les avertissements et les exemples d'une autre, se ranime et revient à la ferveur[21] ».

Dans les maisons moins régulières, les passe-temps des religieuses, tout en restant en général bien innocents, sont moins surveillés et moins austères. Elles font de la musique, peignent des miniatures, cultivent des fleurs ou élèvent des oiseaux. Les occupations intellectuelles sont plus rares, et peu de religieuses sont d'ailleurs assez cultivées pour s'y intéresser. Il faut l'indépendance d'esprit d'une princesse pour se livrer, comme le faisait Louise-Adélaïde d'Orléans, à l'étude de l'anatomie, de la chirurgie, de la pharmacie, de la chimie et de la philosophie.

Les bibliothèques que l'on trouve dans les couvents comportent d'ailleurs rarement de quoi satisfaire des curiosités intellectuelles bien étendues, et les religieuses n'y ont pas librement accès. Ces bibliothèques fonctionnent en général selon un système de prêt : l'officière qui en est chargée tient un registre où elle inscrit les titres des livres et les noms des religieuses qui les ont empruntés. Bien souvent, les religieuses n'ont même pas le choix des livres qu'elles lisent, et ceux-ci leur sont indiqués par la supérieure. Les riches abbayes peuvent avoir pourtant un fonds relativement important : 16 000 volumes à l'Abbaye-au-Bois ; 10 000 à Chelles ; 3 000 à Saint-Antoine des Champs. Moins de 2 000 à la sévère abbaye de Montmartre, qui ne voulait pas de religieuses savantes. A Chelles au contraire, on ne se contentait pas du fonds, déjà riche, de la maison, et l'on envoyait à Paris, une ou deux fois par semaine, un messager pour en rapporter les livres nouveaux.

De quoi se composaient ces bibliothèques ? Essentiellement d'ouvrages de piété et de théologie, de vies de saints, des règles, coutumiers, cérémonials et constitutions de l'ordre. On y trouvait aussi de nombreux ouvrages pratiques : livres de cuisine, de médecine ou de pharmacie, de jardinage, etc. Si l'histoire profane et la géographie y étaient souvent assez bien représentées, la littérature y était moins en faveur. Montmartre possédait pourtant certains classiques, comme des ouvrages de Quintilien, Lucien, Ovide, Pétrarque et Descartes, et les œuvres de Guez de Balzac. Les religieuses de Maubuisson avaient même la chance de pouvoir lire les *Nouvelles espagnoles* de Cervantès, et, plus étonnant encore, *Le Paysan perverti* de Restif de La Bretonne[22].

On ne peut conclure cette évocation de la vie quotidienne dans les cloîtres sans parler de l'une des pratiques les plus impressionnantes de l'état monastique, le chapitre des coulpes. Nos sensibilités du XXe siècle ont peine à comprendre ces usages violents qui dépossédaient les êtres de leur dignité et les livraient sans volonté au pouvoir d'autrui. Mais le plus choquant, dans le chapitre des coulpes, ce n'est pas la rigueur de ses rites, qui pouvaient avoir un sens pour ceux qui avaient librement choisi une vie de renoncement, c'est qu'il ait été imposé de force, comme la clôture, à des gens sans vocation.

Ce chapitre des coulpes avait lieu à intervalles réguliers, et même une ou deux fois par semaine dans certains ordres. Chaque religieuse devait s'y accuser publiquement des fautes qu'elle avait commises et recevoir éventuellement la punition qui convenait. La communauté entière défilait devant la supérieure, en commençant par les converses et les novices qui se retiraient ensuite pour ne pas entendre la confession des professes. Si une religieuse oubliait de parler d'une faute, même légère, elle pouvait être dénoncée par une des sœurs « zélatrices » ou « dénonciatrices » dont c'était la fonction, ou par n'importe quelle religieuse qui en aurait été témoin. En ce cas, elle n'avait ni le droit de répondre ni celui de s'expliquer, mais elle devait écouter en silence l'accusation portée contre elle, juste ou injuste. Sa punition était évidemment plus grande que si elle s'en était accusée elle-même. Les fautes avouées au chapitre devaient toujours avoir été publiques, celles commises sans témoin relevant plutôt de la confession.

Les constitutions de chaque ordre, qui ne laissaient rien au hasard, donnaient presque toutes la liste précise des fautes dont il fallait s'accuser et indiquaient les châtiments appropriés. La supérieure ne pouvait donc choisir arbitrairement la punition, mais seulement décider de l'infliger ou non selon les circonstances. Parmi les fautes légères, dites de « première coulpe », figuraient surtout des négligences ou des maladresses : ne pas obéir au premier son de cloche, se tromper en chantant ou en lisant pendant l'office religieux, arriver en retard au réfectoire, laisser tomber ou casser un objet, faire du bruit involontairement. Les religieuses s'accusaient en disant : « Ma révérende mère, je dis ma coulpe que je n'ai pas été au chœur les yeux baissés ; j'ai parlé trop haut ; j'ai mis de la négligence à obéir, j'ai été curieuse... »

Parmi les fautes de la « seconde coulpe », on comptait habituellement les distractions pendant les offices, le fait de commencer à manger sans dire le bénédicité, de s'absenter d'un exercice sans permission... La troisième coulpe était celle des fautes « grièves » : il s'agissait déjà de petits délits comme rompre le silence sans motif, envoyer ou recevoir des lettres en secret, parler à la grille sans autorisation. Enfin la quatrième coulpe, dite des « coulpes plus grièves » ou « exécrables », concernait des actes commis contre la règle ou contre la communauté, comme frapper quelqu'un, désobéir à un supérieur, refuser d'exécuter une punition, blasphémer, attenter à la chasteté, chercher à s'enfuir du couvent, et même assassiner.

Des punitions encore légères, comme des récitations de prières ou de psaumes, étaient prévues pour les fautes de la première coulpe. La seconde coulpe prescrivait encore des prières, mais aussi des prosternations et déjà des coups de discipline. Pour des fautes relevant de la troisième coulpe, les religieuses subissaient des châtiments plus sévères, comme le jeûne au pain et à l'eau et des coups plus nombreux de discipline. Enfin, pour celles de la quatrième coulpe, on leur ordonnait de manger par terre au réfectoire, de demeurer prosternées à la porte de l'église pendant les offices, on les enfermait dans leur cellule ou même dans la prison du couvent pour y être nourries, comme dit Poncher, « du pain de douleur et de l'eau de tristesse », et on leur administrait, bien entendu, l'inévitable discipline.

La Visitation, qui se distinguait par sa pointilleuse minutie, comptait vingt-deux fautes de la première coulpe, autant de la seconde, et dix-sept de la troisième. Avec son franc-parler habituel, l'abbé Musson traite cet excès de scrupule de « bigoteries », de « puérilités » et même de « niaiseries », et accuse l'ordre de saint François de Sales de faire « des péchés de tout[23] ».

Au moment même où une religieuse commet une faute, la règle exige qu'elle en montre son regret en accomplissant un geste d'humilité, qui ne la dispensera pourtant pas de s'en accuser au chapitre des coulpes. Si elle se trompe, par exemple, en disant l'office, elle doit incliner le buste sans quitter sa place. Si sa faute a provoqué du trouble, elle doit aller se prosterner devant la supérieure sans prononcer un mot. Si une sœur est réprimandée par sa supérieure ou par une religieuse plus âgée ou plus importante qu'elle, elle ira se prosterner à ses pieds et y demeurera jusqu'à ce qu'on l'autorise à se relever.

Les punitions prescrites sont souvent exécutées

pendant les repas, au cours de ce que l'on appelle « les pratiques du réfectoire ». Tandis que les religieuses mangent, les pénitentes volontaires ou forcées reçoivent la discipline, mangent par terre, font le tour des tables pour baiser les pieds de leurs sœurs ou pour mendier une part de repas. Les délits les plus graves (crime, apostasie, fornication, fuite) peuvent être punis de la prison, soit dans le monastère même, soit dans une maison de pénitentes.

En aucun cas, l'Église ne livrait les coupables à la justice civile, quel que fût le crime commis. Elle ne condamnait pas non plus à mort, sauf de façon indirecte en murant le condamné dans un de ces cachots souterrains que l'on appelait avec une cruelle ironie des *in-pace*. Le coupable, aspergé d'eau bénite et de vapeurs d'encens, et muni d'un pain, d'une cruche d'eau et d'un cierge, était descendu dans un caveau dont on murait l'entrée. Il y était abandonné à la Justice divine, c'est-à-dire à une mort lente et atroce. Cette peine, toujours prévue dans les règlements ecclésiastiques de l'époque, semble, il est vrai, avoir été fort peu pratiquée au xviie et au xviiie siècle.

L'exclusion pure et simple, également prévue dans les textes, n'était pas non plus volontiers prononcée, surtout pour les femmes. L'Église préférait la prison à vie, dans le secret d'un couvent, au scandale que ce genre d'expulsion aurait provoqué dans le monde. Elle craignait aussi, comme le fait remarquer J.-B. Thiers dans son *Traité de la clôture,* que les religieuses sans vocation (et Dieu sait qu'elles étaient nombreuses !) feignent « d'être incorrigibles pour avoir de là occasion de sortir de tous les monastères dans lesquels on les voudrait retenir en clôture, ou d'y vivre dans une entière liberté, pour ne pas dire dans un entier libertinage ». Et il ajoute, avec la sérénité de ceux qu'un tel péril ne menace pas : « Et ce ne serait pas cruauté, mais miséricorde d'en user de cette sorte [*c'est-à-dire de les mettre plutôt en prison*], comme parle saint Augustin dans sa règle, puisque ce serait empêcher qu'elles n'en perdissent plusieurs autres, comme par une peste contagieuse[24]. »

Ce qui frappe, dans ce sytème coercitif, c'est qu'il semble dénier toute valeur à la volonté propre. Traités toute leur vie en mineurs irresponsables, les religieux et religieuses étaient assimilés, en cas de rébellion, à des criminels dangereux. On les punissait de ne pas accepter une vie qu'ils n'avaient pas choisie ou peut-être qu'ils ne choisissaient plus. On leur refusait le droit de s'exprimer, même dans les formes les plus bénignes de la transgression. Pensait-on vraiment qu'une adhésion acquise à ce prix pouvait avoir le moindre sens spirituel, qu'une soumission de façade suffisait à assurer la perfection de l'état religieux ?

Ainsi se déroulaient, jour après jour, ces existences ardentes ou douloureuses. De ces flammes ou de ces souffrances, rien pourtant ne devait transparaître sous le comportement uniforme prescrit par la règle. La journée achevée, chaque religieuse se retirait dans sa cellule, seule avec le secret de son cœur.

Dans les maisons régulières, les chambres sont simplement et pauvrement meublées : un lit, un prie-Dieu, une tablette pour déposer quelques livres, une chaise de paille et une table. Aucun objet personnel, mais quelques images saintes ou reliquaires peuvent, si la supérieure le permet, orner les murs. Les religieuses ont appris à se déshabiller rapidement, non seulement à cause du froid qui règne l'hiver dans leurs cellules non chauffées, mais pour ne pas blesser leur propre modestie. « Qu'elles soient très exactes, dit-on à la Visitation, à garder l'honnêteté et la sainte pudeur, ne se découvrant en aucune façon ni regardant leur corps nu, et soient soigneuses qu'on ne les voie point en se levant et couchant, lorsqu'elles n'auront pas chacune leur chambre[25]. » La règle de saint Benoît, plus dure que celle de saint François de Sales, leur interdit même, pour préserver cette pudeur de toute atteinte, de se déshabiller entièrement. Ainsi sont-elles « toujours prêtes, et [...] aussitôt qu'on viendra à sonner, elles se diligentent et se hâtent pour se prévenir l'une l'autre au service divin[26] ». Il leur est permis de retirer leurs chaussures et leur robe de dessus, mais elles doivent conserver leurs vêtements de dessous, leurs voiles et leur scapulaire, comme les remparts de leur chasteté. Leur lit est fait de planches sur lesquelles est posée une paillasse piquée recouverte de deux draps de blanchet (sorte d'étamine) et de deux couvertures en hiver (une seule en été). Comme la religieuse doit dormir assise, « et non tout enfoncée comme les séculiers[27] », Poncher autorise un coussin et un oreiller, mais les maisons très austères se contentent d'un gros chevet de bourre.

De crainte que cette couche, qui n'est pourtant guère tendre, ne donne quelque contentement à leurs membres las, il est conseillé aux religieuses, avant de s'endormir, de diriger leurs pensées vers des sujets de réflexion édifiants. Le sommeil est frère de la mort, et son approche doit rappeler celle de l'éternel voyage. Elles se « représenteront, dit le coutumier de la Visitation, qu'un jour elles seront ainsi étendues dans le tombeau, et prieront Dieu qu'il les assiste à l'heure de la mort ».

Mais la pensée de la mort, évoquée ainsi chaque soir, peut-elle suffire à les préserver du mal qui rôde dans l'obscurité ? Car « il y a un démon qui épie leur sommeil pour l'infecter de quelques mauvaises imaginations, et un qui épie leur réveil afin de remplir leur esprit de mille vaines et inutiles cogitations[28] ». Ainsi, même dans le repos et l'abandon de la nuit, la lutte se poursuit entre les forces de Dieu et celles du diable. Et tandis que la religieuse, étendue sur sa couche dure, glisse doucement dans le sommeil, les ténèbres de sa cellule se remplissent des ombres inquiétantes des démons et du bruissement d'ailes des anges.

CHAPITRE VII

La condamnation de la chair

En opposant à Dieu la stature effrayante d'un Satan tout-puissant et omniprésent et en mêlant dans un combat incessant les cohortes des démons et les légions célestes, la spiritualité du XVIIe siècle plonge tout entière dans une atmosphère de terreur qui prend la forme privilégiée d'une condamnation obsédante et désespérée de la chair. Le mal qui menace la Cité de Dieu depuis le péché originel, c'est la sexualité comprise comme le signe de la présence diabolique en l'homme. L'âme appartient à Dieu, mais le corps, depuis la chute d'Adam et Ève, est le partage des puissances démoniaques. En luttant contre ses désirs charnels, le chrétien s'en prend directement à l'Ennemi de Dieu ; il échappe à son pouvoir pour gagner son salut éternel. Cette conception sexuelle du mal, si elle a l'avantage de déplacer le champ de bataille du plan imprécis de la morale et de la spiritualité au plan plus tangible des réalités physiques, a aussi pour conséquence de reculer indéfiniment l'issue du combat. La victoire sur le corps ne peut plus être remportée que par la mort qui rend seule à l'esprit sa liberté et sa pureté enfin reconquises.

La vie chrétienne finit donc par se réduire à un seul mot d'ordre : la fuite du péché, et une garde farouche montée autour de la chasteté. La vocation de la religion est devenue essentiellement répressive : elle a pour fonction d'interdire, d'empêcher, de contraindre, d'inspirer la crainte et les remords. Un bon prédicateur a la voix forte, le geste impérieux. Il fulmine, il menace, il fait trembler son auditoire.

L'objet privilégié de ses fureurs sacrées est la femme, dénoncée déjà dans la Bible comme la responsable de tous les maux de l'humanité. Éternellement séduite par le diable, elle reste, qu'elle le veuille ou non, sa plus fidèle alliée et attire l'homme dans ses pièges chaque fois qu'il voudrait s'élever. Son corps lui-même la désigne comme une créature du diable puisqu'il est le point de départ et le point d'aboutissement du désir charnel, spirale infernale qui happe l'homme et le livrerait sans merci au démon sans l'aide de Dieu. Cette vision de la femme, largement répandue à une époque où la peur de la sexualité tourmentait tant de gens de bonne volonté, avait comme origine ce que Jacques Solé appelle « le mythe clérical de la lascivité féminine ». Pour bien des gens d'Église, la femme apparaissait comme un être hanté de désirs lubriques, qui cherchait obstinément à les satisfaire. Comment se seraient-ils aperçus que ce n'était pas la femme elle-même, mais la projection des fantasmes masculins qu'ils désignaient en fait à la vindicte des fidèles ? C'est donc avec des accents poignants que les prédicateurs suppliaient les femmes de renoncer à leurs tendances perverses pour le bien de l'humanité. La cause, hélas ! leur semblait perdue d'avance, et la colère se mêlait au découragement dans leurs injonctions passionnées. Ils savaient sans doute obscurément qu'ils se trompaient de cible et que l'Ennemi s'était retranché derrière d'autres masques plus impénétrables, mais il leur était plus facile d'accuser les femmes de persévérance dans le mal plutôt que de mettre en doute leur propre innocence. Leur chagrin, et la « garde comique » que montaient « autour du membre viril menacé » par l'intrépide désir féminin « ces spécialistes en érection » comme les appelle Jacques Solé[1], auraient été assez plaisants en effet si leurs productions imaginaires n'avaient lourdement pesé sur le destin de tant de femmes de leur temps. Mais non contents de brandir l'anathème, ils se sont faits les zélateurs fervents du rétablissement de la clôture dans les monastères féminins, dans laquelle ils ont vu l'unique moyen de réparer, sinon de punir, le péché d'Ève : seuls des murs solides pouvaient, à leurs yeux, protéger les femmes contre leurs propres débordements et mettre les hommes à l'abri de leurs embûches.

La coquetterie de la femme leur apparaît comme une nouvelle preuve de sa malignité, puisque du vêtement imposé à l'homme par Dieu, elle a su faire une parure, une séduction de plus. Indignés par cette impertinence, les directeurs de conscience ne sont jamais las de traquer le moindre colifichet chez la plus dévote de leurs pénitentes. Saint François de Sales obligea un jour Jeanne de Chantal à découdre les dentelles de sa coiffe et les glands de son rabat parce que ces « gentillesses » lui semblaient inutiles, et l'on sait que dans le langage de la piété, inutile veut toujours dire coupable.

Il va sans dire que cette condamnation de la chair, inlassablement proclamée par l'Église, avait moins de poids dès qu'elle concernait les hommes. La pratique de la chasteté était considérée comme le partage des femmes, et des religieuses plus particulièrement. Il ne semblait guère possible de l'exiger d'un homme, même d'un prêtre. Un texte du XVIe siècle assure qu'on aurait regardé comme un eunuque ou un sodomite un prêtre qui n'aurait pas eu de concubine et que les laïcs auraient refusé de le recevoir dans leur paroisse[2]. Au XVIIe siècle, la situation n'avait guère changé. S'il se trouvait des religieux pour prendre au sérieux leur vœu de chasteté, ils bénéficiaient, en cas de chute, de toute l'indulgence de la société.

Pour à la femme, la chasteté est au contraire le seul moyen de racheter son impureté foncière. Elle cesse alors d'être inférieure à l'homme et s'élève même au-dessus de l'humanité pour égaler les anges. Si elle se consacre de surcroît à Dieu, elle devient, comme le dit Boulenger, « le plus précieux trésor de l'Église, son ornement, sa force et son honneur[3] ».

C'est à cette sorte de chantage — comment l'appeler autrement ? — que sont soumises les jeunes filles tourmentées par la culpabilité et par ce statut de réprouvées. Le XVIIe siècle, qui n'est pas loin de voir dans le vœu de chasteté l'unique voie de salut pour les femmes, sera le grand siècle des vocations religieuses. Même la mère Angélique Arnauld, qui n'accueillait à Port-Royal que des vocations éprouvées, s'étonnait que l'on puisse se dire chrétienne sans se faire religieuse. Cette certitude de faire le salut des femmes en leur imposant la chasteté contribuait d'ailleurs à donner bonne conscience aux familles qui vouaient leurs filles au cloître. Quoi de plus louable que de ménager ses intérêts dans le temps en assurant le bonheur de ses enfants dans l'éternité ?

Les femmes sont donc chargées presque seules de pratiquer cette vertu exigeante. Leurs réticences à assumer ce rôle, leurs manquements éventuels, provoquent l'indignation de pieux auteurs comme Poncher ou Thiers, qui y voient une preuve supplémentaire de leur faiblesse et de leur incapacité à marcher droit dans le chemin de l'honnêteté. « Votre sexe, disait Poncher à ses bénédictines, est grandement débile, fragile et mutable, si on lui laisse la bride sur le col, et bien que l'esprit soit vertueux, toutefois s'il n'est régi et dressé, il est aussitôt déchu de sa sainte entreprise[4]. »

L'Église ne fait d'ailleurs que reproduire ici les

manières de penser de la société qui condamne plus sévèrement l'adultère de la femme que celui de l'homme. C'est que la chasteté n'a pas la même valeur selon qu'elle est masculine ou féminine. Chez l'homme, la vertu est un combat dans lequel les défaites peuvent être suivies de victoires. Chez la femme, au contraire, elle est un état d'innocence que la moindre altération viendrait souiller irrémédiablement. C'est, entre autres, pour cette raison qu'une enquête sévère était exigée dans les couvents de femmes pour les postulantes, alors qu'elle n'était pas obligatoire dans les couvents d'hommes. Chez l'homme, l'effort de sainteté est dynamique, il a un présent et un avenir. Chez la femme, il repose sur un passé qui doit être sans tache. La chasteté féminine, répètent à l'envi les ouvrages de piété du XVIIe siècle, est semblable à une fleur qui flétrit au premier regard, à un cristal qui se brise quand on l'effleure, à un miroir que le moindre souffle vient ternir. Le succès de telles images, dépourvues par ailleurs de tout réalisme, montre bien qu'on ne pensait pouvoir préserver cet équilibre précaire entre l'angélisme et l'animalité que dans une immobilité totale. Avant d'être des lieux de sanctification, les monastères féminins se devaient d'être des conservatoires de vertu.

Cette pureté est d'autant plus difficile à conserver qu'il ne s'agit pas seulement d'un état physique que la clôture suffirait à garantir, mais aussi d'un état moral, spirituel. Quels murs, quelles barrières pourraient protéger l'esprit contre lui-même ? On entre ici dans un système où la culpabilité et les scrupules ne peuvent que torturer sans relâche les esprits inquiets. Les moindres pensées, les moindres désirs doivent être surveillés, réprimés, car les plus innocents en apparence peuvent dissimuler des pièges redoutables.

Cette valorisation excessive de la pureté féminine va conduire les réformes du début du XVIIᵉ siècle à insister davantage sur deux points qui prendront une importance prépondérante, jusqu'à résumer à eux seuls la règle monastique féminine : le vœu de chasteté et son corollaire, celui de clôture perpétuelle. Les autres vœux passent au second plan, pour mieux conforter les premiers. La pauvreté et l'obéissance n'auront plus d'autre fonction que de contraindre le corps et l'esprit à renoncer à tout désir qui pourrait les entraîner vers des satisfactions dangereuses.

La clôture, si peu observée jusqu'alors, devient donc la condition même de la vie monastique féminine. Avant le XVIIᵉ siècle, son importance apparaissait comme secondaire et relative. Elle avait surtout été instituée pour défendre les religieuses contre les entreprises du dehors, et le vœu qui y obligeait n'était même pas toujours exigé. Mais à partir du concile de Trente, on va attacher à son respect une valeur quasi fétichiste. Les nombreux traités sur la clôture, qui fleuriront au cours du siècle, discuteront interminablement pour savoir si la damnation éternelle menace une religieuse qui aura franchi par inadvertance le seuil de son monastère et s'il est aussi grave de se pencher au-dessus du pas de la porte que d'y poser le pied. Ils se demanderont si la clôture n'est qu'une ligne invisible tracée sur le sol, ou si elle s'élève verticalement, et jusqu'à quelle hauteur. Ces vétilles, gravement pesées, montrent sur quel terrain se plaçaient de telles interdictions : celui des tabous, de la pensée magique et obsessionnelle. Si la lettre s'accumulait sur des centaines de pages dans ces gros pavés, l'esprit, malheureusement, n'y soufflait guère.

Dans un ouvrage de ce genre, celui du père Boulenger, on trouve une définition de la clôture d'une surprenante précision : au niveau de la porte d'entrée, c'est « le seuil contre lequel bat et se ferme ladite porte » ; pour le tour, c'est « le pivot qui le fait tourner ». Dans la profondeur du mur, c'est, assure-t-il, « le juste milieu de l'épaisseur » (craignait-il que les religieuses n'en viennent à passer à travers les murs à force de se spiritualiser ?) [5].

La raison d'être primitive de la clôture se trouve ainsi inversée : ce n'est plus contre les dangers extérieurs qu'elle protège les religieuses, mais contre elles-mêmes, contre les tentations du monde et leur propre désir de liberté.

Comme le vœu de clôture, celui de chasteté fait l'objet de précautions minutieuses, obsédantes, et la mortification prend le pas sur les autres exigences monastiques. Chacun des cinq sens doit être châtié ; aucun n'est innocent parce qu'ils appartiennent tous à la chair et tendent à la satisfaire. On estime en effet que les tentations sont plus faciles à vaincre quand on ôte à l'imagination le contact avec les réalités tangibles dont elle se nourrit. Pour mortifier leur vue, les religieuses gardent les yeux baissés et évitent de regarder le monde qui les entoure. Pour mortifier leur goût, elles jeûnent ou mangent des aliments grossiers. Pour mortifier leur ouïe, elles vivent dans le silence. Pour mortifier leur toucher, elles portent des vêtements d'étoffe rugueuse et dorment sur une couche dure et étroite. Même l'odorat est suspect, et une bonne religieuse se fait scrupule de respirer le parfum d'une fleur.

Comprise dans son sens spirituel, la clôture est donc une double enceinte : les murs du couvent séparent le corps de la société, mais une clôture plus intime isole l'esprit des réalités sensorielles. Une véritable religieuse est devenue sourde, aveugle, insensible au reste du monde. Comme le dit J.-B. Thiers, elle considère le couvent comme « un tombeau d'où les personnes qui s'y sont enfermées ne doivent sortir que pour la Résurrection [6] ».

Cette mort spirituelle s'accomplit dans une entière

dépossession de soi-même, un renoncement à la personnalité propre, car ce qui est personnel appartient à la nature, donc au diable. Seul ce qui est universel est dans la main de Dieu. « Dans la religion [*c'est-à-dire au couvent*], rappelle-t-on aux novices de Montmartre, vous n'avez pas un seul moment de votre temps, ni un seul mouvement de votre corps, ni proprement une seule pensée de votre esprit en votre disposition[7]. » C'est dans le vide total de l'esprit et du cœur que l'on peut espérer rejoindre Dieu.

Jamais solitaire, la religieuse est toujours seule. Il lui est interdit de conserver des amitiés personnelles à l'extérieur et d'en entretenir dans le couvent. Les contacts avec sa famille sont limités, surveillés. Elle ne peut échanger avec ceux qui l'entourent ou qu'elle rencontre au parloir que des propos banals : elle ne doit ni parler d'elle-même, ni s'intéresser aux problèmes des autres ou à ceux d'un monde qui n'existe plus pour elle.

Sensoriel et affectif, ce vide est aussi intellectuel. On évite de laisser les religieuses lire ou cultiver leur esprit, puisqu'elles ne doivent avoir d'autre intérêt que le ciel. Si cette méthode du vide apparaît comme la plus efficace pour parvenir à la mort spirituelle, elle présente pourtant des inconvénients certains, comme celui de donner une acuité extrême aux sentiments et aux impressions que l'on voudrait justement affaiblir. Elle laisse le champ trop libre à l'imagination, cette imagination qu'on espérait voir s'éteindre faute d'aliments ; mais dans le grand ennui claustral, elle brûle encore comme une veilleuse discrète, elle se nourrit d'échos lointains, de souvenirs, de regrets peut-être et, s'enflammant soudain, peut venir tout dévaster dans un immense brasier.

L'imagination, cette intruse diabolique, voilà donc le dernier adversaire à vaincre. Pour cela le vide, une fois créé, doit être rempli par une activité incessante,

par cet émiettement du temps monastique qui ne laisse
aucune place aux rêveries. Il doit surtout être occupé
par la lutte, toujours recommencée, de l'esprit contre
la nature, et la religieuse qui s'y consacre ne dispose
plus d'un instant à elle. Car le diable a établi son
empire au centre de notre nature corrompue par le
péché, et son règne ne prendra fin que lorsque cette
nature, comme purifiée de son humanité, aura été
entièrement sublimée. Tout chrétien se sent donc à
juste titre un « possédé », et cette conviction de la
présence habituelle du diable en l'homme explique
pourquoi les cas de possession diabolique ont pu être si
fréquents au cours de la première moitié du XVIIᵉ
siècle.

Cette possession paraît d'autant plus réelle que toute
la littérature pieuse du XVIIᵉ siècle décrit les passions
comme des présences étrangères inquiétantes, des
bêtes fauves tapies au fond du cœur humain que
l'homme ne peut espérer intimider que par la violence
et la terreur, en se livrant à lui-même une guerre
impitoyable qui divise l'être contre ses pulsions profondes. « Il faut, dit le père Tronson, se tenir toujours
sur la défiance à leur égard, et les considérer comme
des bêtes farouches qu'il faut traiter avec empire,
qu'on n'apprivoise jamais par la douceur, et que la
seule crainte peut tenir dans leur devoir. » Elles sont
« des ennemis irréconciliables, avec lesquels on ne doit
jamais faire de trêve ni de paix, sous quelque prétexte
que ce puisse être [8] ».

Le corps est ainsi désigné à la fois comme l'objet et
le champ de bataille de ce combat. Pour le maîtriser,
on estime nécessaire de lui imposer des pratiques
douloureuses et humiliantes, le traiter en criminel en
lui refusant tout plaisir gratuit et en lui mesurant
même les satisfactions naturelles qu'il réclame. Puisqu'il est impossible de lui interdire le sommeil et la
nourriture, on les réduit au minimum indispensable et

on leur ôte tout agrément. En dormant tout habillées sur un lit étroit et dur et en se relevant la nuit pour chanter les offices, en pratiquant le jeûne et l'abstinence, les religieuses sacrifient à la nature créée par Dieu et non au plaisir des sens.

Le jeûne a encore une utilité pratique, déjà prônée par les Pères de l'Église, celle de préserver le corps des tentations charnelles qu'une nourriture trop riche et trop abondante pourrait facilement enflammer. « Les aliments, pour les jeunes gens et les jeunes filles, disait saint Jérôme à Eustochium, sont des brandons de volupté. » Espérons que le brouet clair servi aux tables monastiques, en laissant peut-être les religieuses sur leur faim, versait du moins dans leurs veines le calme et la sérénité. La chair doit s'affaiblir pour que l'esprit triomphe...

Refuser au corps toute satisfaction charnelle n'est d'ailleurs qu'un premier pas dans la voie de la mortification. On lui apprend encore à surmonter ses dégoûts, ses répugnances et sa crainte naturelle de la douleur. Pendant des siècles, la haire et la discipline ont régné sur la vie religieuse, laïque aussi bien que monastique. Considérées comme la voie royale d'accès à la perfection spirituelle, elles faisaient obligatoirement partie, au XVIIe siècle encore, de l'arsenal du dévot. Tartuffes et saints authentiques les serraient dans leurs armoires, entre leurs chapelets et leurs livres d'heures, et s'en servaient avec humilité ou ostentation pour expier leurs péchés ou vaincre leurs mauvais penchants.

Dans les monastères bien réglés, la communauté s'assemblait pour s'administrer la discipline en commun en chantant le *De Profundis* ou le *Miserere,* certains jours de la semaine (généralement le mercredi et le vendredi). Il arrivait aussi qu'elle soit infligée comme punition à des sœurs coupables d'une faute grave, ou que des religieuses demandent à leur supérieure l'autorisation de la prendre à titre de mortification personnelle. Ces sacrifices volontaires étaient de loin les plus cruels. Les biographies édifiantes du XVIIᵉ siècle sont remplies de scènes sanglantes d'auto-flagellation qui montrent de quel zèle ardent certaines de ces pénitentes pouvaient être animées contre leur corps. Marie de Châteauneuf, abbesse de Saint-Laurent de Bourges, prenait, paraît-il, « tous les jours trois disciplines qui étaient toutes trempées de son sang ; elles étaient garnies de chaînettes à sept branches qui font horreur à voir ». Madeleine de La Porte, une abbesse de Chelles, se servait de disciplines « armées de molettes d'argent » dont chaque coup arrosait de sang le pavé de sa cellule. Antoinette de Varennes, une abbesse de Notre-Dame de Chasaut, demandait par prudence à l'une de ses religieuses de lui donner la discipline, car elle ne conservait aucune mesure quand elle se l'administrait elle-même : un jour qu'elle n'avait trouvé personne pour lui rendre ce service charitable, une religieuse se cacha pour l'observer, mais lassée avant la fin de ce long supplice, elle se retira après avoir compté cinq cents coups[9]. Même si une certaine exagération épique n'est pas exempte de récits de ce genre, il n'en reste pas moins vrai que ces saintes femmes ne paraissaient guère avoir pour habitude de s'épargner.

Les disciplines régulières prises en commun étaient en général moins sévères, car elles avaient une valeur plus symbolique que réellement punitive. La façon de l'administrer variait beaucoup d'un monastère à un autre. Dans les maisons où les traditions étaient respectées, une ou plusieurs religieuses « fouetteuses », parfois la supérieure elle-même, la donnaient à chaque religieuse à tour de rôle. Dans d'autres communautés, les religieuses se l'administraient mutuellement : version déjà adoucie de la scène, qui pouvait encore être atténuée par l'obscurité que l'on faisait souvent régner dans la pièce. Mais dans les monastères où la règle était plus modérée, chaque religieuse se l'infligeait sans témoin, dans la solitude de sa cellule, au signal donné par la cloche.

Entre le XVIIᵉ et le XVIIIᵉ siècle, l'évolution de cette pratique venue d'un autre âge témoigne d'un malaise certain. Si personne ne songeait à s'offusquer, au XVIᵉ siècle, de voir défiler dans les rues des processions de flagellants nus, la sensibilité du XVIIᵉ siècle commence à se choquer confusément de ces exhibitions de corps qui flattent son goût pour les mises en scène dramatiques, mais heurtent sa pudibonderie. Preuve évidente de ce malaise, deux « écoles » discutent très sérieusement, à la fin du siècle, la question délicate de savoir sur quelle partie du corps on doit appliquer la discipline. Les uns tiennent pour les épaules, les autres pour le bas du dos. Pour la recevoir sur les épaules, les religieuses devaient laisser glisser leur robe jusqu'à la ceinture, après avoir retiré leurs bras des manches, selon une « technique » décrite par Poncher en ces termes obscurs : « Ayant défait vos deux manches au-dedans et troussé votre floc sur la tête, et lâché votre robe de dessous jusqu'à la ceinture[10]. » Pour la recevoir sur le dos, il fallait beaucoup plus simplement retrousser sa robe sur la tête, en une attitude qui pouvait offenser la pudeur des assistants. Elle choquait en tout cas profondément Jacques Boileau, auteur d'une *Histoire des flagellants* qui fit scandale à l'époque de sa parution, en 1701, en raison de la crudité naïve des détails qu'il croyait devoir donner à ses lecteurs : « Que peut-on imaginer de plus indécent, s'écrie-t-il par exemple, que d'exposer le derrière et les cuisses toutes nues au soleil, et de prendre ainsi la discipline ? La seule idée d'une action si obscène suffit pour la faire trouver ridicule et impertinente[11]. »

Les partisans des deux écoles se jetaient à la tête des arguments « scientifiques » embarrassants. La dénudation des épaules paraissait à certains infiniment plus convenable à la dignité religieuse, mais des médecins « savants et pieux » avaient démontré que les coups de discipline appliqués sur le haut du corps étaient « préjudiciables au cerveau et aux yeux ». Leurs adversaires soutenaient que les coups donnés dans le bas du dos étaient encore plus dangereux parce qu'ils repoussaient les « esprits animaux » vers le pubis, et qu'ils y excitaient « des mouvements impudiques à cause de la proximité des parties génitales », réduisant « la chasteté aux derniers abois [12] ». Le pouvoir érotique de la flagellation ne passait donc pas inaperçu... Dénoncé par les uns, nié farouchement par les autres, il commençait à faire problème. Sade n'était plus très loin, qui allait détourner cet instrument, symbole même de la sanctification, de ses pieuses fonctions pour l'utiliser dans un autre arsenal et sur une autre scène.

Le fouet utilisé dans ces exercices de pénitence était habituellement composé d'un faisceau de fines cordelettes. Il pouvait être agrémenté par l'adjonction de chaînettes de fer, de molettes d'argent, de pointes plus ou moins aiguës, de rosettes acérées. L'abbé Musson, dont l'imagination est vive, prétend qu'on y suspendait les objets les plus hétéroclites comme des trousseaux de clefs, des molettes d'éperon, et même des crémaillères de cheminées [13]. Pour varier les sensations cuisantes, des dévots inventifs se munissaient d'orties, de branches de ronces ou de houx.

D'autres instruments, venus eux aussi du Moyen Âge, faisaient encore partie des accessoires utilisés par les pénitents, comme la haire, qui était une chemise de crin, ou le cilice, qui était une ceinture de la même matière. On y ajoutait tout un bric-à-brac d'objets inventés pour mettre le corps à la gêne ou à la torture :

ceintures hérissées de pointes métalliques, chaînes qu'on portait si serrées qu'elles pénétraient dans la chair, chemises de fer-blanc, semelles percées de trous comme des râpes...

Tous ces instruments n'avaient pas la même fonction. La discipline était généralement considérée comme l'arme privilégiée dans la lutte contre les tentations charnelles, et on y avait recours, paraît-il avec succès, à la moindre pensée trouble. Les haires et les cilices avaient un rôle plus préventif : ils mataient la chair par avance, mortifiaient l'orgueil et l'esprit du monde.

Quand le père Surin entreprit, à Loudun, de traiter Jeanne des Anges par la pénitence, il distingua les démons qui la possédaient et lui prescrivit la discipline contre Isacaron qui la poussait à la lubricité, et la ceinture de crin contre Balaam qui l'incitait « à la gaieté et à la bouffonnerie ». Les démons, poussés à bout par ces remèdes cruels, le supplièrent de les épargner : « Je résisterais, dit l'un d'eux, aux exorcismes, mais je ne saurais résister à la mortification. » Et Isacaron expliqua que les coups de discipline pleuvaient directement sur son dos, comme cela lui arrivait chaque fois qu'une personne pieuse se flagellait pour vaincre ses appétits charnels [14].

Plus étrange, on en arrivait à penser que la discipline était propre à guérir toutes les maladies physiques : la sensualité et le corps, la nature et le diable se retrouvant confondus dans une même signification symbolique. Le père Surin (dont les idées sur l'utilisation de la pénitence sont particulièrement caractéristiques des théories du XVIIe siècle) faisait prendre la discipline à Jeanne des Anges chaque fois qu'elle tombait malade, ce qui la rétablissait infailliblement. Un jour, il la guérit ainsi d'un mal d'estomac dont elle souffrait pour avoir mangé du poireau, aliment qu'elle ne supportait pas [15].

Cette confiance dans les pouvoirs curatifs de la discipline était très répandue chez les personnes de piété. Une ursuline de Dijon en grande réputation de sainteté, la mère Marguerite de Saint-Xavier, cachait des disciplines sous son oreiller pendant une grave maladie, et « s'en servait de nuit comme de jour [16] » Presque à l'article de la mort, Mme Acarie reçut la visite de sa supérieure qui lui demanda ce qu'elle pouvait faire pour elle : « Ce serait, ma mère, de me faire donner la discipline », lui répondit Mme Acarie. Après avoir fait quelques difficultés, la supérieure finit par céder, et Mme Acarie l'en remercia en lui affirmant que ce remède l'avait grandement soulagée [17].

Mais ces pratiques classiques ne sont que vétilles pour les âmes vraiment éprises de mortification, qui tentent de reculer chaque jour davantage les limites du supportable et même de l'horreur. Les plus ardentes ne jugent guère suffisant de s'infliger des souffrances ou des désagréments constants en mêlant par exemple de la cendre ou de l'absinthe aux aliments pour les rendre amers, en se roulant dans des buissons d'orties, en s'exposant pendant des heures au froid et à la neige d'une nuit d'hiver. Elles recherchent encore ce que l'esprit humain a pu inventer de plus atroce et de plus répugnant : lécher des crachats, baiser des ulcères, manger des mouches, des poux ou des limaces (dont François de Sales faisait déguster des « fricassées » à Jeanne de Chantal), mettre dans sa bouche des cadavres d'animaux, se déchirer les bras ou le front à coups d'épingle, se verser de l'huile bouillante sur le corps, s'imprimer des cachets de cire brûlante sur les mains ou les pieds, faire des croix avec la langue sur le sol, et bien d'autres exercices horribles que les biographies pieuses n'osent pas toujours préciser. Même à Port-Royal, où le jansénisme n'admettait pourtant que des pratiques de pénitence relativement modérées, la mère Angélique Arnauld laissait les poux l'envahir, couchait sur une paillasse pourrie avec une couverture si sale que sa puanteur soulevait le cœur. Il est vrai qu'à son époque la tolérance à la saleté et aux odeurs était beaucoup plus grande qu'aujourd'hui...

Certaines religieuses déployaient, dans cette recherche perpétuelle de la souffrance, une imagination vraiment extraordinaire. Dans son couvent de Dijon, la mère Marguerite de Saint-Xavier avait l'habitude d'entourer nuit et jour ses bras et sa taille de ceintures épineuses et de cordelettes à nœuds qui rendaient tous ses gestes douloureux, et elle portait sur son cœur un crucifix « dont les pointes entraient dans la chair ». Elle recherchait toujours les postures les plus pénibles, et s'obligeait à les conserver jusqu'à ce que la douleur devienne intolérable. Quand elle devait absolument s'asseoir, ce qu'elle évitait de faire dans la mesure du possible, elle plaçait d'abord sur son siège quelque objet piquant ou blessant. Un automne, à l'époque des vendanges, elle fit le vœu de ne pas manger un seul grain de raisin, mais s'en attacha une grappe autour du cou pour ne pas en perdre le désir. Elle descendit même un jour dans un charnier et en supporta pendant plusieurs heures l'odeur effroyable [18].

Une mortification macabre, très admirée au XVIIe siècle, consistait à boire dans un crâne humain. Madeleine de La Porte et Marie Granger, deux abbesses particulièrement sublimes en austérité, ne manquèrent pas de l'adopter toutes deux. Cette pratique étrange peut nous paraître moins pénible à accomplir que de manger des mouches, de descendre dans un charnier ou de coucher sur un grabat puant, mais on n'en jugeait pas ainsi de leur temps où le symbole pouvait avoir plus d'importance que le fait lui-même.

On ne peut, en revanche, s'empêcher de penser que cette maîtrise du corps par la douleur aboutissait souvent à un échec, dans la mesure où elle finissait par donner aux réalités physiques la première place.

Comme si, loin de surmonter la chair, il fallait ne l'oublier à aucun prix. Témoin ce goût des supplices qui se donnait d'autant plus libre cours qu'il n'était pas reconnu pour ce qu'il était, c'est-à-dire le retour masqué des mêmes plaisirs charnels que l'on croyait pourchasser. Il est étrange que la spiritualité soupçonneuse du xviie siècle, si prompte à découvrir le diable et le péché sous tous leurs déguisements, n'ait voulu voir qu'innocence et ferveur mystique chez ces religieuses altérées par « le baptême de sang », et qui « rougissaient d'envie » quand leur regard croisait « quelque instrument de pénitence [19] ». Le vocabulaire même de la passion utilisé pour décrire cette quête singulière aurait pu suffire à éveiller des doutes. Mais mieux valait peut-être ménager un exutoire naturel à des contraintes aussi terribles.

Depuis le Moyen Âge, la pénitence exigeait d'ailleurs d'être mise en scène, théâtralisée. Autant qu'une épreuve personnelle, elle était pour autrui un spectacle impressionnant qui réveillait les consciences de leur sommeil. Le pénitent ne souffrait pas seulement pour lui-même : il attestait, dans sa douleur, ses humiliations et ses dégoûts, que le corps peut être sublimé, le plan terrestre transcendé à travers ce qu'il offre de plus atroce, de plus intolérable. De même que le Christ s'était montré au monde sur la croix, de même le pénitent devait offrir, lui aussi, le spectacle de sa souffrance pour que son témoignage prenne toute sa valeur.

Dans les couvents, la pénitence pouvait donner lieu à de véritables psychodrames, quand elle mobilisait toute la communauté comme actrice-spectatrice d'une sorte de dramatisation de la mortification. Dans la salle du réfectoire ou à la porte de l'église, la religieuse pénitente demandait qu'on la fouette, qu'on la foule aux pieds, qu'on lui crache au visage. Elle se traînait à

genoux devant ses sœurs pour leur baiser les pieds.
Elle faisait amende honorable à l'église, pieds nus, en
chemise et la corde au cou, un cierge à la main. Elle
s'accusait publiquement de ses péchés en implorant le
pardon de la communauté.

Comme la discipline, ces pratiques sanglantes et
ostentatoires se heurtent à un courant de piété plus
intérieure, plus pudique, qui apparaît dès le début du
xviie siècle. S'il est encore trop tôt pour y renoncer ou
même pour les remettre ouvertement en question, ces
exhibitions se font déjà moins indiscrètes. On préfère
que la pénitence soit surprise plutôt que montrée, et
cette surprise, toujours imprévue et toujours renouve-
lée remplit les biographies hagiographiques de ses
petits coups de théâtre édifiants : une religieuse cachée
compte les coups de discipline que s'inflige sa supérieure ; on trouve sous l'oreiller d'une malade des
fouets et des cilices ; après la mort d'une sainte
religieuse, on découvre, cachés dans sa cellule, des
instruments de macération qui font horreur ; on s'aperçoit par hasard qu'une autre porte sous sa robe une
haire qui lui déchire la chair et provoque des plaies
horribles... Tartuffe lui-même, en déclarant à sa
première apparition sur scène : « Laurent, serrez ma
haire avec ma discipline... », n'obéit-il pas à cette
esthétique nouvelle de la pénitence, à ce jeu du masque
et de l'aveu propre à la piété de son temps, qui sert
peut-être à merveille son hypocrisie, mais n'en est pas,
si on la replace dans ce contexte, la preuve la plus
évidente ?

CHAPITRE VIII

« Saintes douceurs du ciel »

Au XVIIᵉ siècle, les couvents de bénédictines prépa-
raient chaque année Noël en procédant, le 17 décembre, à la cérémonie assez curieuse des « billets de la
crèche ». Ce jour-là, la communauté réunie autour de
la supérieure tirait une sorte de loterie pieuse, et
chaque religieuse recevait un billet portant l'indication
d'un personnage ou d'un rôle inspiré de l'histoire de la
Nativité, qu'elle devait jouer jusqu'à la fête de la
Purification (le 2 février).

Le billet le plus envié était celui de « la sacrée mère
de Dieu produisant Jésus au monde ». La religieuse
qui avait l'honneur de le tirer dressait dans sa cellule
une petite crèche qu'elle était chargée d'adorer chaque
jour. Venaient ensuite le rôle de « l'humble servante de
Jésus et de la sainte Vierge », celui de saint Joseph,
celui de l'ange de la Nativité, ceux des bergers.
Pendant toute la période prescrite, « l'humble servante » devait se prosterner, pendant la messe, de
l'élévation à l'*Ite missa est* ; saint Joseph mendiait au
réfectoire un repas pour les pauvres ; quant à l'ange, il
restait à genoux pendant toute la durée des récréations
et disait à haute voix : « Mes sœurs, souvenons-nous
que Jésus est né pour nous. »

Les rôles qui suivaient étaient beaucoup plus éton-
nants. Comme il fallait prévoir suffisamment d'em-

plois pour les communautés nombreuses et que la
Nativité n'offrait pas assez de personnages de premier
plan pour satisfaire tout le monde, on trouvait men-
tionnés sur les autres billets les rôles du « bœuf » et de
l' « âne », celui de « la paille de la crèche », celui du
« foin », des « linges de Jésus », du « pavé » de
l'étable... Quand tous ces figurants ou accessoires
étaient épuisés, on passait au corps de l'Enfant Jésus
lui-même, qui était « réparti », morceau par morceau,
au reste de la communauté, sans que personne ne
songe, ou n'ose songer à sourire du rôle que le sort lui
avait attribué : la tête, les yeux, les oreilles, le nez, les
« sacrées joues », la bouche, les « saintes lèvres », les
épaules, les poumons, les entrailles, les jambes, etc.

Chaque religieuse pouvait lire sur son billet une
« considération », ou sujet de méditation, qui devait
l'aider à mieux se pénétrer du sens profond de son rôle.
Sur le billet du « foin de la crèche » était inscrite cette
sentence mélancolique : « Toute chair n'est que foin,
et toute sa gloire est comme la fleur des champs » ; et
sur celui de la « paille » : « Le foin s'est séché, et la
fleur s'est fanée, parce que l'esprit du Seigneur a
soufflé dessus. »

La sentimentalité et le lyrisme ingénus de ces billets
leur donnent à tous un certain charme naïf involon-
taire, mais la muse bénédictine semble avoir été
singulièrement inspirée par la contemplation du corps
de l'Enfant. Sauf quelques omissions bien compréhen-
sibles, aucun de ses organes ou fonctions naturelles
n'est au-dessus de son courage, et elle parvient avec
une ingéniosité admirable à donner une dimension
spirituelle aux plus inattendus. A propos de son
odorat, elle s'émeut de ce que « cet enfant délicat est
déjà incommodé en cette étable de la puanteur du
fumier des bêtes, mais beaucoup plus de l'infection de
nos péchés et de l'ingratitude des hommes ». Elle
s'attendrit devant les « excellentes beautés de ces

petites joues enfantines et divines, ornées de ces larmes qui découlent dessus, invitant les pécheurs à un saint baiser ». Elle exhorte celle qui recevra « le toucher » de l'Enfant à vénérer « tous ces petits membres tremblotant de froid et couchés sur la paille, pâtissant volontairement pour votre amour » ; et celle qui incarnera « les entrailles » à se rappeler comme elles « sont remplies de miséricorde ». « Considérez, dit-elle au sujet des " poumons ", combien le père Éternel prend de plaisir à l'air que ces sacrés poumons envoyèrent continuellement vers le ciel. Approchez de cet admirable enfant afin qu'il vous apprenne à ne respirer que pour le ciel[1]. »

Entre le jeu d'enfant et les pratiques mystiques, cette sorte de psychodrame collectif est très caractéristique de la piété sentimentale qui fleurissait dans les cloîtres sous l'Ancien Régime. D'autres dévotions du même genre, propres à flatter le cœur et l'imagination, y faisaient souvent concurrence à la règle. Un « vœu d'esclavage à la Vierge », très en vogue dans certaines maisons au début du XVIIe siècle, obligeait par exemple celles qui l'avaient prononcé à réciter des prières particulières et à porter une chaîne sur leur habit. À Maubuisson, sous le règne peu sévère de Mme de Soissons, les religieuses préféraient, à l'assistance aux offices réguliers, « des exercices d'une piété molle et agréable aux sens » : couronnées d'épines et les cheveux épars, elles formaient des processions dans les jardins de l'abbaye en chantant des hymnes[2]. Même les prières communes étaient influencées par ce style ludique : dans certains couvents de bénédictines, on récitait tous les dimanches « la Couronne de la Vierge », une série de six dizaines de prières qui célébrait le corps de la mère de Dieu : la première dizaine était dite pour vénérer son cœur ; la seconde pour adorer son sein, où elle « a logé neuf mois le Verbe divin » ; la troisième pour son bras droit, « par

lequel elle embrassait et emmaillotait son cher Jésus » ;
la quatrième, pour son bras gauche, « sur lequel elle le
portait dans la crèche » ; la cinquième, « en l'honneur
de ses sacrées mamelles, desquelles elle allaitait celui
qui repaît toutes ses créatures » ; et la sixième, « en
l'honneur de sa sacrée bouche par laquelle elle lui
donnait mille baisers amoureux [3] ».

Comme le corps de Jésus dans les « billets de la
crèche », celui de la Vierge était donc volontiers offert
par morceaux à l'adoration de ses fidèles. Ce démem-
brement sacré, très en vogue dans la dévotion et la
littérature religieuse du XVIIe siècle, rappelle évidemment le motif poétique traditionnel du blason qui
détaille sur le mode amoureux le corps de la femme
aimée. Dans le registre de la piété, l'adaptation de ce
thème était rarement du meilleur goût, la matière étant
difficile à traiter avec délicatesse. D'autant plus que
dans leur ardeur, les pieux auteurs de ces hymnes à la
Vierge oubliaient facilement les impératifs les plus
élémentaires de la discrétion, et leurs couronnes tres-
sées à la pureté mariale n'étaient pas toujours à mettre
entre toutes les mains.

Cette prédilection sensuelle est encore plus évidente
dans la contemplation mystique des plaies du Christ. À
propos des exercices du noviciat, nous avons vu les
novices de Montmartre invitées à pénétrer par la
pensée dans le cœur blessé de Jésus, et à sucer le sang
qui en découle. Les sensibilités baroques se plaisaient à
ces images qui nous paraissent d'un réalisme assez
trivial. Ainsi Jeanne de Chantal élisait-elle chaque jour
domicile dans l'une des plaies du corps du Christ
comme dans un « cabinet de retraite », pour y redire
son chapelet : « Le dimanche, elle se retirait dans celle
du côté ; le lundi, dans celle du pied gauche ; le mardi,
dans celle du pied droit ; le mercredi, dans celle de la
main gauche ; le jeudi, dans celle de la main droite ; le
vendredi, dans les cicatrices de son adorable chef

[tête] ; le samedi, elle rentrait dans celle de son côté pour finir la semaine par où elle avait commencé[4]. »

Il est probable que le culte des reliques, en faisant du fémur de tel saint ou de la dent de tel autre, des objets de vénération, avait fini par rendre banale cette piété indiscrète. Toute l'attitude religieuse de l'époque est d'ailleurs imprégnée d'une sorte d'érotisme innocent qui semble se méconnaître lui-même, alors qu'il se présente pour nous sous des formes souvent crues et peu équivoques. Mais avant de sourire de ces ardeurs monastiques, il faut songer qu'elles adoucissaient les terribles austérités pratiquées dans les ordres sévères. Elles étaient le miel et le sucre, comme on disait alors, dont les religieuses enrobaient les épines de leur vie quotidienne.

Ces énumérations, ces blasons dévots, n'avaient pas seulement une valeur sentimentale. Une pensée religieuse à certains égards proche encore de la pensée magique attachait au nombre en lui-même et au détail un intérêt sacré. Une abbesse de Jouarre, Jeanne de Lorraine, s'était par exemple donné la peine de calculer le temps exact passé par le Christ dans le sein de sa mère et l'avait estimé à 6 600 heures, chiffre qu'elle honorait en disant chaque jour quatre *Ave Maria* depuis le jour de l'Annonciation jusqu'à Noël[5]. Toute la dévotion du XVIIe siècle était encombrée de ce genre d'inventaires, de ces scrupuleuses comptabilités dont l'importance finissait par l'emporter sur le fait lui-même.

Dès que l'on s'intéresse aux formes quotidiennes de la dévotion au début du XVIIe siècle, on s'aventure d'ailleurs en terres étranges, tout imprégnées encore de superstitions et de merveilleux. Le surnaturel chrétien plonge ses racines dans les rites et les croyances d'un autre âge. Ce n'est pas seulement le peuple, mais la société tout entière qui entretient en fait, derrière la façade de l'orthodoxie catholique, une religion plus archaïque où les démons, les anges et les saints, la récitation de formules, le culte des objets sacrés et des reliques occupent la place des dogmes de l'Église.

À une époque où l'athéisme apparaît comme une tare morale, l'ignorance religieuse est en réalité très profonde. La mère Angélique Arnauld, qui appartenait pourtant à une famille de la grande bourgeoisie cultivée et pieuse, avouait qu'elle ne savait même pas son catéchisme quand elle entreprit la réforme de Port-Royal. À l'aube du XVIIe siècle, l'Église est omniprésente et toute-puissante, mais se préoccupe encore fort peu d'éduquer réellement les fidèles, comme si elle éprouvait une certaine défiance envers tout ce qui peut venir éclairer les consciences. Le temps approche où elle va chercher à répandre une véritable instruction religieuse dans le clergé et le peuple. Mais la foi du charbonnier et les superstitions populaires lui paraissent, pour l'instant, moins dangereuses que l'esprit critique.

Le bas clergé et les ordres monastiques, aussi ignorants en général que la masse des fidèles, participent à ses croyances. Le culte des reliques connaît alors un engouement extraordinaire, largement exploité par la plupart des monastères qui en tirent des revenus importants. Morceau de crâne, dent, tibia, fragment de vêtement ou de chaussure, tout est bon à être enchâssé dans un reliquaire pour être offert à l'adoration des foules et attirer de confortables offrandes. Même les calculs biliaires ou rénaux sont extraits avec soin du corps des saints personnages après leur mort : cette production surprenante de petites pierres par l'organisme apparaît d'ailleurs comme la preuve de la sainteté puisqu'elle montre la violence faite par l'esprit à la nature. On en trouva douze dans la vésicule de saint François de Sales, qui furent précieusement conservées dans des reliquaires par l'ordre de la Visitation. Parmi ces débris d'os et ces vestiges humains, les plus prestigieux n'étaient pas toujours les plus crédibles. Tel couvent prétendait conserver le prépuce de Notre-Seigneur, et tel autre une des larmes qu'il versa sur le tombeau de Lazare. Un autre encore avait recueilli des clous ou des morceaux de la Croix, des piquants de la couronne d'épines, un fragment de la ceinture, du voile ou du suaire de la Vierge.

Ceux qui n'avaient pas la chance de posséder des reliques aussi merveilleuses se contentaient de celles de saints locaux plus modestes mais non moins miraculeux. Les monastères de femmes, moins riches ou moins imaginatifs que les couvents d'hommes, exposaient généralement des restes de leurs saints fondateurs ou fondatrices. On conservait, à l'abbaye de Saint-Paul-lès-Beauvais, les côtes de sainte Auberte, son suaire et son voile : ce voile avait en particulier un pouvoir infaillible contre les incendies, car, disait-on, « il éteint les flammes sitôt qu'il paraît ». À Chelles, la châsse de sainte Bathilde où reposaient ses ossements délivrait des démons les possédés auxquels on l'appliquait.

Mais les reliques n'accomplissaient pas seules des miracles. À Faremoutiers, l'eau de sainte Fare (une source qui coulait dans l'abbaye) guérissait de toute sorte de maladies, en boisson ou en application. Une abbesse de la maison, Françoise de La Châtre, s'en servit pour soigner une « colique pierreuse ». À Montmartre, une statue de l'église conventuelle qui représentait la Madeleine aux pieds du Christ au moment où elle s'écrie « Raboni » (Maître) était l'objet d'un culte populaire, car elle avait la réputation d'accorder aux mal mariées le « rabonissement » de leurs maris.

Les maisons qui savaient les faire valoir tiraient un gain substantiel de ces dévotions. J.-B. Thiers estime par exemple que la fameuse larme de Jésus-Christ rapportait entre 3 000 et 4 000 livres de rente à l'heureux couvent qui en était possesseur[6]. On aurait pourtant tort de croire que les monastères profitaient sans scrupule de la crédulité du peuple : les moines et les religieuses avaient foi eux aussi dans les pouvoirs miraculeux des objets de leur piété. On a vu que Françoise de La Châtre utilisait elle-même l'eau de sainte Fare ; elle guérissait aussi ses migraines et ses « opilations de nez » en couvrant sa tête d'une couronne de fleurs exposées sur le Saint-Sacrement. Pratiques superstitieuses et dévotion faisaient bon ménage, même chez les abbesses de bonne maison.

Comment s'en étonner, quand le surnaturel faisait de si fréquentes irruptions dans la vie quotidienne ? Le XVIIᵉ siècle religieux le vivait aussi bien comme une expérience sensible que comme un article de foi. Les mots de « visible » et d' « invisible » n'avaient guère de sens pour les religieuses, accoutumées à vivre sur la frontière mouvante qui sépare le monde terrestre du monde céleste. Tout phénomène qui sortait de l'ordinaire était interprété comme une manifestation de la bonté de Dieu ou de la malice du diable. Il impressionnait peut-être, au sens émotionnel du terme, il ne surprenait pas.

L'abbaye bénédictine de Saint-Paul-lès-Beauvais s'était même fait une spécialité de ces interventions diaboliques ou divines. Depuis la fondation de la maison, la tradition voulait que les religieuses qui l'habitaient eussent toujours reçu un avertissement de leur fin prochaine : apparitions, coups frappés mystérieusement, globes de feu, vol de colombes, chœur de voix célestes prévenaient toujours que l'un d'elles allait bientôt être désignée, comme le dit Jeanne de Blémur, pour accomplir « le grand voyage de l'éternité ». Une vieille religieuse qui se reposait dans sa cellule entendit un jour frapper trois coups à sa porte. Quatre religieuses entrèrent en se tenant par la main, s'approchè-

rent de son lit, la saluèrent en disant : « Bonjour, ma
mère, vous serez bientôt des nôtres », puis elles
disparurent après lui avoir fait une révérence. Quatre
religieuses de l'abbaye moururent en effet dans l'année, dont « celle qui s'était vue soi-même sous la figure
de la plus âgée de la troupe [7] ». Une autre fois, c'est le
diable en personne qui se présenta à l'abbaye, déguisé
en mendiant. Le portier de Saint-Paul était trop rompu
aux manifestations du ciel et de l'enfer pour s'y laisser
prendre. Il le reconnut immédiatement à ses yeux
incandescents, qu'il roulait « comme deux charbons
allumés » et aux larmes qu'il versait, d'une taille si
prodigieuse qu'elles ne pouvaient être naturelles. Ce
diable affligé réclamait un drap pour ensevelir un
prétendu frère. Sans se laisser émouvoir par son aspect
terrifiant, le portier courut avertir l'abbesse, qui lui
ordonna de donner le drap au faux mendiant et même
de l'accompagner jusque chez lui. En chemin, ils
arrivèrent à un ruisseau profond sur lequel était jeté
une planche étroite. Le diable pria le portier de passer
le premier, mais celui-ci, méfiant, refusa fermement.
Devant son obstination, le diable entra en fureur, puis
disparut brusquement en répandant une fumée et une
odeur infectes.

Ce goût des prodiges se donne libre cours dans les
vies édifiantes d'abbesses ou de religieuses, car le
miracle est un usage auquel un saint personnage ne
saurait manquer, et certaines abbesses le pratiquent
même fort couramment. Pendant une grande disette,
Françoise de La Châtre multiplia la farine en bénissant
le levain avec une image de la Vierge. Geneviève
Granger nourrit quarante personnes avec deux livres
de viande, et « il s'en trouva de reste ». Angélique
Arnauld calma une rage de dents et Françoise de Foix
fit disparaître une tumeur par un simple attouchement
de la main. Jeanne de Chantal rendit la santé à une
religieuse paralysée en lui appliquant des reliques de

saint François de Sales et guérit une autre fois une femme du monde qui avait la main foulée en la lui prenant simplement un instant dans la sienne. L'eau dont Marie Suireau se lavait les mains servait, à son insu, « de remède aux malades ».

Il n'est pas rare non plus que les abbesses d'un mérite particulier soient honorées de visions célestes. Un jour que Madeleine de Sourdis était dans son oratoire, le Christ lui apparut, couvert de sang et le front ceint de la couronne d'épines. Il s'approcha d'elle et lui dit d'une voix sévère : « C'est de la sorte que les mauvais confesseurs m'ont accommodé. » Bien que l'histoire n'en dise rien, il est probable que l'abbesse fit part aux confesseurs du couvent de cet avertissement solennel et qu'ils prêtèrent dorénavant une oreille moins négligente aux péchés des religieuses de l'abbaye de Saint-Paul.

Des merveilles entourent traditionnellement la mort des saintes religieuses. Leur corps exhale pendant longtemps un délicieux parfum de rose, et conversions et guérisons se multiplient sur leur tombe. Si l'on ouvre leur sépulture des années après leur mort, on trouve toujours leur dépouille intacte, sans aucune trace de corruption. Tout se passe comme si leurs vertus et leurs mérites, contenus toute leur vie dans leur enveloppe charnelle, se répandaient autour d'elles après la libération de leur âme. Le peuple en est si persuadé qu'il se précipite dans les couvents à l'annonce de la mort d'une religieuse en odeur de sainteté et défile devant son cercueil exposé pour le toucher ou le faire toucher à des objets (chapelets, missels, mouchoirs) qui deviendront des reliques.

Dans cette course au miracle, il faut sans doute faire la part de la rivalité entre les ordres ou entre les maisons. Aucune communauté ne voudrait avoir une supérieure moins sainte que celle de l'abbaye voisine ; et le signe de la sainteté, c'est toujours le miracle. Mais

le miracle dépasse aussi l'individu pour relier l'histoire
du monastère à toute la tradition biblique et évangéli-
que, et témoigner de la présence permanente de Dieu
dans ces lieux privilégiés de la piété. Grâce à l'intervention du surnaturel, cette histoire échappe au temps ;
elle s'inscrit déjà dans l'éternité où les époques s'abo-
lissent ou se rejoignent pour toujours.

Plus spectaculaires peut-être encore que les miracles, les manifestations mystiques ont foisonné dans les
couvents, surtout pendant la première moitié du
XVIIᵉ siècle. Il est pourtant difficile de les comparer :
les phénomènes surnaturels relèvent du monde sensible, ils restent extérieurs à l'homme, alors que l'expérience mystique appartient au plus intime de l'être.
Ceux qui l'ont vécue n'ont jamais pu en parler que
d'une façon imparfaite, approximative, faute de mots
adéquats. C'est un domaine sur lequel on ne peut
qu'entrebâiller la porte. Sans porter aucun jugement
sur ces aventures mystiques, il est pourtant difficile de
ne pas remarquer qu'elles proliféraient sur un terrain
particulièrement favorable aux névroses hystériques.
Le contexte religieux et social, la sévérité des méthodes
éducatives, la hantise de la chair, l'intérêt porté au
surnaturel, contribuaient non seulement à susciter de
telles névroses, mais à leur donner tous les caractères
de l'exaltation religieuse. Sur un fond pathologique
souvent lourd, la piété pouvait produire des phénomènes étranges, stigmates, anesthésies, catalepsies,
convulsions, extases, divinations, révélations prophétiques, manifestés par une quantité de personnages
hétéroclites parmi lesquels il n'était pas toujours facile
de démêler les visionnaires sincères des simulateurs et
des mythomanes. Dans de tels cas, la frontière est
malaisée à établir entre la bonne foi et le mensonge.
Les hystériques et les mystiques portent les mêmes
stigmates, et il est probable que ceux de Jeanne des

Anges, à Loudun, furent tantôt spontanés tantôt feints. S'il faut une preuve à la sainteté, elle est évidemment à chercher ailleurs.

Hystérique, Jeanne des Anges l'était incontestablement. Après l'épisode de possession diabolique qui la rendit célèbre, elle tourna à un mysticisme très sensuel qui n'était qu'un renversement des valeurs de la phase diabolique. Elle conserva pratiquement les mêmes symptômes et les mêmes hantises, mais le Christ avait remplacé Satan : il se montrait à elle, dans ses extases, d' « une façon fort amoureuse, et d'une grande beauté », et son attouchement l'enflammait d'un « brasier intime [8] ». À elle seule, Jeanne des Anges présentait un catalogue à peu près complet des symptômes hystériques (grossesse nerveuse, vomissements de sang, hallucinations de la vue et de l'ouïe, convulsions, etc.) et des manifestations mystiques (stigmates, extases...). Les signes miraculeux foisonnaient autour d'elle, et il est bien difficile de dire aujourd'hui dans quelle mesure elle en était l'auteur ou la dupe. Le caractère extravagant de certains de ces phénomènes fit naître des doutes, dès cette époque, sur leur authenticité, mais Jeanne ne fut jamais prise en flagrant délit de faux et le mystère restera toujours entier. Quand les diables sortaient de son corps au cours des exorcismes, ils y imprimaient des marques (des croix, ou des noms comme ceux de *Marie*, de *Joseph* et même de *François de Sales*, écrits en lettres sanglantes) qui apparaissaient brusquement sous les yeux des exorcistes et de la foule des spectateurs. Ces marques restèrent fraîches pendant des années, sans que l'on ait pu constater si elle les entretenait elle-même ou non. Il y eut aussi, à la fin de sa vie, une étrange histoire de chemise parfumée par un onguent céleste appliqué par saint Joseph lui-même : la chemise restait toujours mystérieusement propre et odorante. Elle avait d'ailleurs des vertus si célèbres qu'Anne d'Autriche se la fit appliquer lors de

la naissance de Louis XIV, sur le ventre, pour
favoriser ses couches.

On voudrait opposer à l'exhibitionnisme tapageur de
Jeanne des Anges, l'humilité d'un cœur simple : Anne
Le Barbier, une obscure converse de l'abbaye bénédictine de la Trinité de Caen, poussait si loin l'esprit de
pauvreté qu'elle ne se vêtait que de haillons, se
nourrissait d'épluchures et couchait sur un fagot avec
une bûche pour tout oreiller. Sa vie ne fut qu'une
succession de manifestations surnaturelles, mais loin
d'en tirer gloire, elle vécut douloureusement sa singu-
larité, la jugeant comme une épreuve envoyée par
Dieu. On racontait qu'il lui arrivait d'entrer en
lévitation, ce qui la mortifiait beaucoup, et qu'elle
devait se cramponner au premier meuble qu'elle
trouvait pour redescendre à terre. « Une nuit, dit
Jeanne de Blémur, sa pauvre cellule parut à une des
religieuses tout éclatante de lumière : celle-ci fut
curieuse de voir ce qui se passait dans ce petit
sanctuaire, mais ayant ouvert la porte, elle ne vit plus
rien que sœur Anne, couchée sur ses fagots, et la tête
appuyée sur son crucifix[9]. »

Loin de cette hagiographie naïve, l'histoire de Marie
Granger, la fondatrice de Notre-Dame des Anges de
Montargis, est fort intéressante, parce qu'elle montre
l'ambivalence, sinon la méfiance avec laquelle de tels
phénomènes étaient en fait accueillis. Simple religieuse
à Montmartre, Marie Granger eut d'abord à supporter
de pénibles persécutions de cette communauté, très
hostile aux mystiques. On accusait ses extases d'être
simulées ou d'origine épileptique. Dans le monde, sa
réputation grandissait pourtant, et l'on racontait en
particulier que deux de ses côtes s'étaient soulevées de
quelques centimètres dans la région du cœur un jour
qu'elle était en prière. La reine Anne d'Autriche, qui
l'aimait beaucoup, aurait bien voulu constater ce
phénomène, mais n'osait lui en parler. Des années plus

tard, comme elle était venue lui rendre visite au parloir de Notre-Dame de Montargis, Marie Granger tomba brusquement dans une de ces extases dont elle était coutumière. La reine voulut profiter de cette occasion inespérée pour satisfaire sa curiosité et chercha à tâter à travers l'épais habit monastique les fameuses côtes soulevées. Cette indiscrétion, très choquante de la part de la reine, montre du moins que Marie Granger, contrairement à Jeanne des Anges, n'exhibait pas volontiers ses signes miraculeux. Elle parlait en effet fort peu de ses expériences mystiques et se contentait de soupirer de pitié quand elle voyait des tableaux ou des images pieuses, en déplorant l'ignorance des peintres qui représentaient « si mal des originaux si parfaits ». Elle craignait d'ailleurs toujours de tomber en extase devant témoin et se griffait les bras jusqu'au sang quand elle s'y sentait entraînée. « L'ombre de la gloire suffisait pour lui donner de la terreur [10]. »

Il serait impossible d'évoquer tous les personnages extraordinaires, extatiques ou convulsionnaires que connut le XVIIe siècle. Les cloîtres n'avaient d'ailleurs pas l'exclusivité des mystiques, même s'ils y furent particulièrement nombreux. Il faudrait au moins parler de Mme Acarie, qui joua un rôle si important dans la fondation du premier Carmel à Paris : depuis son enfance, elle tombait, à la moindre pensée pieuse, dans des ravissements dont on ne pouvait plus la tirer. On finit d'ailleurs par ne plus en tenir compte et par la laisser là où elle se trouvait, jusqu'à ce qu'elle en revienne d'elle-même. Le jour de sa prise de voile, on prit pourtant la précaution de faire la cérémonie à l'aube et devant une assistance réduite, de peur qu'un brusque transport ne vienne troubler la liturgie et causer du scandale dans l'église. Impossible de ne pas évoquer aussi Jeanne de Matel, la fondatrice de l'ordre du Verbe incarné, qui illustra « avec une splendeur que nul de ses contemporains n'égale » ce que Henri

Bremond appelle « le mysticisme flamboyant » :
signes extraordinaires, visions prophétiques, révélations ; tout le ciel, s'ouvrant à ses yeux, déployait pour
elle ses secrets et ses merveilles. A neuf mois, elle
marchait déjà et parlait couramment. A sept ans, elle
demandait à ses parents de la mener à l'église pour voir
le Saint-Esprit en forme de colombe parler à l'oreille
du prédicateur. Bientôt elle fut instruite « à l'école du
ciel » par saint Jérôme, saint Michel et saint Denis, qui
lui expliquèrent les plus grands mystères. Dieu lui-
même ne tarda pas à s'occuper d'elle directement : par
un caprice inexpliqué, il ne lui parlait qu'en latin,
langue qu'elle n'avait jamais apprise, mais dont elle
avait une compréhension miraculeuse. Il faudrait
parler encore de Marguerite-Marie Alacoque, la célèbre visitandine de Paray-le-Monial, qui institua la
dévotion au Sacré-Cœur de Jésus : elle se faisait
saigner après ses extases pour calmer la douleur très
vive dont son cœur, comme celui de Thérèse d'Avila,
était blessé ; ses conversations avec le Christ eurent un
grand succès quand elles furent divulguées, à cause du
ton d'intimité amoureuse dont ils usaient familièrement entre eux.

Ces personnages hors du commun, qui fascinent le
peuple, inquiètent cependant l'Église. Pendant tout le
xviie siècle, elle aura besoin de durcir ses positions
pour lutter contre les doctrines plus ou moins héréti-
ques qui risquent d'affaiblir son pouvoir : le protestantisme, bien sûr, et plus tard le jansénisme, le quié-
tisme... Elle ne craint pas que les religieuses visionnaires, isolées dans leurs couvents et souvent ignorantes, n'élaborent des théories dangereuses, mais
plutôt que l'étrangeté de leur comportement et l'influence qu'elles ont sur leur entourage n'encouragent
une liberté de pensée imprudente. Elle considère
d'ailleurs comme peu conforme à la tradition monastique qu'une religieuse se distingue des autres et fasse

parler d'elle. Le silence lui convient mieux que le bruit, même si ce bruit semble l'écho des chœurs d'anges assemblés autour du trône divin.

On ne craint pas de rappeler Dieu lui-même au respect des convenances quand il paraît oublier que la vocation de ses vierges n'est pas dans l'éclat. Au début de la Visitation, les premières disciples de François de Sales vibraient d'une si grande ardeur que beaucoup d'entre elles furent gratifiées de « faveurs surnaturelles » : « Plusieurs eurent en fort peu de temps des oraisons de quiétude, de sommeil amoureux, et de saintes visions ; d'autres de grandes connaissances des mystères divins ; quelques autres de fréquents ravissements où elles recevaient de grands dons et grâces de la divine bonté. » Jeanne de Chantal s'en inquiéta et supplia Dieu de laisser ses filles dans leur « petitesse ». Il se rendit, semble-t-il, à ses raisons, car tout rentra bientôt dans l'ordre et la bienséance [11].

À Montmartre, qui ne respirait que pour la régularité, on surveillait attentivement la piété des filles et l'on ne tolérait de leur part aucune excentricité. Cette position était finalement assez sage tant qu'elle ne tournait pas à la persécution haineuse, comme celle dont eut à souffrir Marie Granger. Il était certainement préférable de ne pas encourager les esprits faibles dans une voie dangereuse pour leur équilibre mental, et les diables de Loudun se seraient plus vite dissipés en fumée si on avait eu la prudence de les laisser dans l'ombre.

Ces attitudes contradictoires devant les manifestations mystiques montrent pourtant que le sentiment religieux, tel qu'il est entretenu dans les couvents de femmes au XVIIe siècle, s'est engagé dans une impasse. D'une part, la piété sentimentale est directement provoquée par une sorte de surexcitation mentale, une intense frustration affective, une orientation exclusive

de l'instinct vers Dieu : la spiritualité a pris l'habitude
de s'exprimer dans un langage sensuel et passionné,
imité du *Cantique des Cantiques,* seul texte sacré ou
presque que les religieuses connaissent et que beaucoup d'entre elles savent même par cœur. D'autre
part, on se méfie de ces élans trop affectifs et trop
charnels ; on voudrait que ces aspirations vers le ciel
canalisent les désirs sensuels sans les attiser, que
l'union à Dieu ait toutes les apparences d'un mariage
de raison.

Or le catholicisme, particulièrement à cette époque,
apparaît dans ses cérémonies et ses fastes, dans ses
thèmes dévots ou hagiographiques, comme une religion très incarnée qui fait essentiellement appel aux
sens et aux sentiments. Ce n'est pas un hasard si,
plaçant les interdits charnels au premier plan, il
retrouve la chair partout. Ce n'est pas un hasard non
plus si, religion d'amour, il ne se rassure que dans
l'ordre des passions éteintes. Il est possible d'interpré-
ter le grand mouvement mystique du XVIIᵉ siècle
comme une réaction contre les rigueurs excessives de la
tradition ascétique. Dans sa luxuriance, il apparaît
comme un effort de l'esprit pour se libérer d'un
carcan, comme la revanche explosive de la vie, mise à
mort dans la chair. Mais cette réaction s'accompagne
en fait d'un retour, et même d'un redoublement des
exigences ascétiques : toute la pensée mystique du
temps est marquée elle aussi par une volonté d'efface-
ment de la créature devant le Créateur. L'ascète veut
anéantir le corps et ses désirs ; le mystique cherche
davantage à annihiler l'esprit et les facultés intellectuelles : la volonté, le raisonnement, la réflexion, les
idées... C'est donc finalement la personnalité tout
entière qui est rejetée comme faisant obstacle à l'union
à Dieu. Au lieu d'un dépassement des conditions
terrestres, la vie religieuse est trop souvent comprise
comme leur négation complète. Cernée de toutes parts,

la sainteté n'a plus d'autre issue que la mutilation de l'humanité en l'homme.

Cette crucifixion de l'esprit en même temps que de la chair, on la trouve poussée jusque dans ses conséquences extrêmes chez l'une des mystiques les plus étranges de la fin du siècle, Louise du Tronchay, qui avait d'ailleurs pris le nom terrible et significatif de Louise du Néant. Elle était entrée comme novice à trente-six ans, dans la communauté de l'Union chrétienne de Charonne à Paris. Un jour, son directeur de conscience lui fit peur en la menaçant de l'enfer ; elle se crut damnée et en devint folle. Il fallut l'enfermer dans un cachot à la Salpêtrière, et pendant de longues années elle y connut les conditions affreuses que l'on réservait alors aux fous : les chaînes aux pieds, la paille moisie, la vermine, les moqueries des gardiens et des visiteurs. Elle finit pourtant par guérir mais refusa longtemps de quitter la Salpêtrière. Conformément aux idées de son temps, elle pensait qu'un esprit humilié et anéanti plaisait davantage à Dieu, et elle continua à jouer la folle. C'est à cette époque qu'apparurent les premiers phénomènes mystiques : visions, extases. Même guérie, elle continuait d'ailleurs à avoir un comportement peu conventionnel ; elle courait la maison en criant : « Que mon bien-aimé est aimable ! Aimez-vous mon époux ? » ou « Amour ! Amour ! » Après sa sortie définitive de la Salpêtrière, elle ne put jamais se résoudre à reprendre la vie trop réglée d'un couvent. Elle préféra vivre d'aumônes, pauvre et solitaire, mais libre, poursuivie dans les rues par les quolibets des gamins qui l'appelaient « la folle » et « la sorcière ».

Ascétiques ou mystiques, les conceptions religieuses avaient donc fini par rendre bien étroite et bien angoissante la voie qui menait à Dieu, surtout dans les couvents féminins, où elles justifiaient une interprétation particulièrement rigide des exigences monastiques. La notion de « mort au monde » n'était plus comprise que dans son sens le plus absolu : celui de la condamnation du corps et de l'esprit, l'âme seule étant reconnue digne d'accéder au divin.

Si l'on ajoute à ces violences, celle de la terreur entretenue par les prédicateurs et leurs menaces continuelles du diable et de l'enfer, on comprend que la recherche de Dieu ait pu être jalonnée, tout au long du siècle, par tant de troubles mentaux. Ils étaient sans doute la rançon inévitable de cet impossible effort entrepris pour vaincre la nature humaine. Réduites à l'inaction dans le monde clos de leurs cloîtres, il n'est guère étonnant que les religieuses se soient trouvées particulièrement exposées à des désordres graves. Les affaires de possession diabolique qui ont éclaté pendant la première moitié du XVIIᵉ siècle sont là pour en apporter la preuve.

CHAPITRE IX

La marque du diable

> « *Le diable Dagon était venu à elle en une forme bien horrible, savoir la moitié du corps de la partie d'en haut en homme, ayant les cheveux levés comme des cornes et étincelants, le visage fort noir, et aux deux coudes deux couettes de poil noir, environ un demi-pied de long chacun, et tout nu, et la partie d'en bas dudit Diable était d'une bête comme d'un serpent tors et fort noir.* »
>
> Déclaration de Madeleine Bavent,
> *Procès-verbal du pénitencier d'Évreux.*

Aix-en-Provence, Loudun, Louviers : trois grands procès de possession ont particulièrement marqué la première moitié du XVIIe siècle, comme la répétition obstinée d'une sorte de drame maléfique. Le premier en date, celui d'Aix-en-Provence, inventa un scénario simple autour de trois protagonistes — possédée, sorcier, exorciste — qui servit de modèle à ceux qui suivirent. Mais diables et nonnes balbutiaient encore, à la recherche d'un langage et d'un public. Vingt ans plus tard, les diableries devaient atteindre à Loudun une sorte de « perfection technique » : un obscur couvent d'ursulines parvint à tenir la France en haleine pendant de longues années en transposant sur quelques tréteaux les grands combats du ciel et de l'enfer. Quand le troisième s'ouvrit à Louviers, en 1642, sorcellerie et possession ne déplaçaient déjà plus les foules : trop bien rodés peut-être, les exorcismes s'essoufflaient et tournaient parfois à la farce ; le public, déçu, quitta le théâtre avant le dénouement. Autour de ces trois affaires célèbres, on vit graviter à la même époque un grand nombre de procès de moindre importance qui convoquèrent eux aussi leurs exorcistes, exhibèrent leurs possédées, et allumèrent leurs bûchers dans la France entière (comme dans toute l'Europe).

Tout avait donc commencé à Aix-en-Provence, au printemps de l'année 1611 : une jeune fille, Madeleine Demandols de La Palud, qui résidait dans un couvent d'ursulines, accusa son directeur spirituel, Louis Gaufridy, de l'avoir ensorcelée pour la séduire. Elle fut exorcisée en même temps que plusieurs ursulines victimes du même mal, tandis que Gaufridy fut brûlé vif après avoir avoué son pacte avec le diable. C'est ainsi que l'on pourrait résumer cette affaire dont les récits circonstanciés se répandirent dans toute la France, fournissant aux cas suivants de possession un canevas indéfiniment reproduit.

En 1632, éclatait à son tour l'affaire de Loudun, la plus célèbre de ses imitatrices. Là encore, c'est un couvent d'ursulines qui allait attirer les regards, avec à sa tête la fameuse Jeanne des Anges, une femme ambitieuse mais dont le caractère était depuis longtemps instable. Elle avait été vouée au cloître dès son enfance, à la suite d'un accident qui lui avait laissé le corps « un peu de travers ». À force d'intrigues, elle avait réussi à devenir, à vingt-cinq ans, supérieure du couvent de Loudun, mais, n'ayant plus rien à attendre de la vie, elle était rongée par ce grand ennui claustral qu'elle a si bien décrit dans son autobiographie. Elle s'intéressa bientôt au curé de la ville, Urbain Grandier, dont on parlait comme d'un homme intelligent et brillant qui rencontrait de grands succès auprès des femmes. Jeanne, qui ne l'avait encore jamais vu, lui fit proposer la place de directeur spirituel du couvent et fut très piquée de son refus. Elle conçut pour lui une passion à la fois amoureuse et haineuse, bientôt partagée par d'autres religieuses de son couvent qui prétendirent qu'il les avait ensorcelées en jetant dans la maison une branche de rosier magique. C'est alors que le directeur spirituel du couvent décida de les soumettre à quelques séances d'exorcismes qui aggravèrent leur état.

Comprenant le danger qu'il courait, Grandier fit alors appel à l'archevêque de Bordeaux qui, après enquête, décida d'interdire les exorcismes. La paix revint comme par miracle chez les ursulines. Malheureusement pour Grandier, l'affaire n'en resta pas là. Un conseiller au Parlement de Bordeaux, Jean-Martin de Laubardemont, s'en empara et réussit à obtenir de Richelieu les pleins pouvoirs pour la diriger. Il ordonna la reprise des exorcismes, leur donna une audience publique et fit emprisonner Grandier. Les symptômes hystériques réapparurent chez les religieuses comme par enchantement. L'affaire connut dès lors un énorme retentissement. On venait de très loin pour voir les religieuses produites sur des tréteaux entrer en convulsions, se rouler par terre en hurlant des obscénités ou des blasphèmes sous les injonctions des exorcistes qui se dressaient devant elles, la croix à la main. Le 18 août 1634, Urbain Grandier fut brûlé vif. Il mourut avec courage et dignité, en affirmant son innocence, au milieu des cris de haine de la foule. Les démons, qui avaient pourtant promis de quitter les religieuses après la mort du « sorcier », continuèrent de les agiter, au grand soulagement du public qui aurait été déçu par une issue si prompte. De longues années d'exorcismes allaient commencer.

En 1637, Jeanne des Anges fut confiée à un nouvel exorciste, le père Surin, un jésuite d'une grande piété, malheureusement aussi hystérique que Jeanne elle-même. Il s'identifia si bien à sa patiente qu'il se crut possédé à son tour et en devint fou. Cependant l'état de Jeanne finit par s'améliorer. Ses démons l'abandonnèrent peu à peu, et elle tomba dans un mysticisme brûlant. Après la « possédée », elle joua la « sainte » et crut l'être peut-être : le Christ, saint Joseph et un « bon ange » lui rendaient visite, et elle portait d'étranges stigmates. Leur supérieure délivrée, les autres religieuses supplièrent leurs exorcistes de ne plus s'occuper d'elles, « espérant que si on les abandonnait, elles trouveraient la paix et ne seraient plus tourmentées [1] », ce qui arriva en effet. L'affaire de Loudun se terminait enfin, faute de combattants.

Plus modestes, les diableries de Louviers connurent elles aussi quelques heures de gloire. Dès 1633 (l'affaire de Loudun avait débuté l'année précédente), des religieuses avaient été prises de convulsions au monastère Saint-Louis-et-Sainte-Élisabeth de la ville, mais le calme était ensuite complètement revenu pendant presque dix ans. En 1642, à la mort du directeur spirituel du couvent, Mathurin Picard, l'une des religieuses, Madeleine Bavent, suivie de six de ses compagnes, l'accusa d'avoir eu commerce avec le diable et de les avoir séduites. Enquêtes et exorcismes furent décrétés. Mais il manquait un véritable coupable au procès, puisque Picard était mort : les religieuses se tournèrent donc vers son vicaire, Thomas Boullé, et le désignèrent comme son complice ; le malheureux fut traîné au bûcher avec le cadavre exhumé de Picard en août 1647. Mais le triomphe de

Madeleine Bavent fut de courte durée. Rusée et mythomane, d'une confondante hardiesse de langage, elle n'avait pas l'habileté de Jeanne des Anges : elle termina ses jours dans un cachot, oubliée de tous, tandis que son couvent était vendu et les autres religieuses dispersées. A cette époque, les diables persécuteurs de nonnes commençaient d'ailleurs à lasser leur public ; après avoir glorieusement tenu la scène pendant près de cinquante ans, ils reprenaient le chemin de l'enfer dans une indifférence quasi générale.

À première vue, ces affaires de possession pourraient sembler assez proches de procès de sorcellerie, en recrudescence en France depuis le début du siècle. C'est toujours le diable que l'on traque et qu'on livre aux flammes dans la personne de son sorcier. Mais si la sorcellerie est un fait de pays rural qui concerne des paysans illettrés, le procès de possession a la particularité de se dérouler en milieu urbain, comme l'a souligné Robert Mandrou, et de mettre en cause des gens d'une origine sociale plus élevée : des filles de la noblesse et de la bonne bourgeoisie, des intellectuels, des prêtres, des notables[2]. Autre différence importante : dans les cas de possession, la personne possédée du diable n'est pas considérée par ses juges comme une coupable mais comme une victime. Le coupable, « le sorcier » qui a jeté le sort reste, à découvrir, et c'est là que l'absurdité et l'infamie peuvent se conjuguer pour accabler un innocent. Tandis que les exorcisés bénéficient d'une quasi-impunité face aux accusations qu'ils profèrent parce qu'elles sont censées émaner d'une autre bouche que la leur, ceux qu'ils accusent ont d'autant plus de mal à se défendre que tout est suspect de leur part. Les juges ont appris à se méfier de l'accent de protestation le plus vrai, des preuves d'innocence les plus convaincantes, qui pourraient être des ruses du démon. Et puis il y a les fameuses

« marques du diable », signes irréfutables de sorcellerie, que l'on découvre immanquablement sur le corps
des malheureux accusés, et qui rendent vaines toutes
leurs dénégations. Pour les trouver, le chirurgien
déshabille entièrement son patient, le rase, et, après lui
avoir bandé les yeux, le pique à intervalles rapprochés
avec une longue aiguille. La marque est découverte
quand l'aiguille s'enfonce dans une zone insensible, et
que le sang ne coule pas lorsqu'on la retire. Elle peut se
présenter sous une forme visible : ancienne cicatrice,
tache, verrue, etc. Les marques de Gaufridy
« n'étaient pas plus larges qu'une lentille et claquaient
en la perçant comme le papier d'un châssis bien
tendu[3] ». Par ailleurs, l'absence de telles marques
n'est pas considérée comme la preuve de l'innocence
du suspect, car le diable est habile à les dissimuler ou à
les effacer pour sauver ceux qui l'ont bien servi. Pour
plus de sûreté, on torture aussi le prétendu sorcier,
dans l'espoir d'en obtenir des aveux détaillés. Mais si
Gaufridy avoua tout ce que l'on voulut, Grandier
témoigna d'une grande fermeté en niant jusqu'au bout
les faits dont il était accusé.

Les possédées présentent les mêmes marques que les
sorciers, puisque le diable appose son sceau sur tout ce
qui lui appartient. Mais la possession se prouve surtout
par des signes spécifiques dont la liste varie selon
qu'elle a été établie par les exorcistes ou par les
médecins. Les exorcistes considèrent qu'une personne
est possédée quand elle est capable, entre autres, de
déployer une force surhumaine ou d'accomplir des
actes surnaturels (catalepsie, lévitation, postures
extraordinaires...), quand elle parle et comprend des
langues qu'elle ignore, qu'elle peut révéler des choses
cachées et prédire l'avenir sans se tromper, quand elle
manifeste une horreur caractéristique pour tout ce qui
est religieux (quand elle ne peut pas prononcer, par
exemple, le nom de Jésus, qu'elle refuse de lire

certains textes sacrés...). Pour leur part, les médecins prétendent reconnaître un possédé au fait qu'il ne peut regarder un prêtre dans les yeux, qu'il est impuissant, qu'il souffre de maladies inconnues, qu'il jette sans cesse des soupirs pitoyables et à d'autres indices du même genre, tout aussi incertains, et tout aussi faciles à feindre[4]. Les exorcismes servaient donc moins à chasser les démons qu'à obtenir le nom du prétendu sorcier et surtout les fameuses preuves de possession, ce qui explique la surenchère de contorsions à laquelle se livraient les religieuses pendant que les exorcistes discutaient pour savoir si on pouvait ou non les considérer comme « naturelles ».

Dans ces grandes affaires, la possession diabolique a encore ceci de particulier qu'elle s'étend à des communautés entières ou à des groupes importants de personnes, débordant même à l'extérieur de ces groupes (comme ce fut le cas à Loudun, où l'on vit des spectateurs, des habitants de la ville, et même des exorcistes atteints à leur tour). De tels foyers épidémiques surgissent partout en France sans que leur propagation paraisse obéir à des règles définies. Fait curieux, ces épidémies prennent exclusivement naissance dans des couvents féminins (même si elles ne frappent pas que des femmes), en particulier dans ceux de l'ordre encore récent de sainte Ursule.

C'est le caractère épidémique de ces possessions qui s'explique en fait le plus facilement. L'hystérie est par excellence la maladie de la suggestion et de l'imitation : imitation qui peut prendre des formes personnelles (de personne à personne) ou collectives. Plus les symptômes hystériques suscitent l'intérêt, plus ils prolifèrent. Sans un public qui « marche », l'hystérique cesse en général de présenter des comportements extravagants. Le bruit fait autour des premières affaires, la façon dont les exorcismes étaient pratiqués sur la place publique, offraient donc les conditions idéales pour la naissance et la propagation de magnifiques hystéries. À Loudun, les crises de possession avaient entièrement cessé une première fois, quand l'archevêque de Bordeaux avait interdit les exorcismes au tout début de l'affaire. C'est la reprise de ces exorcismes et leur publicité qui rendirent aux démons toute leur vigueur. Mais pour une affaire comme celle de Loudun, qui finit par atteindre cette extraordinaire ampleur, combien furent étouffées dans l'œuf parce qu'on eut la sagesse de ne pas leur donner une audience publique ?

L'histoire de l'abbaye de Saint-Nicolas de Verneuil, racontée par Jeanne de Blémur, en est un bon exemple. Un inconnu se présenta un jour à la porte du monastère et remit un paquet au jardinier en lui recommandant de le donner à une religieuse en main propre. Respectueux de la règle, le jardinier l'apporta immédiatement à l'abbesse qui l'ouvrit et y découvrit un manuscrit couvert de caractères bizarres. Elle le jeta au feu par prudence, mais en brûlant ce livre mystérieux répandit une odeur affreuse et projeta des « flammes si furieuses que la maison pensa être consumée ». Peu après, la religieuse à qui ce livre était destiné commença à être tourmentée de crises d'agitation et perdit l'usage de la parole. Huit religieuses de l'abbaye moururent brusquement à cette époque, et quatre autres furent paralysées des jambes. On attribua sans hésiter ces maux à l'intervention d'un sorcier (qu'on pensait même avoir identifié comme un ancien galant de cette fille), mais aucune enquête judiciaire et aucun exorcisme ne furent heureusement entrepris. Un an après le début des troubles, l'abbesse se contenta, la crosse à la main, d'ordonner aux démons de quitter le couvent, et tout rentra dans l'ordre[5].

Mais en général de telles affaires profitent à trop de gens pour qu'on se résigne à les laisser si facilement dans l'ombre. L'Eglise est la première à chercher à tirer parti de ces démonstrations publiques de sa puissance pour convertir libertins et huguenots ; les religieuses convulsionnaires témoignent de l'existence du diable pour la plus grande gloire de Dieu, et elle ne voit pas d'un mauvais œil les exorcismes s'éterniser. Les procès-verbaux de Loudun montrent que les exorcistes se contentaient le plus souvent d'interroger les démons en évitant de les sommer de partir ; ou quand ils s'y décidaient, c'était après des mois de discussions et en cherchant à obtenir les effets les plus spectaculaires. Chaque religieuse étant aux prises avec cinq ou six diables, la besogne, à ce rythme, ne pouvait manquer pendant de longues années... Tout ce bruit, il faut bien le dire, est aussi très avantageux pour les communautés qui en sont l'objet. Le couvent de Loudun, qui se trouvait presque dans la misère, connut une véritable prospérité après la mort de Grandier : donations et vocations affluèrent. Quant aux religieuses elles-mêmes, elles vivent des heures de gloire dont elles ne peuvent souhaiter voir sitôt la fin.

Enfin, sans la participation passionnée du public qui se presse en foule de plusieurs milliers de personnes autour des tréteaux, aucune de ces affaires n'aurait connu un tel essor. Et le public, dans des affaires qui intéressent toute la France, ce sont non seulement les spectateurs, mais aussi les lecteurs de gazettes, les curieux, les amateurs de nouvelles sensationnelles qui suivent de près ou de loin le déroulement de ces procès. C'est ainsi que l'on vit s'instaurer un large débat d'opinion qui opposa pour la première fois partisans et détracteurs de la thèse de la possession diabolique. On commença à s'interroger sérieusement sur la part de la pathologie dans des troubles qui jusque-là n'étaient attribués qu'au pouvoir démoniaque. Parmi les sceptiques se trouvaient des médecins, des hommes de science, mais aussi des hommes de loi et d'Église, scandalisés par une procédure judiciaire aussi archaïque et indignés de voir un homme de la valeur de Grandier traîné sans défense au bûcher sur des accusations et des preuves aussi fragiles. C'est en ce sens que le tapage fait autour de ces affaires sordides fut loin d'être inutile puisqu'il suscita des prises de position courageuses et neuves qui entraînèrent la disparition des procès de possession et par contrecoup celle des procès de sorcellerie. Dès la fin du XVIIᵉ siècle, la possession est considérée tout au plus comme une maladie mentale (comme le montre l'histoire de Louise du Néant, internée à la Salpêtrière pour des troubles qui l'aurait menée chez l'exorciste quelques dizaines d'années plus tôt), et la sorcellerie comme un simple délit d'escroquerie. Le diable ne conduit plus personne au bûcher.

Il reste à comprendre comment de semblables affaires ont pu naître exclusivement dans des couvents de femmes. Les dates qui marquent le début et la fin de ces troubles (environ 1600-1650) apportent ici un élément de réponse intéressant puisqu'elles coïncident précisément avec la période où les ordres féminins ont connu le retour à l'observance de la règle et le rétablissement de la clôture. Le relâchement progressif de cette tension, vers 1650, est certainement l'un des facteurs qui a le plus contribué à la disparition des épidémies de possession à cette époque. Des filles entrées trop jeunes en religion, et dont la vocation était souvent peu certaine, ne pouvaient que supporter difficilement une discipline aussi exigeante. F. Laplantine fait observer que la possession, dans toutes les sociétés, est souvent le fait d' « opprimés », et que la frustration mal tolérée est l'une de ses principales causes : « La possession, dit-il, lasse d'attendre, réalise en instantané le désir[6]. » Mais la frustration est un fait subjectif, et le consentement personnel peut suffire à donner un sens à des privations qui seraient sans cela les plus mutilantes pour la personnalité. Dans les couvents, la règle pesait moins à celles qui l'avaient choisie qu'à celles qui la subissaient et qui vivaient dans la culpabilité les petites infractions qu'elles commettaient quotidiennement, presque malgré elles. On comprend donc que de graves conflits intérieurs aient pu éclater chez des religieuses en apparence peu ferventes, mais assez scrupuleuses, comme Jeanne des Anges, pour vivre leur tiédeur dans l'angoisse. Ce n'est pas dans les maisons connues pour leur austérité, comme les couvents de carmélites par exemple, que ces épidémies se sont répandues, mais dans de petites communautés de province qui s'efforçaient tant bien que mal de suivre la lettre de la règle, mais que n'animait aucun idéal exaltant. L'ordre nouveau de sainte Ursule, qui n'était pas particulièrement sévère, attirait davantage de ces vocations modérées, qui cherchaient dans le cloître un abri plus qu'une discipline de vie rigoureuse, et c'est peut-être ce qui explique qu'il ait été tout spécialement touché.

L'exigence de pureté de la vie religieuse, qui revêt une importance obsessionnelle surtout pour les femmes, favorise aussi l'éclosion de troubles hystériques, semblables à ceux que Freud rencontrera plus tard chez les jeunes filles de bonne famille, dans l'Autriche rigoriste de 1900. Là encore, ce n'est pas la chasteté elle-même, mais les tabous dont elle est entourée qui font des ravages. À l'origine de presque toutes les affaires de possession, on peut en effet observer une crise amoureuse qui produit des effets dévastateurs sur l'équilibre mental d'une religieuse et sur celui de toute la communauté, bientôt gagnée par cette lame de fond sensuelle. Tout commence par une sorte de fixation affective sur un homme en vue. Que cet homme ait ou non tenté de séduire la religieuse qui l'accuse, importe finalement assez peu. On sait que

Jeanne des Anges n'avait jamais vu Grandier quand elle se crut ensorcelée. Dans l'affaire d'Aix, Gaufridy prétendit avoir remarqué, sans y répondre, la passion que Madeleine Demandols éprouvait pour lui. Dans celle de Louviers, il est impossible de savoir la part réelle que Picard et son vicaire Boullé prirent dans le délire érotique des religieuses, mais les accusations extravagantes que Madeleine Bavent porta contre tous les mâles de sa connaissance autorisent quelques doutes : elle déclara même que le chat du couvent l'avait violée à deux reprises, le pauvre animal ayant déployé dans ces occasions une force irrésistible. Dans une affaire moins célèbre, celle de Nancy, une jeune femme, Élisabeth de Ranfaing, qui avait fait un malencontreux vœu de chasteté après son veuvage, vécut comme un drame la passion désespérée qu'elle conçut pour son médecin, Poirot : elle ne l'en envoya pas moins au bûcher sans pitié. Car ce n'est pas le fait le moins étonnant de ces affaires que l'absence totale de culpabilité chez ces femmes qui étaient quand même responsables de morts atroces. Comme si la revanche qu'elles avaient à prendre ne pouvait pas être assez terrible et comme si elles s'étaient une fois pour toutes déchargées de toute faute sur ceux qu'elles avaient désignés comme leurs persécuteurs. Car celui qui a rendu leur situation intolérable en les induisant, même involontairement, en tentation, doit porter seul le poids du péché. Michel de Certeau parle de révolte « féministe » chez les possédées et fait observer que ceux qu'elles ont accusés étaient toujours des hommes de pouvoir (prêtres, médecins...). On pourrait ajouter que ce pouvoir s'exerçait précisément sur le corps et sur l'esprit, c'est-à-dire sur ce qui, chez elles, étaient l'objet de toutes les contraintes.

Comment imaginer, en effet, de revanche plus éclatante que la leur ! Religieuses, ou du moins très dévotes, ces femmes se trouvent soudain affranchies des principes les plus sacrés de leur sexe et de la morale religieuse. Elles que l'on a vouées au silence et à l'obscurité, elles attirent les foules sur la place publique ; elles crient, elles font des harangues, on les écoute, on les interroge même. Elles que la société a condamnées à la mort civile, elles disposent d'un pouvoir de vie et de mort sur autrui, par la seule vertu de leurs accusations. Elles qui ont fait vœu de chasteté tiennent des propos obscènes et miment, dans leurs convulsions, les attitudes de l'amour les plus évocatrices. Et les possédées effectuent toutes ces transgressions avec la bénédiction de l'Église qui les absout, les innocente même. Certaines s'en tirent avec une auréole de sainteté qu'elles n'auraient jamais gagnée en pratiquant leur règle toute leur vie, au fond de leur cloître.

Pour inaugurer ou conclure ces épisodes de possession, une crise mystique vient parfois remplacer la crise amoureuse, dont elle est l'équivalent sur un plan sublimé. Les rapports entre mysticisme et possession étaient d'ailleurs bien connus au XVIIe siècle, ce qui explique pourquoi on a pu considérer si souvent la possession comme une étape vers la sainteté, mais aussi pourquoi on se défiait du mysticisme derrière lequel on n'était jamais sûr de ne pas rencontrer les manœuvres du diable. Mystiques et possédés, dans leurs transes, leurs extases ou leurs convulsions, ne présentaient-ils pas les mêmes attitudes, confondant parfois Dieu et Satan dans le même spasme ?

Dans l'affaire de Louviers, il paraît clair qu'une période de mysticisme a précédé l'irruption du délire érotique des religieuses, et qu'elle a été l'origine lointaine mais réelle de leurs troubles. Le fameux Picard, qui fut accusé des pires forfaits sexuels par Madeleine Bavent, avait surtout entraîné ses filles dans une expérience mystique peut-être intense, en ne leur parlant que de « contemplation, inaction, lumière, extase et union de transformation et adhésion [7] ». On se souvient d'ailleurs qu'un premier accès de possession avait frappé le couvent de son vivant, avant de se réveiller avec la violence que l'on sait après sa mort. Quoi qu'en ait dit Madeleine Bavent, ce directeur spirituel n'était probablement qu'un brave homme, tout occupé de Dieu, dont le seul tort avait été de provoquer par ses discours l'irruption brutale des instincts refoulés chez ses pénitentes.

Une affaire moins connue, qui mêla elle aussi étroitement mysticisme et possession, permet peut-être de saisir sur le vif comment les choses avaient pu se passer à Louviers, à l'époque où Picard y faisait régner une atmosphère de fièvre religieuse. Elle se passa à Maubuisson, sous l'abbatiat de Mme Suireau, que l'on y avait envoyée de Port-Royal avec quelques autres religieuses jansénistes pour tenter de rétablir la règle dans cette maison assez relâchée. Pour les aider à ranimer l'esprit de dévotion, aussi abandonné que les règlements monastiques, on leur avait joint une religieuse de Montdidier, Madeleine de Flers, connue pour sa piété, à vrai dire assez exaltée. Elle appartenait à la secte quiétiste des « Guérinets », et son enseignement divisa rapidement l'abbaye en deux partis hostiles : les réfractaires farouches (dont les religieuses jansénistes) et les adeptes ferventes. Comme Picard, Madeleine de Flers prêchait aux religieuses l'état de nudité et d'abandon parfaits devant Dieu, en vraie mystique de son temps. Ses disciples adoptèrent bientôt des façons singulières : l'une refusait absolument de s'alimenter et disait « son office avec beaucoup d'indécence », d'autres étaient « en de continuelles pâmoisons », et la plupart se trouvaient « toutes changées ». Tout cela commençait à sentir fortement l'hystérie, ou plutôt la possession démoniaque, pour parler selon le langage de l'époque. Madeleine tenait elle-même des discours extraordinaires, affirmant que

Dieu « faisait passer les âmes par des déserts effroyables, par de grandes tentations, et enfin par la possession du démon », et entretenait tout un chacun « de l'éminente vertu de sept de ses novices de Montdidier qui, après être entrées en simple nudité [...] étaient devenues possédées ; et une d'elles s'était enfin tuée elle-même, tant elle avait été fidèle à suivre en liberté l'impression de l'Esprit de Dieu ». Plus troublée qu'elle ne voulait l'avouer par de tels discours, une des religieuses jansénistes, Candide Le Cerf traversa elle-même une crise grave, proche de la possession, dont elle donne un témoignage très étrange : « On ne pouvait tant soit peu entrer dans ces voies d'illumination et écouter la mère Madeleine qu'on ne se sentît violemment attaqué par l'orgueil ou par l'impureté. [...] L'esprit s'enflait, soit qu'on le voulût ou qu'on ne le voulût pas ; l'âme se remplissait de vaines et superbes complaisances ; les sens s'évaporaient et devenaient dissolus, et le corps même ressentait des impressions très fâcheuses. » Le diable, puisqu'il faut l'appeler par son nom, s'acharna bientôt sur elle et « lui fit sentir sa rage. Il excita dans son esprit de si violentes peines, et dans son corps une si furieuse agitation et oppression, qu'il lui semblait qu'elle allait étouffer. Elle était contrainte d'aller chercher de l'air dans les plus grands et vastes lieux de la maison, afin de respirer. Mais cela ne lui apportait aucun soulagement. [...] Elle fut un an dans cet effroyable état[8] ».

Et c'est ainsi que tout semblait concourir à faire de Maubuisson un autre Louviers, mais on renvoya prudemment Madeleine de Flers dans son couvent de Montdidier. Il manquait d'ailleurs à cette affaire le principal ingrédient pour que la sauce ait vraiment pu prendre : la présence d'un directeur de conscience assez séduisant pour catalyser les passions de ces dames. Sans un Grandier, un Picard ou un Gaufridy, le diable lui-même manquait décidément de piment !

On ne peut quitter la question de ces épidémies de possession sans rappeler encore une fois qu'elles s'inscrivaient dans un contexte où le diable était de toute façon omniprésent. Si ces épidémies ont revêtu des formes particulières, à des dates et dans des conjonctures précises, la possession, à cette époque, était loin d'être un fait nouveau ou rare. Comme le remarque J. Solé, on ne pouvait faire un pas dans l'Europe du XVIe siècle sans rencontrer un possédé, et il en sera encore ainsi tard dans le XVIIe siècle[9].

On pourrait qualifier d'endémiques ces formes de possession diabolique pour les opposer aux manifestations épidémiques dont il vient d'être question. On les observe en effet comme une prolifération de cas isolés sans lien apparent entre eux, ce qui s'explique d'abord par le fait que l'on attribuait alors une origine démoniaque aux troubles mentaux les plus variés. C'était une étiquette commode apposée sur les conduites délirantes, surtout quand elles étaient d'inspiration religieuse. D'autre part, le comportement du possédé, parfaitement codé, était constamment imité par des gens qui avaient eu l'occasion de l'observer eux-mêmes ou de le trouver décrit en détail dans les rituels d'exorcismes ou les récits populaires. Rien n'est moins spontané, comme le dit F. Laplantine, que l'égarement du possédé à qui la société dicte ses faits, ses gestes et ses paroles, jusque dans la transe en apparence la plus incontrôlée[10].

Au XVIIe siècle encore, les chroniques des ordres religieux, aussi bien masculins que féminins, sont remplis de « diableries » plus étranges les unes que les autres, mêlant la sorcellerie et la possession, et attestant que de tels cas étaient extrêmement fréquents. Nous n'en citerons qu'un exemple, choisi d'ailleurs dans l'abbaye la moins susceptible en apparence d'en fournir. Une converse de Montmartre, qui vivait en mauvaise religieuse depuis des années, vint un jour se jeter aux pieds de Marie de Beauvilliers en s'accusant de s'être donnée au diable depuis l'âge de treize ans. Son « Maître » l'avait obligée à se faire religieuse dans cette illustre abbaye « pour ruiner les commencements de la réforme dont il enrageait ». Malgré ses violentes manifestations de remords, les exorcistes ne parvinrent pas à la délivrer, et on ne se débarrassa d'elle qu'en la reléguant, moyennant une petite pension, « dans un lieu fort éloigné [11] » (probablement un couvent spécialisé dans les cas difficiles).

Mais les épisodes de possession apparaissent surtout comme les formes paroxystiques d'un état d'angoisse latent dans la société tout entière, et particulièrement dans les milieux dévots. Le diable se glisse dans les moindres incidents de la vie quotidienne — dans les pensées impures ou les inquiétudes, dans les accidents, les désagréments, les contretemps imprévus ou inexplicables —, si bien qu'entre ces signes légers de sa présence et les cas de possession caractérisés, on ne conçoit guère de différence. Depuis la fin du XVIᵉ siècle, la peur de Satan a pris l'ampleur d'une véritable psychose collective. Le diable est partout, il « obsède » les esprits, il les « aliène » au sens propre. La vie entière du chrétien est considérée comme un combat permanent qu'il doit mener pour échapper à son emprise.

L'instant même de la mort est redouté comme le plus décisif de cette bataille, celui où l'on s'attend à voir le démon se déchaîner, tentant une dernière fois d'entraîner sa victime vers la nuit éternelle. Dans les couvents, cette question du salut personnel devient une hantise, car elle est la justification de toute une vie de sacrifice. L'angoisse de la mourante est parfois si intense que les morts spectaculaires ne sont pas rares. Elles peuvent même revêtir les apparences de l'accès de possession et donner aux assistants l'impression terrifiante de la présence réelle des démons dans la chambre de la malade. Il arrive alors que l'exorcisme soit associé aux autres rites de la mort, comme les derniers sacrements, pour rassurer un mourant trop anxieux. Jeanne de Blémur raconte, dans ses *Éloges*, la mort terrible d'une religieuse de Notre-Dame des Anges de Montargis, Louise Boussard, qui donna devant la communauté assemblée autour de son lit le spectacle d'une lutte corps à corps avec un esprit invisible. Debout sur son lit, elle se jetait dans les bras de la supérieure en criant : « " Notre mère, tenez-moi bien, ce méchant me veut perdre, il me veut faire blasphémer contre Dieu, il me veut emporter ! " Et, saisissant le crucifix, elle en frappait son propre corps en disant : " Méchant, méchant, retire-toi de moi ! " Ce combat épuisant dura des heures. On convoqua finalement l'exorciste qui rendit un peu de paix à la mourante [12]. »

Ces crises ultimes de terreur sont souvent préparées par un discours et une « mise en scène » bien intentionnés, qui donnent au diable une place prépondérante dans un moment où la malade, déjà angoissée par l'approche de la mort, aurait plutôt besoin de calme. Une religieuse de la Visitation d'Annecy, instruite par des visions et par des révélations concluantes sur la nécessité d'une « bonne mort », s'était fait dans la maison une spécialité de l' « aide » aux mourants et aux âmes du Purgatoire. Quelques heures avant la mort d'une religieuse de la communauté, la supérieure la trouva un jour en train d'asperger abondamment l'infirmerie d'eau bénite : « Ma bonne mère, lui expliqua innocemment la religieuse, la dernière heure de notre malade s'approche ; je sens par ici tant de canailles de démons, il les faut chasser [13]. » De telles paroles, certainement tenues au pied même du lit des mourants, ne pouvaient que contribuer à augmenter leur affolement et à alimenter leur délire.

Cette conviction de la présence continuelle du diable aux côtés de l'âme qui s'est vouée à Dieu explique donc que la possession ait fait naturellement partie de la vie religieuse de cette époque. Considérée comme l'un des accidents possibles de son itinéraire, elle a pu même constituer un signe d'élection, ainsi que le disait la mystique Madeleine de Flers, signe que l'âme était assez avancée en saintete pour que le diable tente de s'interposer entre elle et Dieu. Fonctionnant comme de véritables « abcès de fixation », les épidémies de possession ont cependant contribué à purger le XVIIe siècle de cette invasion du satanisme, en apportant la preuve par l'absurde que l'influence diabolique y était moins certaine que celle de l'esprit humain. Les cas de possession n'en disparaîtront pas totalement pour autant, mais ils perdront ce caractère sacré qui leur donnait tant de prestige et de dangereuse puissance. Des mains du prêtre, les possédés tomberont dans celles du médecin, avant de devenir, deux siècles plus tard, la proie des psychiatres. Suprême déchéance qui aurait bien surpris Jeanne des Anges au temps de sa splendeur, quand la France entière plaignait et admirait en elle la vertu innocente persécutée par l'enfer !

CHAPITRE X

« Comme un lis entre les épines »

« La chasteté, qui paraît si charmante à tout le monde, qui est admirée de ceux qui lui font la guerre, qui reçoit des louanges de la bouche de ses ennemis, et qui élève la condition des hommes à celle des anges, ne laisse pas d'avoir des difficultés. [...] [Il est] plus facile de mourir une fois pour elle que de vivre toujours avec elle. »

J.-Fr. Senault, *Oraison funèbre de Mme de La Porte*

En décembre 1593, Pierre de L'Estoile parle avec amusement, dans ses *Mémoires-Journaux*, du sermon musclé qu'un prédicateur parisien vient de prononcer pour stigmatiser les débordements publics des religieuses : « Le mercredi 8ᵉ de ce mois, Commolet prêcha les religieuses que des gentilshommes promenaient par-dessous les bras tous les jours à Paris (comme, à la vérité, on ne voyait autre chose, au Palais et partout, que gentilshommes et religieuses accouplés, qui se faisaient l'amour et se léchaient le morveau); portant lesdites religieuses, sous le voile qui seulement

les distinguait, vrais habits et façons de putains et
courtisanes, étant fardées et poudrées, aussi vilaines et
débordées en parole comme en tout le reste. Ledit
Commolet les appela, par plusieurs fois, " vilaines " et
" putains ", et ceux qui les conduisaient, " vilains,
ruffians et bouffons ", criant que le peuple leur devait
jeter des pierres et de la boue au visage, quand il les
voyait passer par les rues[1]. » Des spectacles de ce
genre étaient si ordinaires, en cette fin du xvie siècle,
que les fidèles s'étonnèrent de sa hargne et le crurent
ivre.

La plupart des couvents de femmes ont alors très
mauvaise réputation. La licence y est si habituelle
qu'elle ne se cache guère. Ainsi à Notre-Dame de Sens,
les religieuses qui vivent très librement ne se font
« point de scrupule de se déguiser en bergères, d'aller
en cet habit aux assemblées de la campagne, et de
danser aux noces de village[2] ». Les guerres du xvie siècle avaient contribué à ce relâchement des mœurs : les
monastères isolés étaient souvent envahis par des
bandes de soldats qui s'y conduisaient avec brutalité.
Pour fuir ces menaces, les religieuses quittaient leur
couvent à l'approche des troupes et, le danger passé,
retrouvaient difficilement les contraintes de la vie
régulière et communautaire. Dans beaucoup de maisons, elles étaient abandonnées depuis longtemps.

Pendant le siège de Paris, Henri IV fit lui-même des
ravages galants dans plusieurs abbayes proches de la
capitale, où il avait installé de préférence ses quartiers
généraux. On sait qu'à Longchamp, il prit pour
maîtresse attitrée une jeune religieuse, Catherine de
Verdun, à qui il donna plus tard l'abbaye de Saint-
Louis de Vernon. Maubuisson connut aussi ses
faveurs, et Agrippa d'Aubigné prétend que ce couvent
devint vite « fort exercé des dévotions de la Cour » :
pour prix de leur complaisance, les religieuses attrapè-
rent « le mal de Naples[3] » et plusieurs accouchèrent

dans l'année. À Montmartre, ses officiers menèrent si joyeuse vie avec les nonnes, raconte Sauval, que « les satiriques du temps donnèrent à cette montagne un nom infâme » (ce nom, s'il faut en croire P. Lesourd, aurait été « le magasin des putains de l'armée[4] »).

La mise en application progressive des décrets du concile de Trente, plus que les vitupérations d'un Commolet, va bientôt obliger les religieuses à mettre un peu de discrétion dans leur conduite. Au xviie siècle, les galanteries monastiques auront lieu à huis clos, quand elles ne seront pas totalement interdites par l'instauration d'une discipline plus sévère. Même si les autorités civiles et religieuses n'obtiennent pas partout le retour à une stricte observance de la règle, elles s'efforcent du moins de réprimer les scandales trop éclatants et d'imposer le maintien apparent d'un certain ordre moral.

Sous Louis XIII, on voit ainsi une répression brutale s'abattre sur des maisons ou des religieuses obstinées qui ne veulent pas comprendre que le vent a tourné et qu'il est préférable de mener ce genre de fantaisies à couvert. Certaines payèrent très cher leur imprudence, comme cette Mme de Frontenac, du couvent de Poissy, dont parle Tallemant des Réaux et qui, « non contente de faire l'amour, s'avisa de danser un ballet avec cinq autres religieuses et leurs six galants. Ils allèrent à Saint-Germain où le roi était. On crut d'abord que ce ballet venait de Paris ; mais dès le lendemain, on sut l'affaire, et le jour même les six religieuses furent envoyées en exil. Avant cela, elles avaient chacune leur logement à part et leur jardin et mangeaient en particulier si elles voulaient[5] ».

Il est vrai que, jusqu'à la Révolution, certaines maisons refusèrent de se ranger ou échappèrent à tout contrôle par leur éloignement ou par la négligence de l'évêque du diocèse. Il ne faudrait pas cependant exagérer l'ampleur de tels désordres. La réputation de libertinage que conservent aujourd'hui encore les couvents de l'Ancien Régime, si elle est justifiée pour le xvie siècle, est largement surfaite pour le xviie et surtout le xviiie siècle. L'hostilité que s'étaient attirée les institutions de l'Église aux approches de la Révolution avait déjà beaucoup amplifié les choses, probablement sous l'influence de récits rapportés de l'étranger, en particulier d'Espagne et d'Italie où les couvents-lupanars étaient plus répandus qu'en France.

Au xviiie siècle, un long usage de la clôture avait fini par imposer une image de la religieuse beaucoup plus conventionnelle qu'au siècle précédent. On commençait à confondre « dérèglement » (qui, au xviie siècle, signifiait simplement non-respect de la règle) et « libertinage », les deux choses pouvant aller de pair, mais pas nécessairement. C'est ainsi que certains faits, vus à travers la lorgnette pré-révolutionnaire, purent se retrouver chargés d'une aura de débauche injustifiée. Le cas de Maubuisson en est un bon exemple, car cette abbaye « déréglée » fut rarement libertine, malgré la réputation qui lui fut faite : quand ses religieuses, sous l'abbatiat d'Angélique d'Estrées, allaient danser sur l'herbe verte avec les moines de l'abbaye voisine, les chroniques du temps (qui n'épargnent pas l'abbesse elle-même) précisent que « tout se passait sans aucune immodestie grossière [6] ». Cent ans plus tard, une telle liberté ne sera plus comprise et Maubuisson passera pour avoir été l'une des abbayes les plus licencieuses du xviie siècle. Pourtant, à l'époque où la conduite d'Angélique provoquait de graves scandales, ses religieuses étaient étroitement surveillées par la prieure, Antoinette de Cléry, qui dirigeait réellement l'abbaye. Henri IV, qui venait souvent à Maubuisson, s'était aperçu qu'elle enfermait ses filles dès qu'il entrait dans la maison. Bien décidé à déjouer sa surveillance, il arriva un jour par surprise après complies, fit forcer la porte de la clôture et envoya un courtisan parcourir le couvent avec mission de ramener quelques religieuses jeunes et jolies. Celui-ci entra au dortoir, saisit une religieuse qui s'y était réfugiée, et l'entraîna de force vers la salle où le roi l'attendait. Avertie de ce qui se passait, la prieure accourut à temps pour ramener la religieuse dans la clôture. Puis elle se tourna vers le roi et lui dit sévèrement : « N'êtes-vous pas honteux, sire, de troubler ainsi des religieuses, vous qui devriez donner l'exemple à la cour et empêcher les désordres[7] ? » Les beaux jours du siège de Paris étaient passés, où le roi pouvait considérer un monastère comme un harem tout dévoué à ses plaisirs.

L'ordre apparent et le triomphe de la règle que connurent les couvents du XVIIIᵉ siècle n'avaient pourtant pas été imposés sans mal. Les premières tentatives de réforme, après le concile de Trente, s'étaient heurtées à de violentes révoltes qui n'étaient pas seulement le fait de religieuses mondaines, mais aussi de femmes aux mœurs tranquilles, ulcérées qu'après les avoir obligées à prononcer leurs vœux, on leur inflige un second préjudice en les arrachant à la vie confortable qu'elles s'étaient aménagée en marge du monde.

Ce sont les monastères dits « exemptés », ne dépendant que du Saint-Siège, qui se montrèrent les plus indociles. Sainte-Glossinde de Metz, que Bossuet s'efforça avec tant de peine de réduire à l'obéissance, en est resté l'un des exemples les plus célèbres[8]. La vie était fort douce dans cette abbaye dont les religieuses appartenaient aux familles les plus anciennes et les plus riches de la région, et ne connaissaient, disait-on, la règle de saint Benoît que par ouï-dire. Chacune d'elles disposait d'appartements particuliers, d'une domesticité personnelle et d'un train de vie confortable. Elles roulaient en carrosse, se rendaient aux bals et aux promenades, et fréquentaient les salons de la ville.

Dans les années 1650, une telle liberté était devenue insolite, et les bonnes gens s'en déclaraient scandalisés. Mais il était difficile de ramener dans ses devoirs une maison dont l'abbesse était nommée par le pape : autant dire qu'elle n'avait de comptes à rendre à personne.

En 1654, on crut tenir la solution de ce problème en obtenant de l'abbesse en titre qu'elle cède sa place à une nouvelle abbesse choisie avec grand soin par le roi. Celle en qui on plaçait tant d'espoirs s'appelait Françoise de Foix ; elle avait été élevée par une tante sévère dans l'abbaye de Saintes et passait pour le modèle des perfections monastiques. Elle brûlait, disait-elle, d'introduire la réforme à Sainte-Glossinde et de servir d'exemple à ses religieuses par sa piété et sa régularité. Elle se lassa pourtant assez vite de pratiquer seule la règle, ses religieuses se refusant obstinément à la suivre sur le chemin de la vertu. Au lieu de les convertir, c'est elle qui finit par les imiter, et même par les surpasser dans le scandale et l'insolence. Pendant les fêtes du carnaval, on la voyait courir la ville habillée en femme du monde, la queue de sa robe soutenue par une jeune pensionnaire déguisée en page, tandis que le portier de l'abbaye, affublé de la robe, du voile et de la croix abbatiale de Madame, et le visage couvert d'un masque, se faisait annoncer chez tous les notables. Elle osa même donner des bals à Sainte-Glossinde, où ses religieuses s'habillaient en militaires avec des uniformes prêtés par les officiers de la garnison.

Bossuet, alors archidiacre du diocèse, s'acharna pendant sept ans à réduire à l'obéissance l'abbesse qui se moquait de lui. En vain. C'est seulement après son départ que l'ordre fut enfin rétabli à Sainte-Glossinde. En punition de ses folies, Françoise de Foix fut envoyée par une lettre de cachet au couvent des ursulines de Ligny, où elle termina sa vie dans la pénitence forcée.

Aux portes de Paris, l'abbaye de Longchamp jouissait des mêmes avantages et de la même liberté que
Sainte-Glossinde, mais elle sut les conserver jusqu'à la
Révolution en évitant d'attirer l'attention sur elle par
des scandales aussi éclatants. L'abbaye, qui relevait,
elle aussi, directement de Rome, était en fait étroitement surveillée par le pouvoir royal, qui aurait profité
de la première occasion favorable pour remettre la
main sur elle s'il l'avait pu. On savait bien que des
hommes entraient assez librement dans la clôture, mais
rien de ce qui se passait derrière les murs de l'abbaye
ne transpirait au-dehors. Un rapport de police — daté
de 1768 — donne pourtant une idée assez exacte de la
vie charmante qu'on y menait à l'abri des regards
indiscrets. Ce rapport parle en particulier de deux
religieuses, les sœurs Bedelles, qui avaient « continuellement à leurs trousses des jeunes gens », et raconte à
leur sujet une histoire étonnante. Attirés par la réputation de Longchamp, deux amis, les sieurs Signi et
Julien, cherchaient un moyen d'y pénétrer. Ils se
présentèrent un jour à la porte de l'abbaye, Julien
déguisé en montreur, tenant au bout d'une chaîne
Signi déguisé en ours. Les religieuses, charmées de
cette distraction, les firent entrer au réfectoire où
l'ours « déploya son savoir et tous ses tours ». Puis
Julien vanta la douceur de l'animal, et quelques
religieuses se risquèrent à le caresser. Plus hardie que
les autres, l'aînée des sœurs Bedelles saisit sa chaîne et
s'amusa à le promener dans le réfectoire. Comme
l'ours la suivait docilement, elle le conduisit à travers
les couloirs jusqu'à sa chambre, où elle le fit entrer
« pour lui donner des bonbons ». Le rapport de police
assure que l'ours et le montreur devinrent successive-
ment les amants de cette religieuse intrépide. Les
compagnes des dames Bedelles ne devaient pas manquer de divertissement elles non plus, car le rapport
conclut : « Tout ce couvent est divisé en sept ou huit

coteries qui ne sont occupées qu'à se régaler et à se réjouir [9]. »

Mais la licence prudente qui régnait au XVIIIe siècle dans cette abbaye n'avait rien de neuf, puisque cent ans plus tôt, une lettre attribuée à saint Vincent de Paul dénonçait les désordres de cette maison comme une tradition bien établie. L'auteur de cette lettre accusait déjà les religieuses de se parer avec une coquetterie peu compatible avec la modestie monastique, d'orner leurs voiles de rubans couleur de feu, de porter des montres en or et des gants d'Espagne. « Il est constant, ajoutait-il, que depuis deux cents ans, la bonne odeur de Jésus-Christ a cédé la place, dans ce monastère, au renversement de l'ordre et à la corruption des mœurs. » La clôture était inexistante, et les religieuses introduisaient nuitamment des jeunes gens dans les lieux claustraux. Les confesseurs se faisaient les complices de ces dames en leur donnant toutes les autorisations et les dispenses qu'elles demandaient. Certains auraient même laissé des hommes prendre leur place dans les confessionnaux, pour leur permettre d'avoir des entretiens secrets avec leurs pénitentes [10].

Il faut bien dire pourtant que hors quelques exemples célèbres de ce genre, et peut-être certains couvents de province qui se divertissaient sans bruit, la plupart des monastères avaient dû rapidement rentrer dans la norme. Plus on avance dans le XVIIe siècle, plus de tels cas se font rares.

Durant tout l'Ancien Régime, la religieuse continue pourtant à être le sujet de prédilection de la littérature galante et romanesque, car elle jouit d'un grand pouvoir de séduction sur les imaginations. « Je n'ai jamais vu une religieuse placée derrière une grille de fer, écrit Sébastien Mercier, sans la trouver souverainement aimable ; il n'y a point d'ornement qui vaille cette guimpe [11]. » Leur costume sombre qui contraste avec l'extrême jeunesse de certaines d'entre elles, le caractère fatal de leurs vœux, l'interdit qui défend leur chasteté, les chagrins et les regrets dont on les imagine généralement dévorées exercent une sorte de fascination amoureuse ambiguë. Au XVIIe siècle, le succès de la nonne est tel que les dames du monde trouvent piquant de se déguiser en religieuse pour se rendre à un rendez-vous galant. Mlle de Guise, fille du Balafré, voulut un jour en faire la surprise à son amant. La scène aurait pourtant gagné à être mieux amenée, car le jeune homme, qui avait escaladé une échelle de corde pour rejoindre sa belle, fut si étonné de trouver une religieuse au lieu de celle qu'il espérait, « qu'il lui fut impossible de se remettre, et il fallut s'en retourner comme il était venu [12] ». Le costume religieux continue, au XVIIIe siècle, à faire partie de la tradition érotique et galante : on raconte que le duc de Richelieu avait même fait faire une galerie de portraits de ses maîtresses en habit monastique et que les plus grandes dames posèrent pour lui en récolettes, en capucines, ou en feuillantines...

Mais si les hommes rêvent toujours des religieuses, leur entrée clandestine dans les cloîtres est devenue très exceptionnelle depuis le rétablissement de la clôture et relève davantage du ressort romanesque que de la réalité courante. On en trouve pourtant quelques exemples dans les Mémoires du temps, qu'il serait imprudent de généraliser. Le comte de Tilly raconte ainsi l'histoire dramatique de la sœur d'un de ses amis, qui fut déshonorée dans un couvent d'Arras par un gentilhomme de la province d'Artois. Ce jeune homme « eût le triste bonheur d'escalader les murailles de cette sainte retraite, ou de se faire ouvrir tout simplement la porte de la maison du Seigneur. Quel qu'ait été le moyen qu'il employa, le résultat fut que deux filles de qualité, et peut-être aussi quelque religieuse qui n'en a rien dit, se trouvèrent avec des gages embarrassants de son amour et de son audace ». Pour échapper à la honte, la jeune fille s'empoisonna, et ses parents n'osèrent pas poursuivre le séducteur pour ne pas rendre public ce qu'ils appelaient « leur opprobre ». L'indignation de Tilly, pourtant homme à bonnes fortunes lui-même, prouve que de tels faits n'étaient plus fréquents de son temps. Cette aventure, encore banale à l'époque de Bussy-Rabutin, était jugée indigne d'un homme d'honneur à la veille de la Révolution [13].

C'est rarement parmi les gens du monde qu'il faut d'ailleurs chercher les séducteurs des vertus monacales, mais plutôt parmi ceux qui ont un accès facile et habituel dans la clôture. Nul besoin d'échelle ou de stratagème compliqué quand vos fonctions vous conduisent tout naturellement au sein même de la bergerie. Les évêques, les abbés de l'ordre sont ainsi tenus de se rendre au moins une fois par an dans les monastères de femmes dépendant de leur juridiction pour veiller au maintien de la règle. Si la plupart d'entre eux sont des hommes de bien, respectueux de leurs devoirs, il existe aussi des prélats mauvais sujets qui profitent de leur impunité pour tenter leur chance auprès des belles religieuses. On sait, par Tallemant des Réaux, comment Henri de Lorraine, archevêque de Reims, avait coutume de se divertir dans les couvents où il avait ses entrées. Un jour, il rendit visite à sa sœur, abbesse de Saint-Pierre de Reims : « Il dîna dans un parloir ; après il entra dans le couvent, comme prince, comme un homme qui avait été leur archevêque et comme frère de Madame l'Abbesse. Là, il se mit à courir après les religieuses, et en tâta fort une qui était une belle fille. " Mon frère, criait Mme de Saint-Pierre, vous moquez-vous ? Aux épouses de Jésus-Christ ! — Ah ! ma sœur, disait-il, Dieu est trop

honnête homme pour craindre d'être cocu. " La
religieuse, assez fière naturellement, faisait bien du
bruit de cette insolence. L'abbesse eut peur qu'elle
n'en fît faire des plaintes à la reine et, pour y remédier,
elle dit à son frère tout bas : " Faites-en autant à celle-
là qui n'est point jolie. — Ma sœur, elle est bien laide,
mais n'importe, puisque vous le voulez, elle sera
tâtée. " Cette laide lui en sut si bon gré qu'elle se garda
bien de s'en plaindre, et la belle s'apaisa, voyant
qu'elle n'était pas la seule [14]. »

Le même Henri de Lorraine, quelques années plus
tôt, avait courtisé sa cousine Bénédicte de Gonzague,
abbesse d'Avenay. Tallemant raconte encore que toute
abbesse qu'elle était, Bénédicte sortait quelquefois de
son monastère « par la porte des bois, déguisée en
paysanne, et portait du beurre au marché d'Avenay
même ; le bon archevêque, déguisé en paysan, l'attendait dans les bois ». « Je ne sais pas, ajoute Tallemant
avec une fausse ingénuité, ce qu'ils y faisaient avant
d'aller ensemble au marché [15]. » En costume de berger,
un évêque et une abbesse, sous les grands arbres de la
forêt champenoise, y jouaient sans doute une bien
curieuse version de *L'Astrée*.

Mais c'est dans les pièges du confessionnal que
trébuche plus souvent l'innocence monastique la
mieux gardée. Des relations presque quotidiennes avec
leurs confesseurs, exigeant des religieuses une
confiance sans réserve et un total abandon, font
facilement naître un climat favorable aux tentations du
cœur. La solitude et l'obscurité, le secret qui entoure
ces confidences, et surtout le prestige qui auréole un
directeur de conscience, sont autant de dangers pour
des jeunes femmes qui s'ennuient. Consciente de cette
situation imprudente, l'Église est d'autant plus embar-
rassée qu'elle juge la direction spirituelle d'un homme
indispensable à des femmes qui veulent se perfection-
ner en piété. La fameuse fragilité féminine ne peut se

passer, dit Poncher, « du conseil des hommes avisés [16] ». C'est donc l'excessive défiance de l'Église envers les femmes qui crée les conditions mêmes des « accidents » si redoutés.

Le péril est jugé assez grand pour que les ouvrages traitant de la clôture, les règlements des monastères, multiplient les recommandations concernant les rencontres entre les confesseurs et leurs pénitentes. Mieux vaut tout d'abord éviter qu'ils ne se voient. En temps habituel, le confesseur ne franchira donc pas la clôture, mais se tiendra derrière la grille du chœur pour entendre les confessions. Cette grille est doublée d'une toile épaisse, clouée sur les côtés pour qu'il soit impossible de l'écarter. Par surcroît de précaution, la sacristine, ou une autre religieuse désignée par la supérieure, est présente et surveille de loin les faits et gestes de la pénitente. Si le confesseur doit franchir la clôture pour assister une malade, il n'est pas laissé seul un instant : « Les confesseurs de quelque ordre que ce soit, recommandait l'abbesse de Fontevrault à tous ses monastères, auxquels on est obligé de donner l'entrée pour assister les malades, doivent toujours être accompagnés, même dans les chambres d'infirmerie, en sorte que, conformément à notre sainte règle, on ne les perde pas de vue, quoique l'on ait soin de s'éloigner assez pour n'être pas à portée de les entendre [17]. »

Les monastères assez riches ou assez nombreux pour employer plusieurs confesseurs recourent parfois à une précaution naïve en confiant au plus vieux d'entre eux les jeunes religieuses et les novices, et en réservant au plus jeune les religieuses d'un âge plus respectable, comme si la séduction diminuait et la sagesse augmentait infailliblement avec les années. Ce système était appliqué à l'Abbaye-au-Bois, à la fin du XVIIIe siècle, mais des trois confesseurs en service, c'est curieusement le plus jeune que l'on avait attribué aux converses, comme si leur humble naissance les privait de tout charme féminin aux yeux des religieuses aristocratiques qui gouvernaient ce couvent.

Il va sans dire que ces mesures prudentes ne sont pas observées partout avec la même rigueur. Dans bien des maisons, le directeur est un familier qu'on ne peut maintenir à longueur d'année derrière des grilles ou des toiles clouées, ou suivre pas à pas dans les couloirs. Ces précautions peuvent sembler choquantes quand il s'agit d'un homme connu pour sa piété et sa vertu ; ensuite les habitudes sont prises, et l'on n'ose pas montrer moins de confiance à son successeur. Pourquoi l'affection que lui vouent les religieuses serait-elle d'ailleurs forcément coupable ? Une religieuse de Montmartre raconte que saint Jean Eudes, qui fut un temps confesseur de l'abbaye, était l'objet d'une telle vénération auprès de ses pénitentes qu'elles le poursuivaient à travers les couloirs de la maison pour tenter de lui dérober à son insu des fragments de ses vêtements : « Un jour, après avoir assisté une de nos sœurs à la mort, il témoigna un grand désir de visiter une de nos chapelles dédiées à Notre-Dame de Lorette. Madame voulut l'y accompagner avec toute la communauté. Quelques-unes de nos sœurs trouvèrent moyen de lui couper de ses cheveux, du cordon de son soulier, du bas de son manteau pour les garder comme des reliques. Mais lorsqu'il le sut, il parut inconsolable, disant qu'il n'était qu'un chien pourri [18]. » Le saint homme devait converser avec les anges pour ne pas s'apercevoir des manœuvres des religieuses, s'activant armées de ciseaux autour de sa personne.

Que de véritables scandales aient pourtant eu lieu, il est impossible d'en douter en constatant l'insistance des recommandations concernant les relations avec les confesseurs. Les allusions à de tels incidents sont si fréquentes dans les biographies, les chroniques des maisons, la correspondance des abbesses, qu'on peut même supposer qu'ils n'étaient pas rares [19]. Mais s'ils sont évoqués, c'est le plus souvent « en creux », sur le mode du risque encouru, de la vertu victorieuse. Il faut les deviner derrière les sous-entendus, les réticences, les silences mêmes. Dans cette demi-obscurité, un fait peut soudain projeter un rai de lumière : en 1704, une lettre d'une abbesse de Fontevrault fait état d'une « faute honteuse » commise par une religieuse d'un couvent de Saint-Aignan, dont le curé aurait été « complice » en raison des accès « faciles » qu'il avait dans la maison [20]. Mais il s'agit d'un document rédigé pour demander l'appui de la justice du roi ; on était bien forcé d'y préciser relativement les choses.

Les affaires de possession placent, en revanche, les liaisons entre confesseurs et religieuses sous un jour singulièrement cru. Si la part de fabulation est assez constante dans les récits d'hystériques pour qu'on les accueille avec prudence, les accusations régulièrement portées par les religieuses possédées contre les prêtres qui fréquentaient leurs couvents, montrent que la tentation était du moins au cœur de leurs relations. Dans la réalité ou l'imaginaire, le séducteur des nonnes c'est le confesseur. Les déclarations des religieuses sont d'ailleurs si précises qu'il est difficile de penser qu'elles ne reposaient pas sur un certain fond de vérité. Ce n'est peut-être pas Mathurin Picard qui a séduit Madeleine Bavent, mais comment croire que la séduction elle-même n'a pas eu lieu ? Une religieuse vraiment innocente aurait-elle pu imaginer de toutes pièces ce directeur spirituel qui passait tout le temps des confessions « en discours d'amour, en privautés illicites, en sottises et badineries », et qui cherchait à mettre « sans cesse les mains sur les parties honteuses, quoique couvertes [21] » ?

Les confesseurs, pourrait-on objecter, ne sont pas les seuls hommes à franchir la clôture, et les médecins y pénètrent assez souvent pour soigner les religieuses malades. De fait, médecins et chirurgiens sont tenus en grande suspicion par les autorités responsables de monastères qui font ce qu'elles peuvent pour limiter leurs visites. Seraient-ils plus dangereux que les confesseurs pour la vertu de leurs patientes ? Pour J.-B. Thiers, le métier même qu'ils ont choisi d'exercer autorise tous les doutes sur la pureté de leurs mœurs : « Comme les médecins sont des gens charnels et sensuels de leur profession et que leur art leur donne beaucoup de libertés à l'égard des malades, qui ne sont pas permises aux autres, lorsqu'ils ne sont pas sages et retenus, il y a toujours quelque chose à craindre de leur part pour les religieuses [22]. » Aussi fait-on bien, ajoute-t-il, de les surveiller attentivement quand ils entrent dans la clôture, et de les choisir toujours d'un âge respectable et d'un caractère rassis.

En 1676, une abbesse de Chelles, Mme de Cossé-Brissac, crut possible de négliger cette dernière recommandation et engagea pour son abbaye un jeune médecin d'une extrême beauté, nommé Amonio. « Ma chère, écrivait Mme de Sévigné à sa fille, c'est un jeune homme de vingt-huit ans, dont le visage est le plus beau et le plus charmant que j'aie jamais vu : il a les yeux comme Mme de Mazarin [23] et les dents parfaites ; le reste du visage comme Rinaldo [24] ; de grandes boucles noires, qui lui font la plus agréable tête du monde [25]. » Quand le « visiteur » envoyé par l'évêque découvrit ce héros de roman au milieu des religieuses de Chelles, il en fit toute une affaire et obligea l'abbesse à le congédier bien vite. Madame en fut inconsolable, et Chelles prit le deuil : « Tous les parloirs sont fermés, raconte encore Mme de Sévigné à sa fille, tous les jours maigres sont observés, toutes les matines sont chantées sans miséricorde ; mille petits relâchements sont réformés, et quand on se plaint : " Hélas ! je fais observer la règle. — Mais vous n'étiez point si sévère. — C'est que j'avais tort, je m'en repens... " Enfin on peut dire qu'Amonio a mis la réforme à Chelles[26]. » Par ailleurs « bon garçon au dernier point », Amonio avait consacré les quelques mois qu'il avait passés à Chelles à cultiver un jardin de simples et à soigner les religieuses avec dévouement et compétence, inconscient des orages qui s'amoncelaient au-dessus de sa tête.

La sagesse de Mme de Chelles ne faisait d'ailleurs aucun doute pour Mme de Sévigné, et sans doute avait-elle raison. La méfiance des visiteurs et des supérieurs de couvents envers les médecins paraît, au contraire des confesseurs, en général peu justifiée. Il y a à cela une raison simple : l'origine sociale modeste des médecins et le peu de considération dans laquelle leur profession est tenue leur permettent rarement de bénéficier d'appuis suffisants en cas de scandale. Or un monastère peut représenter pour eux une clientèle de prestige et la source la plus importante de leurs revenus, et sa perte peut entraîner la ruine de leur carrière. Les confesseurs, eux, sont mieux protégés par la toute-puissance de l'Église qui étouffe volontiers les mauvaises affaires quand elles concernent les siens. L'exemple d'Amonio, pourtant innocent de tout méfait, montre bien qu'un petit médecin ne pesait guère face aux autorités religieuses, et qu'un simple soupçon pouvait le faire chasser sans autre forme de procès.

A la fin du XVIIe siècle, peu après l'affaire d'Amonio, Bossuet, alors évêque de Meaux, prit ombrage des relations familières qui existaient entre une abbesse de Jouarre, Henriette de Lorraine, et son médecin, Jacques Dufour. Il envoya un certain Rémond avertir Madame qu'elle devait se séparer du pauvre homme. Au lieu de se laisser intimider comme l'abbesse de Chelles, celle-ci le prit de très haut : « " Mon médecin, répondit-elle à l'émissaire de Bossuet, m'est aussi utile que mon confesseur. L'un panse les plaies de mon

âme, et l'autre guérit les maux de mon corps. "
Messire de Rémond roulait de gros yeux et disait :
" Mais, Madame, le corps n'est qu'un tas de poussière.
— Je le sais, a répondu Madame, mais Dieu ne veut
pas que cette poussière périsse. Quand il jugera bon de
nous mettre en poudre, il le fera ; jusque-là, soignons
notre pauvre corps et faisons notre salut. Ce n'est point
être mécréant que de prendre médecine. Ce qui serait
mal, serait de laisser abîmer par le mal ce corps que
Dieu a créé. " A quoi M. de Rémond, tout quinaud,
n'a rien trouvé à répondre [27]. » Mme de Jouarre garda
donc son petit médecin. Rien que de très honnête
d'ailleurs entre eux : Dufour était éperdu d'une res-
pectueuse admiration devant celle qu'il appelait « Son
Altesse Madame », et Henriette de Lorraine le traitait
en confident, mais sans se départir de la hauteur et de
la condescendance d'une princesse qui distingue l'un
de ses sujets.

Mais les supérieurs des monastères se doutent bien
que surveiller l'entrée des cloîtres ne suffit pas pour
garder la vertu des religieuses de toute atteinte. Les
allusions aux mœurs saphiques des nonnes sont presque aussi anciennes que les couvents eux-mêmes. Des
romans qu'on achète sous le manteau, comme *Vénus
dans le cloître* ou *Le Portier des Chartreux,* pour ne citer
que les plus célèbres, en font leur thème de prédilection. Des récits de bouche à oreille achèvent de
convaincre le public que les mystères des cloîtres se
confondent avec ceux de Lesbos. Sébastien Mercier
assure que les pensionnaires élevées dans les couvents
racontent, une fois femmes, « les histoires secrètes que
tout le monde sait, et les singulières passions qui y
règnent. Ce qu'il y a d'étrange et d'inconcevable,
ajoute-t-il, c'est que cette même mère ne manquera pas
d'y mettre un jour sa fille, quoique bien instruite du
danger que l'innocence y court [28] ».

Diderot ne pouvait éviter d'aborder cette question, en écrivant sa *Religieuse*, tant elle était présente à tous les esprits. La supérieure de Saint-Eutrope se comporte avec ses filles de façon fort équivoque : si l'une d'elles commet une faute, elle « la fait venir dans sa cellule, la traite avec dureté, lui ordonne de se déshabiller et de se donner vingt coups de discipline ; la religieuse obéit, se déshabille, prend sa discipline et se macère ; mais à peine s'est-elle donné quelques coups, que la supérieure, devenue compatissante, lui arrache l'instrument de pénitence, se met à pleurer, dit qu'elle est bien malheureuse d'avoir à punir, lui baise le front, les yeux, la bouche, les épaules ; la caresse, la loue ». Elle s'intéresse plus particulièrement à sœur Suzanne, à qui elle demande un jour de jouer quelques pièces au clavecin : « Je fis d'abord des accords, raconte la jeune religieuse, ensuite je jouai quelques pièces de Couperin, de Rameau, de Scarlatti ; cependant elle avait levé un coin de mon linge de cou ; sa main était placée sur mon épaule nue et l'extrémité de ses doigts posée sur ma gorge. Elle soupirait ; elle paraissait oppressée ; son haleine s'embarrassait ; la main qu'elle tenait sur mon épaule, d'abord la pressait fortement, puis elle ne la pressait plus du tout, comme si elle eût été sans force et sans vie, et sa tête tombait sur la mienne. » On a pensé que pour donner vie à la supérieure de Saint-Eutrope, Diderot avait peut-être pris pour modèle la fille du Régent, Louise-Adélaïde d'Orléans, abbesse de Chelles, qui fut fortement soupçonnée par ses contemporains de tendances et même de mœurs homosexuelles. Son refus obstiné de se marier, ses allures et ses goûts virils, sa vie peu religieuse malgré sa détermination inébranlable d'entrer au couvent, ses folies notoires, ses crises de remords mystérieuses, cachaient-ils, comme on l'a cru à son époque, quelque « vice inavouable [29] » ? Mais comment l'affirmer, quand une telle accusation n'a jamais reposé que sur des rumeurs ?

Si les allusions aux mœurs saphiques des couvents abondent dans la littérature, les déclarations précises, les témoignages vécus sont en effet extrêmement rares. Ce genre de secret ne s'étale pas au grand jour. Comment estimer, dans ces conditions, la part de réalité, d'exagération ou de fantasme dans une réputation établie d'aussi longue date ? Il faut encore tenter de le deviner « en creux », comme pour les confesseurs, dans les textes monastiques eux-mêmes, et en particulier dans les précautions prises par les règlements des maisons : interdiction des contacts physiques entre les religieuses, interdiction de s'isoler avec une compagne, d'entrer dans une autre cellule pendant la nuit... Parfois un pieux auteur a la hardiesse naïve d'appeler carrément les choses par leur nom. J. de Chabanel, commentant la règle de saint Augustin pour les religieuses au début du xviiᵉ siècle, leur déclare sans ambages « Or, ne faut-il pas que la dilection qui est entre vous soit charnelle, ains [mais] spirituelle : car ce que les femmes qui ont oublié toute pudeur et vergongne font même à des femmes en s'ébattant et jouant déshonnêtement, sont des choses qui ne doivent point être faites, non seulement par des veuves et servantes incontaminées de Jésus-Christ, qui sont affermies et arrêtées en leur saint propos, mais pour le dire plus court, ni par les femmes mêmes qui sont mariées, ni par les filles non plus qui prétendent se marier [30]. » Aux difficultés que le malheureux éprouve pour s'extraire d'une si longue phrase, on devine l'embarras dans lequel le plonge un sujet aussi délicat. On peut être docteur en théologie et n'être guère pourvu des grâces de la plume...

C'est dans les confessions des possédées que l'on rencontre encore quelques précieuses indications sur les mœurs des religieuses entre elles. Sans prendre leurs récits à la lettre, il est du moins permis de penser qu'ils expriment des fantasmes qui n'auraient peut-être demandé qu'une occasion pour se transformer en actes. Jeanne des Anges se contente, pour sa part, d'évoquer le danger qu'elle courut une nuit où une religieuse de son couvent l'invita à venir partager son lit : si elle n'avait pas eu le courage de résister à la tentation, le diable qui « avait des desseins étranges sur elle en cette occasion [...] l'eût peut-être enveloppée de ses pièges [31] ». Fait au père Surin, l'aveu est des plus clairs.

Le récit de Madeleine Bavent regorge, comme d'habitude, de détails plus piquants, qui semblent tout droit sortis de la fameuse *Vénus dans le cloître* ou de quelque ouvrage de la même veine. Cette fois, elle met en cause un autre directeur spirituel de son couvent, Pierre David, et l'accuse d'avoir encouragé et même provoqué dans la maison des pratiques homosexuelles auxquelles il aurait complaisamment assisté : « Ce mauvais homme et dangereux prêtre, sous prétexte d'introduire la parfaite obéissance, qui doit aller jusques aux choses les plus difficiles et répugnantes à la nature, introduisait des pratiques abominables, par lesquelles Dieu a été extraordinairement déshonoré et offensé. Oserai-je seulement les nommer ? Il disait qu'il fallait faire mourir le péché par le péché pour rentrer en innocence et ressembler à nos premiers parents qui étaient sans aucune honte de leur nudité devant leur première coulpe. Et sous ce langage de piété apparente, que ne faisait-il point commettre d'ordures et de saletés ? Les religieuses passaient pour les plus saintes, parfaites et vertueuses, qui se dépouil-laient toutes nues et dansaient en cet état, y parais-saient au chœur, et allaient au jardin. Ce n'est pas tout : on nous accoutumait à nous toucher les unes les autres impudiquement, et ce que je n'ose dire, à commettre les plus horribles péchés contre la nature[32]. »

S'il faut en croire les aveux d'une amie de Casanova, religieuse dans un couvent d'Annonciades de Chambéry, ces péchés « horribles et infâmes » auraient été très communs, du moins dans certaines maisons. À moins que Casanova ne l'ait un peu enjolivé, il s'agit d'un des rares témoignages directs tout à fait affirmatifs sur la question. Belle et « faite pour l'amour », cette jeune femme lui confiait qu'elle supportait mal la continence que la règle lui imposait et qu'elle ne parvenait pas à l'observer avec rigueur. Par crainte de son couvent, elle avait pourtant renoncé au risque de prendre des amants, et elle goûtait aux plaisirs de l'amour avec une jeune pensionnaire dont elle avait fait sa favorite. « Hélas ! disait-elle à Casanova, quand on ne peut pas faire tout de bon, on badine. Je ne te cacherai pas que j'aime ma jeune pensionnaire. C'est un amour fait pour nourrir ma tranquillité ; c'est une passion innocente ; ses caresses suffisent à assouvir un feu qui me conduirait à la mort si je ne diminuais sa force par des badinages. » Son confesseur, « un sage vieillard », lui donnait l'absolution, et elle était « heureuse[33] ». Le vieil homme était peut-être parfaitement sourd, à moins que son indulgence ne lui soit venue d'une longue expérience de la vie. Pouvait-on reprocher sans cruauté à des femmes enfermées malgré elles, de ne pas observer strictement des vœux qu'elles n'avaient généralement prononcés qu'à contrecœur ?

CHAPITRE XI

Le monde et le cloître

Scholastique-Gabrielle de Livron-Bourbonne avait à peine vingt-deux ans quand elle fut nommée, en 1608, à la tête de l'abbaye de Juvigny, en Lorraine. Entraînée par les réformes qui bouleversaient les abbayes bénédictines et dont Montmartre venait de donner un grand exemple, la jeune abbesse crut de son devoir d'annoncer, dès son arrivée, qu'elle comptait rétablir l'observance de la règle et surtout la clôture. Les religieuses de Juvigny étaient sages, mais vivaient jusque-là de façon pratiquement séculière : leurs entrécs et leurs sorties étaient libres, elles avaient des appartements particuliers et des domestiques laïcs, et jouissaient de ce qui peut faire l'agrément et le confort de la vie. En apprenant cette mauvaise nouvelle, leurs familles coururent se plaindre au prince de Lorraine que dans son intransigeance la nouvelle abbesse « allait fermer un asile ouvert aux familles incommodées, et ôter une retraite douce et honnête aux filles de qualité faibles et délicates, que son zèle devait plutôt passer pour un trouble du repos public que pour un mouvement de piété solide et véritable, que la charité devait prévaloir sur la pénitence, et que celle qui avait tant d'inclination pour la sévérité la pouvait pratiquer entre Dieu et elle, sans incommoder celles qui n'avaient pas un pareil mouvement [1] ». Leur stupéfaction et leur colère se comprennent d'ailleurs fort bien : si les monastères leur apparaissaient comme des institutions indispensables pour accueillir les filles sans dot de la noblesse, la « douceur » et l' « honnêteté » devaient du moins s'y conjuguer pour en faire des « asiles » agréables. Parler de la règle de saint Benoît dans ce contexte paraissait d'une complète incongruité.

Au début du siècle, les réformes monastiques se heurtèrent presque partout à la même hostilité des familles, qui ne pensaient pas avoir voué leurs enfants au couvent pour les retrouver un beau jour enfermées à double tour derrière une grille. Elles se considéraient un peu comme chez elles dans les monastères et se croyaient même autorisées à y faire de longs séjours auprès de leurs filles. L'idée de ne plus pouvoir les voir qu'au parloir, et à des heures régulières, leur semblait inadmissible. C'était un abus de pouvoir, une véritable trahison. On les avait trompés, eux et les religieuses qui n'avaient pas prononcé leurs vœux à de telles conditions. Le malentendu était immense : l'Église prétendait rendre leur caractère sacré à des maisons qui l'avaient perdu depuis longtemps au profit d'intérêts séculiers ; et les laïcs commençaient à comprendre que tout l'équilibre d'une société pouvait s'en trouver compromis et qu'il fallait coûte que coûte empêcher cela.

On sortait à peine d'une longue période de guerre, et la colère explosait vite en violence chez des gens qui avaient longtemps vécu les armes à la main. Si les menaces ne suffisaient pas, on tentait de forcer les portes du monastère. On postait des assassins dans les couloirs du couvent sur le passage de l'abbesse, ou on soudoyait une servante pour qu'elle verse du poison dans ses aliments. Dans les débuts de la réforme à Montmartre, Marie de Beauvilliers échappa ainsi à plusieurs reprises à des tentatives de meurtre, mais elle ne fut pas la seule abbesse à risquer sa vie en rétablissant la clôture.

Les jeunes réformatrices ont d'autant plus de mérite qu'elles trouvent rarement un appui auprès de leurs propres familles, qui jugent elles aussi le rétablissement de la règle comme une traîtrise. On sait le combat que dut soutenir Angélique Arnauld, lors de la fameuse « journée du guichet », pour interdire à ses parents l'entrée de Port-Royal : la jeune abbesse les avait pourtant prévenus de son intention de rétablir la clôture et de ne souffrir aucune exception, mais les Arnauld n'en avaient tenu aucun compte, persuadés que cette mesure ne pouvait les concerner. Ils étaient donc arrivés à Port-Royal, le jour de la Saint-Michel 1609, sans se douter de ce qui les attendait. Angélique alla les accueillir derrière la grille du parloir et leur annonça qu'il lui était désormais impossible de leur ouvrir la porte. Furieux de ce qu'il prit pour une bravade, son père se mit à crier et à secouer les grilles. Son frère, d'Andilly, fit encore plus de vacarme, l'appelant « monstre d'ingratitude » et lui disant qu'elle répondrait « devant Dieu de la mort de son père ». Les larmes et les supplications succédèrent aux cris. Angélique restait inébranlable, mais ses forces cédèrent tout d'un coup, et elle tomba évanouie sur les dalles du parloir sous les yeux de sa famille, enfin convaincue.

Entre 1600 et la Révolution, toute l'histoire des couvents féminins sera ponctuée par cette lutte menée de part et d'autre de la clôture, entre les autorités ecclésiastiques qui veulent l'imposer et les laïcs qui trouvent cette mesure absurde et vexatoire. Quant aux religieuses, elles seront ballottées d'un avis à un autre, selon la qualité de leur vocation. Une anecdote — déjà tardive, puisqu'elle date du milieu du XVIIe siècle —, montre la forme que pouvait prendre cette sorte de guérilla de frontière. Après avoir assisté à la prise de

voile d'une de ses parentes à Chelles, une grande
dame, Marie-Charlotte d'Orléans de Rothelin,
comtesse de Brienne, voulut passer la nuit dans
l'abbaye, comme cela se faisait encore souvent. L'abbaye de Chelles était alors dirigée par Mme de La
Porte, une abbesse connue pour son interprétation
étroite de la règle, qui lui fit répondre qu'il était
impossible de la laisser pénétrer dans la clôture.
Mme de Brienne s'entêta : c'était une femme de vertu
mais elle avait l'habitude de voir tout céder devant ses
désirs, et elle déclara qu'elle ne partirait pas à moins
qu'on ne la « chasse à coups de bâton ». Mme de La
Porte fit alors un geste plein d'honneur, et lui céda sa
propre chambre dans le logis abbatial. À son retour à
Paris, Mme de Brienne n'était pourtant pas fière de
son haut fait : elle l'avoua à son confesseur qui en fit
toute une affaire et lui refusa l'absolution. Elle dut
aller la demander au Grand Pénitencier, qui la lui
accorda finalement à condition qu'elle irait présenter
ses excuses à l'abbesse de Chelles[2].

À mesure que le temps passe, la clôture devient un
état de fait mieux accepté par les laïcs et par les
religieuses elles-mêmes. Les ordres très austères,
comme les carmélites, donnent un exemple admiré et
relativement bien respecté. Les résistances de la
société restent puissantes, mais se font plus occultes :
on tourne l'interdit chaque fois que cela est possible,
on le grignote au lieu de l'attaquer de front. On
n'assassine plus, on ne prend plus les monastères
d'assaut, mais on harcèle les autorités ecclésiastiques
de demandes de permission d'entrée ou de sortie.
Jusqu'à la fin de l'Ancien Régime, la clôture parvien-
dra difficilement à s'imposer partout avec la même
rigueur, comme s'en indigne un correspondant de
l'abbé Thiers, docteur en théologie, qui gronde contre
ces « abus des entrées et des sorties, qui dans ce siècle

sont très fréquents, sans que les religieuses, leurs directeurs, leurs confesseurs, leurs chapelains, et même la plupart de leurs supérieurs, en fassent le moindre scrupule[3] ».

Dans les maisons les moins sévères, le parloir continue à être assez librement ouvert. Les religieuses y tiennent salon, comme dans un boudoir mondain. Leurs visiteurs font de la musique, lisent des vers à la mode ou racontent les nouvelles de la ville, tandis que les religieuses leur servent des liqueurs et des confitures. À Notre-Dame d'Yerres, le parloir était muni d'une grille, « placée là pour le plaisir des yeux et l'édification des étrangers », car une porte, qui n'était jamais fermée, donnait de ce parloir dans l'antichambre de l'abbesse, et permettait aux religieuses et à leurs hôtes de se retrouver plus agréablement, sans la séparation déplaisante de la clôture. À Maubuisson, une porte dissimulée dans le mur du parloir abbatial facilitait même les entrées et les sorties discrètes de l'abbaye ; Mme de Pontevès, une abbesse hautaine qui vivait en femme du monde, ne s'en contenta pas et en fit percer une deuxième pour s'échapper plus facilement. Mais ces portes secrètes étaient elles-mêmes la preuve de l'existence de la clôture, et de sa reconnaissance dans le couvent : elles la contournaient, mais elles ne la supprimaient pas.

Dans les maisons où la clôture était rigoureusement respectée, les religieuses et leurs visiteurs conversaient par une fenêtre munie de deux grilles au treillis serré. La grille extérieure était parfois renforcée de longues pointes effilées, afin d'éviter qu'on puisse en approcher le visage, et la grille intérieure était voilée d'un épais rideau. Quand elle recevait des parents proches, la religieuse pouvait, avec la permission de la supérieure, tirer ce rideau et ouvrir la fenêtre grillée, mais elle devait conserver son voile baissé « pour la plus grande édification des séculiers » jusqu'à ce que l'assistante du parloir l'autorise à le lever « selon l'ordre qu'elle en aura reçu de la mère abbesse[4] ». Une religieuse, appelée selon les ordres « sœur ausculta-trice » ou « assistante du parloir », assiste en effet à tous les entretiens. Ces surveillantes, dit le *Règlement* de Montmartre, sont « comme les anges tutélaires de leurs sœurs, veillant sur leurs paroles et sur leur conduite dans le lieu où la modestie et la gravité de leur état est le plus en péril[5] ». Il est interdit à une religieuse de faire des confidences à ses visiteurs ou de répondre à des questions personnelles. Si ses parents ou ses amis, même dans une bonne intention, l'interro-gent sur la vie qu'elle mène, elle doit leur répondre avec une grande réserve : « Pour moi, je ne trouve point de vie plus excellente que celle que j'ai choisie. [...] Je suis bien vêtue, bien nourrie, bien assistée dans mes maladies ; si je souffre quelque chose, c'est moi qui le veux[6]. » L'assistante veille tout aussi attentive-ment à ce que la religieuse ne se livre à aucune action contraire à la décence monastique, « soit en criant trop haut, éclatant de rire, ou commettant quelque autre immodestie qui puisse être entendue des lieux régu-liers », et surtout donner aux visiteurs une idée défavorable de la communauté.

Il semble que les autorités religieuses se méfient moins des « galanteries », fort difficiles à entretenir avec l'extérieur, que des relations avec les familles, qui ravivent dangereusement chez les religieuses les regrets du monde. Ces filles, forcées de vivre dans une frustration affective qu'elles ne sont pas toutes capa-bles de supporter, développent souvent un attache-ment violent pour leurs parents. Les plus jeunes surtout, comme le dit Fl. Boulenger, dans son langage étonnamment imagé, « nouvelles à la vertu et à l'abandonnement des parents (l'amour desquels bouil-lonne encore vivement en leurs cœurs) souffrent

grandement à chaque secousse de pensées et ressouvenir d'eux, les désirs de les voir, parler, savoir ce qu'ils
font et s'ils ont afflictions, comme bouillons s'entre-
choquent en leurs cœurs, qui les tronçonnent et
desrompent leurs entrailles [7] ». Mais c'est souvent en
vain qu'on propose à des religieuses, dont certaines
sont presque encore des enfants, d'entendre les paroles
du psaume : « Écoute ma fille, prête-moi ton oreille, et
oublie la maison de ton père. » On peut bien leur
présenter l'affection des leurs comme un des écueils les
plus dangereux de la vie monastique, comme une des
pires tentations du démon, le souvenir de leur foyer
parle à la fois plus haut et plus doux à leur cœur.
Pourtant une religieuse est vite oubliée d'un monde
qu'elle a quitté de gré ou de force. Une religieuse de
Notre-Dame de Montargis disait à ses novices : « Les
filles n'ont pas une bonne conduite, qui se tuent de
contenter le monde, durant qu'il ne songe pas à elles ;
combien y a-t-il de pères et de mères, frères et sœurs,
qui joueraient des cinq, des dix et des vingt mille
francs et davantage en une soirée, qui ne voudraient
pas donner un écu à une fille ou sœur religieuse pour
leur avoir un livre ; et ces pauvrettes misérables
entretiennent leur esprit d'aller ci et là chez leurs
parents en temps de guerre, qui voudraient les voir
enterrées toutes vives ; si cette connaissance pouvait
redresser ces pauvres âmes, elles vivraient heureuses
dans leur vocation [8]. » On devine, dans ces lignes
douloureuses, toute l'amertume d'un cœur lui-même
humilié dans ses affections les plus chères. Que de
secrets chagrins ces pauvres filles ne durent-elles pas
souvent éprouver de la part de parents qu'elles continuaient à aimer, même quand ils les avaient sacrifiées
sans remords !
Mais les familles envahissantes sont bien plus redoutées que les familles négligentes, car si elles contentent
davantage leurs filles, elles jettent le trouble dans le

cloître en s'y conduisant trop souvent en pays conquis. Elles réclament des droits particuliers, violent la clôture sans vergogne, exigent qu'on prenne en priorité les autres filles dont elles souhaitent se débarrasser. Elles n'hésitent pas à s'inviter même « des semaines et mois aux dépens desdits monastères et de la nourriture des pauvres filles[9] ».

Autre danger, les familles amènent souvent avec elles de jeunes enfants dont la présence dans les cloîtres inquiète encore davantage les autorités religieuses : « Ils feront ressouvenir du monde, dit Fl. Boulenger, peindront des images de vanités par leurs habits, feront perdre le temps au plaisir d'ouïr leur jargon enfantin[10]. » Leur innocence même n'est pas une sauvegarde, car on croit pouvoir se permettre avec eux mille petites infractions à la règle qu'on pense sans conséquence, mais qui introduisent le désordre dans les maisons. Pour les voir plus à leur aise, les religieuses les font passer dans la clôture par le tour ou par la fenêtre du parloir. Elles les prennent dans leurs bras, les embrassent. Leur cœur est séduit et leur sensualité éveillée. Ce point surtout inquiète les autorités religieuses et fait l'objet de fréquentes mises en garde : « Les embrassements des enfants délicats, avertit J.-B. Thiers, les attouchements et chérissements, les baisers qui ensuivent infailliblement, l'entretien des façons enfantines, ne peuvent être des objets de vertu et de perfection, mais trop aisément solliciter les cœurs à des sentiments qui ne sont pas louables[11]. » Car les enfants représentent la tentation par excellence, celle qui prend les apparences de la pureté, de l'ingénuité. Si l'on s'étonne de voir, à leur sujet, la notion de sensualité prise dans un sens aussi large, il ne faut pas oublier que respirer simplement le parfum d'une fleur apparaissait alors comme une action sensuelle très condamnable.

Cette méfiance pouvait prendre des formes particu-

lièrement cruelles quand une religieuse avait été
mariée avant de prendre le voile et que ses propres
enfants lui rendaient visite au parloir. La mère se
croyait d'autant plus obligée à la froideur qu'elle devait
lutter contre un amour plus grand. Quelque temps
après l'entrée de Mlle de La Vallière au Carmel, la
duchesse d'Orléans (la Palatine) lui amena son fils, le
petit duc de Vermandois, qui avait huit ans. Quand
l'enfant vit sa mère, il courut se jeter dans ses bras,
mais elle fit un pas en arrière et le repoussa. Des
années plus tard, à la mort du jeune homme, elle
s'obligea à retenir ses larmes : « Il faut tout sacrifier,
dit-elle à Bossuet, c'est sur moi seule que je dois
pleurer. » Cette inhumanité passait pour de l'héroïsme, mais le point de vue strictement égocentrique
qu'elle suppose a quelque chose de terrifiant. Marie
Guyard, qui devint en religion la célèbre Marie de
l'Incarnation, en donna un autre exemple, peut-être
plus terrible encore : à partir du jour où elle prit la
décision de se consacrer à Dieu, elle ne fit plus aucune
caresse à son fils qui n'avait que deux ans, et ne lui
permit plus de lui en faire. Ce détachement — cette
sécheresse de cœur, oserait-on dire — est cultivé dans
les cloîtres comme le seul moyen de libérer totalement
l'esprit pour le donner à Dieu sans réserve, comme si
les affections s'excluaient les unes les autres, comme si
elles se mesuraient en quantités parcimonieuses qu'il
ne fallait dépenser qu'à bon escient. Que cette économie du sentiment devait pourtant coûter d'efforts aux
esprits scrupuleux qui la croyaient de bonne foi
nécessaire !

N'osant plus regarder les attachements humains que
comme des pièges dressés par le démon sur le chemin
du ciel, les religieuses en viennent trop souvent à se
replier sur elles-mêmes dans une attitude frileuse et
timorée. L'image du monde, que certaines ont à peine
connu, s'estompe avec les années et se déforme. La vie

qui commence à la porte du cloître se présente à leur
imagination comme un tourbillon de plaisirs dangereux qui emporte hommes et femmes et les roule, têtes
folles et cœurs assoiffés de vanités, vers la damnation
éternelle. Elles ne savent plus rien des difficultés du
monde : travail, responsabilités, souci du lendemain,
solitude, pauvreté, espoirs et déceptions, elles ont
oublié ou n'ont peut-être jamais su ce qui fait les
misères mais aussi les grandeurs de la vie quotidienne.
On leur présente la vie que mène à la Cour une poignée
d'aristocrates oisifs comme la seule réalité qui s'oppose
aux rigueurs du monastère : il faut bien justifier les
sacrifices qu'on leur impose. Les fourmis monastiques
regardent avec quelque condescendance les cigales
imprévoyantes qui n'ont pas su prendre une assurance
sur le ciel et gagner leur salut. Le discours qu'on
entretient autour d'elles les conforte dans la certitude
qu'elles constituent une élite choisie par Dieu pour
monter dans l'Arche, pendant que les méchants sont
menacés par le Déluge. Le couvent, leur répète-t-on à
satiété, « est un port assuré d'où l'on voit avec plaisir et
douleur le triste naufrage que font ceux qui se noient
dans le monde [12] », et il n'est pas sûr qu'à ce spectacle,
la douleur ne cède pas au plaisir discret de se savoir
confortablement à l'abri dans le troupeau des élus
marchant vers les pâturages éternels.

Mais ce monde, dont on cherche à leur inspirer une
si triste opinion, n'éprouve qu'un seul désir : forcer
ces portes interdites. Il a fini par accepter la clôture
comme un fait acquis. Mais ne suffit-il pas qu'une
chose soit défendue pour qu'elle en devienne plus
désirable encore ? L'aristocratie du xviiᵉ siècle ne
paraît occupée qu'à briguer des autorisations d'entrée
dans les monastères les plus fermés. Bâtie sur le
principe même des privilèges, la société d'Ancien
Régime ne pouvait d'ailleurs dicter une seule loi pour

tous. Elle devait prévoir tout un système d'exceptions et accorder à quelques-uns ce qui était refusé au plus grand nombre.

Les entrées dans la clôture ont d'autant plus de prix qu'elles sont d'abord un privilège de la famille royale. Les rois, les reines et leurs enfants ont le droit de pénétrer, quand ils le désirent, dans tous les monastères avec les gens de leur suite. Il est vrai que les rois usèrent rarement de ce droit dans les couvents de femmes, sauf Henri IV qui, on l'a vu, aimait fort à courir, comme le dit Agrippa d'Aubigné, « tous ces cloîtres de nonnains », pour des raisons bien éloignées de la dévotion. Pendant le siège de Paris, les belles religieuses de Longchamp, de Maubuisson et de Montmartre en particulier, furent honorées de ses visites : comme il était encore protestant, ces allées et venues entre ces couvents (qu'on appelait alors des « religions ») firent l'objet de nombreuses plaisanteries : « Sire, lui dit un jour le maréchal de Biron, il y a bien des nouvelles. — Et quelles nouvelles ? — C'est que chacun dit à Paris que vous avez changé de religion. — Comment cela ? dit le roi. — Celle de Montmartre à celle de Longchamp [13]. »

Après le Vert Galant, les rois ne fréquentèrent plus guère les couvents, et surtout pas Louis XIV, qui les détestait. Si on vit quelquefois le Régent à Chelles, c'est parce que sa fille, Louise-Adélaïde, en était abbesse et qu'elle l'y attirait par des fêtes superbes, plus dignes d'une résidence princière que d'un monastère : on sait d'ailleurs que les choses de la religion n'intéressait guère le duc d'Orléans et qu'il déclarait volontiers, après la profession de sa fille, qu'il était fort « mal avec son gendre ». Plus tard, c'est encore pour rendre visite à sa fille carmélite, Louise, que Louis XV se rendit fréquemment au Carmel de Saint-Denis : il profitait de son droit d'entrée dans la clôture pour la rejoindre discrètement dans sa cellule où ils pouvaient bavarder plus intimement qu'au parloir. Il y avait même son fauteuil particulier, mais il lui arrivait souvent de s'asseoir plutôt sur le lit de Louise et de plaisanter sur sa dureté.

Les reines, surtout au XVIIᵉ siècle, étaient très assidues dans les couvents : elles les considéraient presque comme des résidences secondaires à leur disposition et faisaient tenir des appartements prêts à les recevoir dans tous ceux où elles avaient leurs habitudes. Comme elles fréquentaient volontiers les ordres les plus rigoureux, ces visites n'étaient pas toujours du goût des religieuses dont elles troublaient la vie régulière. Un jour que Marie de Médicis s'était rendue en grande pompe à Faremoutiers, l'abbesse osa tout simplement refuser de fournir aux cuisiniers royaux ce qu'il fallait pour préparer le repas de Sa Majesté, en espérant que la reine comprendrait ainsi, sans qu'on ait besoin de le lui dire, le dérangement qu'elle causait dans la maison [14]. Les carmélites de la rue Chapon, à Paris, eurent plus de courage : Anne d'Autriche, qui leur rendait trop souvent visite à leur gré, se plaignit un jour de ne pas voir parmi elles une religieuse qu'elle aimait beaucoup, la mère Marguerite du Saint-Sacrement, une des filles de Mme Acarie. La religieuse, que sa petite taille dissimulait derrière ses compagnes, sortit alors du groupe et s'avança vers la reine en lui disant bravement : « Madame, si j'osais, je ferais une représentation à Votre Majesté. Elle nous fait sans doute plus d'honneur que nous ne méritons lorsqu'elle prend la peine de venir nous visiter ; mais si elle connaissait l'impression que fait sur notre esprit l'éclat qui accompagne sa présence, et le temps qui nous est nécessaire pour revenir de cette impression, je pense qu'elle aurait la bonté de nous laisser dans notre solitude [15]. » Anne d'Autriche s'efforçait pourtant de rester discrète et de gêner le moins possible les habitudes des communautés qu'elle visitait. A Jouarre, elle disait toujours à l'abbesse, Jeanne de Lorraine, dès qu'elle voyait une religieuse entrer dans la pièce où elles se tenaient : « Madame, allez, car voilà une de vos filles qui a besoin de vous. » Quand l'heure du travail sonnait, elle l'accompagnait dans la salle de communauté et se mettait à l'ouvrage, comme une simple religieuse [16].

On sait surtout l'amitié profonde qui liait Anne d'Autriche et Marguerite d'Arbouze, la réformatrice du Val-de-Grâce : cette amitié datait du premier jour où elles s'étaient rencontrées. La reine, qui assistait à la cérémonie de sa bénédiction, fut frappée par la simplicité et par l'émotion de la jeune abbesse et conçut immédiatement pour elle une grande estime. Elle favorisa la translation de l'abbaye de Bièvre-le-Chastel à Paris, et acheta elle-même l'hôtel du Petit-Bourbon, situé au faubourg Saint-Jacques, pour y fonder le nouveau Val-de-Grâce. C'est d'ailleurs dans l'appartement qu'elle s'y était fait aménager qu'eut lieu, en août 1637, la fameuse perquisition ordonnée par Richelieu pour découvrir des preuves de ses intrigues politiques. Jusqu'à la fin de sa vie, le Val-de-Grâce resta son couvent, presque sa famille. Elle demanda qu'après sa mort, son cœur y fût déposé, disant : « Il y a longtemps que j'ai donné mon cœur ; et celles qui l'ont possédé pendant ma vie l'auront encore après ma mort. » Vers la fin de sa vie, elle se rendait aussi chez les carmélites de la rue du Bouloi qui « avaient plus d'esprit, savaient plus de nouvelles et étaient plus proches du Louvre, et comme sa santé baissait, la commodité lui faisait aimer les lieux où elle la trouvait. La reine [Marie-Thérèse d'Autriche] y alla avec elle au commencement ; elle s'y accoutuma à cause de la supérieure qui parlait espagnol ; ce fut son couvent [17] ». C'est ainsi que les carmélites jouèrent à leur tour un rôle important dans les intrigues de la Cour : leurs parloirs discrets savaient bien des secrets, et servaient souvent de retraite commode pour conclure des alliances ou régler des affaires sans témoin.

Après les membres de la famille royale, le droit d'entrée dans la clôture est traditionnellement accordé aux « fondateurs » et aux « fondatrices » des monastères, c'est-à-dire à ceux qui ont contribué financièrement à son établissement. Plus que d'un véritable droit (puisqu'il a été en fait condamné par le concile de Trente), il s'agit plutôt d'une tolérance fondée sur la coutume. Les couvents ont d'ailleurs tout intérêt à conserver cet usage qui leur apporte des secours financiers indispensables. Un ordre nouveau comme la Visitation va jusqu'à réglementer officiellement cette pratique : pour mériter leur titre et jouir des droits qui lui sont attachés, précise son coutumier, les fondateurs et fondatrices « doivent donner une maison ou de quoi en avoir une commode pour la chapelle et le logement des sœurs, et moyens de les entretenir à tout le moins jusqu'à ce qu'elles aient suffisamment d'ailleurs, selon la prudence des supérieurs et les rencontres ou occasions. Quand la nécessité requiert, l'on peut permettre que deux ou trois personnes au plus contribuent pour effectuer ce bon œuvre ». En récompense, on fera pour eux chaque année une communion générale, et ils pourront, s'ils le désirent, se faire enterrer dans l'église du couvent. Mais surtout, ils obtiendront le privilège le plus envié, celui d'entrer dans le monastère « en tout temps » : les fondatrices pourront même « y demeurer, manger et coucher, même avec une de leurs filles ».

Les personnes qui ne sont pas assez riches pour doter aussi largement une maison peuvent faire simplement don d'une « somme notable » qui procure, avec le titre plus modeste de « bienfaiteurs » ou « bienfaitrices », des droits comparables à ceux des fondateurs, excepté que l'autorisation d'entrée doit être demandée chaque fois aux supérieurs de la maison et qu'elle est limitée à une seule personne non accompagnée[18]. Les couvents en profitent assez souvent pour monnayer impudemment une sorte de droit d'entrée proportionné à la somme qui leur est remise : J. Éveillon parle avec indignation des religieuses de certaines maisons qui, « pour considération de quelque somme d'argent notable que leur donnera une femme sous couleur de dévotion ou pour accroissement de dot de sa fille, outre la condition du [sic] dot ordinaire, attribuent à cette femme la qualité de fondatrice ou bienfaitrice, par ce moyen, privilège d'entrer dans la clôture quand il lui plaira, ou quoi que ce soit, nombre de fois par an[19] ». Au XVIIe siècle, il est devenu de très bon ton d'avoir ses entrées libres dans un couvent que l'on paraît protéger. Y disposer d'une chambre toujours prête et s'y retirer régulièrement font partie de ces privilèges qui vous haussent au-dessus du commun et que les gens du monde sont prêts à payer fort cher. Ceux qui ne parviennent pas à les obtenir assaillent les autorités ecclésiastiques d' « importunes supplications » pour leur extorquer du moins quelques-unes de ces autorisations d'entrée enviées[20].

Même les couvents sérieux, qui n'appréciaient guère ces intrusions, devaient s'y résigner, car ils avaient grand besoin des dons et de la protection des grands pour survivre. Malheureusement pour eux, les femmes du monde qui pénétraient dans les monastères s'y conduisaient souvent moins « honnêtement et dévotement » que « confusément et tumultuairement », comme le déplore J.-B. Thiers[21]. Habituées au bruit, elles parvenaient difficilement à se contraindre à la discrétion dans ces lieux de silence. Une lettre de Mme de Sévigné à sa fille montre Mme de Montespan se comporter avec orgueil et sans-gêne dans le Carmel de la rue Saint-Jacques, un jour qu'elle y accompagnait la reine Marie-Thérèse. En rencontrant son ancienne rivale, Mlle de La Vallière qui y avait fait profession, elle l'apostropha avec insolence : « Tout de bon, êtes-vous aussi aise qu'on le dit ? — Non, lui dit Mlle de La Vallière, je ne suis point aise, mais je suis contente. » Mme de Montespan, que cette réponse ne satisfit pas, lui demanda encore cruellement si elle n'avait rien à faire dire au roi : « Tout ce que vous voudrez, Madame, tout ce que vous voudrez », lui répondit doucement Mlle de La Vallière. Mécontente, Mme de Montespan tourna les talons et se rendit à la cuisine ; « elle donna une pièce de quatre pistoles pour acheter ce qu'il fallait pour une sauce qu'elle fit elle-même et qu'elle mangea avec un appétit admirable[22] ». Il y avait de la provocation dans ce geste, et un désir de heurter l'austérité des carmélites ; mais cette sauce n'avait-elle pas surtout le piquant d'avoir été mitonnée dans le lieu même où l'on cuisait le pain de la pénitence ?

Le séjour des femmes du monde dans les monastères et les perturbations qu'elles peuvent y apporter ont été décrits avec sa verve habituelle par Fl. Boulenger, qui dut en être souvent le témoin scandalisé dans les couvents dont il était le confesseur attitré : « Si elles y demeurent peu, d'autant se faut-il hâter (ayant un peu prié Dieu à l'église, en la regardant çà et là) de courir pour voir toute la maison, étant pour cela qu'on entre ; envoyer quérir celle-ci et celle-là [des religieuses] pour les voir, quoique bien empêchées à leurs offices. Et si elles sont trois ou quatre [dames] entrées, la moitié des religieuses n'est point trop pour les entretenir, et ramasser quand il faut sortir. » Si ces dames se sont invitées dans la maison pour plus longtemps, « c'est redoublement de fatigues et troubles aux religieuses à les entretenir, ouïr des contes à pertes de vue : plaintes de maris, d'enfants, servants et autres affaires qu'elles ont ; et parler du tiers et du quart, y enveloppant mille questions : " Pourquoi ceci ou cela ? Que veut dire qu'une telle sœur a fait ceci et l'autre cela ? Celle-là s'est baissée trop haut, et celle-ci a chanté si bas. " »

Si leur séjour dure plusieurs jours, « c'est surabondance de troubles et inquiétudes, et dire adieu paix, repos et tout ordre. Car il faut des jours auparavant leur entrée pour préparer les chambres, et possible les tapisser, ou au moins les accommoder et entourer la couche et orner la chambre, retarder souvent l'office divin et la sainte messe pour les attendre, et par suite bouleverser toutes les actions et exercices réguliers, pour ce qu'étant heurés [obéissant à un horaire], on ne peut retarder un sans prendre sur l'autre ». Une fois que ces dames sont enfin installées, « il faut deux ou trois moniales à chacune, tant pour les assister que pour être l'ordonnance de religion ; et il en faut de relais pour changer. S'il leur prend envie de manger au réfectoire, se levant tard, il faut attendre et retarder la réfection, ce qui ne fait point peu de peine à ces pauvres filles, lesquelles, quoique levées matin, n'auront mangé depuis vingt-quatre heures. Étant au réfectoire, et ne se pouvant garder de parler, ou il faut cesser la lecture, ou l'entendre qui pourra. Si elles mangent en leurs chambres, c'est un autre monde d'affaires, auquel cestui-ci a peine à fournir, tant au service qu'à leur donner quantité de sœurs ou mères pour les entretenir et deviser jusqu'à neuf ou dix heures du soir, car n'ayant accoutumé de se coucher plus tôt, et les laisser sans moyen de parler, c'est les bourreler et mettre à la géhenne[23] ». Le surcroît de travail que ces visites occasionnaient pour les religieuses, déjà bien occupées par leurs tâches régulières, les leur faisait redouter malgré les distractions qu'elles pouvaient y trouver. Surtout qu'il fallait davantage s'efforcer de satisfaire la curiosité de ces dames, qu'attendre d'elles intérêt ou compassion. Car n'était-ce pas finalement leur insatiable curiosité, plus encore que le snobisme, qui poussait les gens du monde à chercher si ardemment à pénétrer dans la clôture ? Les visiteuses décrites par Poncher, regardant les religieuses comme des bêtes curieuses, parcourant la maison avec une hâte fébrile et posant mille questions, témoignent surtout d'un désir passionné de « voir ». Elles ne pensent encore qu'à elles-mêmes, toutes à leur stupéfaction, et peut-être à leur déception, de se trouver dans des lieux interdits et de ne rien y rencontrer d'extraordinaire. Ce n'est qu'après leur sortie du monastère, quand elles auront repris leurs esprits, qu'elles songeront à faire parade auprès de leurs amis de leur autorisation d'entrée, extorquée à quelque évêque complaisant sous prétexte de dévotion.

L'instauration de la clôture est encore trop récente pour ne pas avoir provoqué un immense mouvement de curiosité dans la société. Tous, riches et pauvres, nobles et bourgeois, rêvent de jeter un coup d'œil derrière ces hauts murs, dans ces bâtiments silencieux qui semblent peuplés de fantômes. Le silence et l'invisibilité des religieuses a quelque chose d'irritant, comme un mystère qui ne voudrait pas se laisser percer.

S'il est impossible d'obtenir le droit d'entrée convoité, on tente parfois de satisfaire sa curiosité par la ruse ou la surprise. Les couvents ont l'habitude de ces intrusions indiscrètes mais sans malice. On dresse une échelle contre le mur d'enceinte, on soudoie le portier ou le jardinier pour se glisser quelques instants en terrain défendu. On profite d'une visite à une parente religieuse pour s'introduire dans des lieux réguliers et les parcourir rapidement avant d'en être évidemment rapidement chassé. Le prince de Ligne lui-même se serait déguisé en chanoinesse pour pénétrer dans la chapelle d'un couvent de capucines et y assister à la profession d'une jeune fille dont il avait entendu parler[24]. Le père Boulenger parle de femmes (probablement du peuple) qui se munissent d'une « hotte ou autre instrument de travail », entrent dans la clôture « sous prétexte d'ouvrière » et vagabondent dans la maison pour la voir tout à leur aise [25]. Les jeunes filles, invoquant une prétendue vocation religieuse qu'elles veulent mettre à l'épreuve, demandent à passer quelques jours dans une communauté « afin, dit l'abbé Thiers, d'observer ce qui s'y passe, et de voir de quelle manière on y vit, quel est leur esprit, si elles [les religieuses] vivent en bonne intelligence les unes avec les autres, si elles sont bien ou mal nourries, si leurs maisons sont bien réglées, si leurs bâtiments sont bien pris, s'ils sont commodes [26] ». Toutes questions qui paraissent d'un intérêt bien mince, mais qui s'exaspéraient de rester sans réponse.

C'est peut-être cette intense curiosité et cette attente déçue qui expliquent en partie le succès du thème de la religieuse et du couvent dans la littérature du XVIIIe siècle. Au moment où l'on cesse de fantasmer sur les lieux claustraux réels, parce qu'on s'est résigné à comprendre qu'il ne s'y passait rien, l'intérêt qu'ils ont suscité trouve refuge dans l'imaginaire. Transposés dans l'espace romanesque, les couvents ne décevront plus : ils deviennent les lieux espérés de toutes les turpitudes et de toutes les passions du cœur. Des religieuses abandonnées y pleurent leurs amants volages, des supérieures perverses séduisent ou martyrisent d'innocentes novices, des jeunes gens hardis s'y introduisent à minuit pour enlever leurs maîtresses. Des *Illustres Françaises* de Robert Chasles aux héroïnes du théâtre révolutionnaire, en passant par *La Vie de Marianne* de Marivaux et bien sûr par *La Religieuse* de Diderot, les religieuses galantes ou persécutées font recette. Elles sont la revanche d'une réalité quotidienne qui n'était ni plus rose ni plus sombre, mais tout simplement plus terne que le rêve.

CHAPITRE XII

Prisons ou hôtels ?

On sait qu'au cours du XVIIe siècle, les activités
charitables prirent un essor remarquable dans la
société. Il semblait que les mieux nantis ouvraient
enfin les yeux sur la détresse du peuple des villes et des
campagnes. Ces bonnes intentions n'obéissaient pas
seulement à des sentiments de pitié pour l'humanité
souffrante, mais aussi à un besoin d'ordre moral, et
cette aide aux plus démunis se doublait trop souvent
d'une intense propagande religieuse. La pauvreté
dérange la société, elle la menace, elle l'inquiète. En
échange des soins donnés, on exigeait des pauvres
l'accomplissement de leurs devoirs de piété et l'approche des sacrements. On s'attachait à sauver les
âmes autant qu'à secourir les corps. La charité était
plus que jamais l'affaire de la religion.

S'ils n'étaient pas à l'origine de toutes les initiatives
de bienfaisance, les ordres monastiques en étaient
l'âme. De tout temps, l'assistance aux pauvres et aux
malades avait été considérée comme leur domaine
privilégié. La première moitié du siècle voit donc
naître une multitude d'ordres nouveaux qui souhaitent
se dégager des contraintes de la clôture pour mieux
répondre à ces nouvelles formes d'apostolat. Malgré
leurs réticences, les autorités civiles et religieuses sont
obligées d'accepter la création de nombreuses congré-

gations féminines non cloîtrées, comme les Filles de la Charité de saint Vincent de Paul, les filles de la Croix, celles de Saint-Thomas-de-Villeneuve, les Dames de l'Union chrétienne de Saint-Chaumond, etc., plus orientées vers la vie active que contemplative.

Cette exigence de service, qui caractérise la vie religieuse du XVIIᵉ siècle, influence jusqu'aux moniales cloîtrées qui se découvrent elles aussi un rôle à jouer au sein de la société de leur temps. Il s'agit pour elles non seulement de répondre à ce mouvement général d'ouverture au monde, mais aussi de trouver de nouveaux moyens de subsistance face à une situation souvent difficile. Charité et nécessité s'allient pour les entraîner hors des voies purement contemplatives. L'éducation des enfants, dont nous parlerons dans le chapitre suivant, est l'exemple même de ces activités nouvelles qui leur permettent de concilier leur vocation et leurs intérêts matériels. Certaines maisons, en ouvrant un pensionnat pour les jeunes filles riches et une école gratuite pour les enfants pauvres du quartier, sauront d'ailleurs mener de front ces deux impératifs.

Parmi ces activités, il en est une que le pouvoir royal souhaite particulièrement encourager parce qu'elle correspond pour lui à un besoin pressant, c'est celle de maisons de détention. Les prisons, les maisons de force sont en nombre très insuffisant dans le royaume, et il est difficile d'y enfermer des femmes « de condition » ou des religieuses coupables. Par ailleurs, les lettres de cachet vont proliférer avec l'instauration d'un pouvoir plus fort. Il devient urgent de trouver de nouvelles structures d'accueil commodes et absolument sûres. Depuis longtemps déjà, les monastères servaient occasionnellement de prisons, non seulement pour les gens d'Église mais aussi pour les gens d'un certain rang. Des pressions sont donc exercées sur bon nombre de communautés, d'ailleurs souvent réticentes, pour qu'elles acceptent de recevoir des « pensionnaires » forcées, moyennant une pension versée par les familles. Dans l'esprit du temps, la punition de la faute et la conversion des méchants ne reviennent-elles pas de droit aux institutions de l'Église ?

Pour les femmes, des ordres spécialisés, non cloîtrés, se chargent des cas les plus difficiles : prostituées ou véritables délinquantes... À Paris par exemple, la plupart de ces maisons sont tenues par les religieuses de la congrégation de Saint-Thomas-de-Villeneuve (qui dirigent Sainte-Pélagie, les Filles pénitentes du Sauveur, le Bon Pasteur) ou les Dames de Saint-Michel (qui ont un établissement célèbre rue des Postes). La maison de l'ordre de la Madeleine (familièrement appelée « les Madelonnettes » par le peuple de Paris) se trouva exceptionnellement confiée à des visitandines, puis à des ursulines : destinée à accueillir des femmes de mauvaise vie repenties, mais en fait souvent enfermées de force, c'était une maison trop dure à tenir pour des contemplatives qui finirent par l'abandonner aux mains plus expérimentées des fameuses Dames de Saint-Michel.

Les couvents cloîtrés se contentent en général de recevoir des femmes de la bonne société enfermées par lettres de cachet pour adultère, ou des folles peu dangereuses. L'abbé Thiers, qui tolère que les religieuses jouent le rôle de geôlières de femmes adultères, trouve à redire qu'elles accueillent aussi des aliénées, occupation qui, de nos jours, paraîtrait au contraire plus charitable que celle de gardiennes de prison[1]. Mais les folles comme les femmes coupables sont envoyées dans les couvents par lettres de cachet, et les religieuses n'ont guère leur mot à dire sur la question.

En mars 1656, Ninon de Lenclos fut ainsi conduite aux Madelonnettes par ordre d'Anne d'Autriche, parce qu' « on l'accusait, dit Tallemant des Réaux, de jeter la jeunesse de la Cour dans le libertinage ». En apprenant son emprisonnement, les jeunes gens s'agitèrent, parlèrent fortement d'aller attaquer le couvent pour la délivrer, et l'on dut envoyer « le guet faire la patrouille toute la nuit. Une autre fois, on assura que des cavaliers fort dorés avaient, d'une maison voisine, pris la hauteur des murs du couvent ». Devant une telle émotion, la reine dut céder et exiler Ninon dans une maison moins sévère, le couvent de la Conception de Saint-Joseph de Lagny, où la célèbre courtisane reçut tant de visites « qu'elle enrichit l'hôte de l'Épée royale [2] ».

Forcée ou volontaire, la retraite dans un couvent est très souvent aussi le sort des favorites royales exilées de la Cour. Le cas de Mlle de La Vallière est particulier, puisqu'elle eut elle-même la vocation du Carmel. Sa rivale, Mme de Montespan, après avoir été supplantée par Mme de Maintenon, eut la sagesse de choisir le couvent qu'elle protégeait depuis longtemps, celui des Filles de Saint-Joseph, rue Saint-Dominique ; elle y recevait en reine déchue tous ses anciens amis de la Cour, et même des membres de la famille royale. Elle en sortait d'ailleurs librement pour aller prendre les eaux à Bourbon-l'Archambault, ou pour rendre visite à sa sœur Gabrielle qui était abbesse de Fontevrault. En revanche, c'est en véritable prisonnière que Mme du Barry fut conduite à l'abbaye du Pont-aux-Dames, en mai 1774, quelques jours après la mort de Louis XV. La cage était dorée, car les religieuses mirent à sa disposition un vaste bâtiment où elle s'installa confortablement avec une nombreuse domesticité, mais c'était une vraie cage. Pendant presque un an, elle n'eut ni l'autorisation de sortir de l'abbaye, ni celle d'y recevoir des visites. Mais cette jeune femme qui aimait tant plaire sut facilement gagner le cœur des religieuses, et elle lia avec certaines d'entre elles des amitiés qui durèrent longtemps après son retour dans le monde.

Les couvents servaient plus ordinairement de prison pour les femmes coupables d'adultère. On sait avec quelle facilité un mari trompé pouvait faire enfermer sa femme par lettre de cachet. De tels cas, fréquents dans la bourgeoisie, la robe et la noblesse de province, étaient plus rares dans la noblesse de Cour, pour qui la fidélité conjugale était plus un ridicule qu'une vertu. L'affaire de Mme de Stainville, belle-sœur du duc de Choiseul, fit donc grand bruit sous le règne de Louis XV. Cette jeune et jolie femme, de vingt-cinq ans plus jeune que son mari, menait la vie fort libre des femmes de la Cour sans que son mari ait jamais semblé en prendre ombrage jusqu'au jour où elle conçut une violente passion pour l'acteur Clairval. Malgré les précautions qu'elle prit, leur liaison s'ébruita et M. de Stainville finit par l'apprendre lui-même en revenant de l'armée. Il obtint sur-le-champ du roi une lettre de cachet, et, le lendemain de son arrivée, il conduisit sa femme au couvent des Filles de Sainte-Marie de Nancy où elle resta enfermée jusqu'à la fin de sa vie. Les contemporains blâmèrent unanimement la cruauté de M. de Stainville, mais on savait que ce n'était pas tant l'infidélité de sa femme qu'il avait voulu punir, que la déchéance sociale, véritable opprobre dont elle avait couvert son nom.

Ce rôle de prison, les couvents durent aussi le jouer dès le début du XVIIe siècle dans la lutte menée par le pouvoir contre les protestants. Bien avant la révocation de l'Édit de Nantes, les enlèvements et les séquestrations d'enfants dans des maisons religieuses étaient déjà courants. Des ordres religieux non cloîtrés, comme les Nouvelles Catholiques, ou l'Union chrétienne de Saint-Chaumond, furent créés tout exprès pour instruire les « nouvelles converties » ou obtenir la conversion des protestantes qu'on y enfermait. Mais les ordres cloîtrés furent, eux aussi, mis à contribution

Les ursulines, en particulier, furent souvent sollicitées pour recevoir des enfants de protestants. Leur spécialisation dans l'enseignement, leurs statuts proches des ordres séculiers, leur implantation dans toute la France et surtout dans les régions du Sud plus touchées par le protestantisme, les désignaient comme des auxiliaires précieuses pour le pouvoir. Mme de Maintenon a souvent parlé du séjour qu'elle fit dans son enfance chez les ursulines de Niort, puis chez celles de la rue Saint-Jacques à Paris. Elle reconnaissait d'ailleurs que ces religieuses eurent assez d'intelligence pour ne pas heurter de front ses opinions religieuses et pour ne pas l'obliger à des pratiques vides de sens pour elle. C'étaient dans l'ensemble des filles sans méchanceté, et la jeune Françoise d'Aubigné ne fit pas de difficulté pour revenir, sous leur patronage, dans le sein de l'Église catholique. Les ursulines se conduisaient avec les jeunes protestantes qui leur étaient confiées selon les mêmes principes qui les guidaient dans l'éducation des enfants catholiques : elles s'efforçaient de les gagner « par raisons et par douceur, sans dispute et sans rigueur », et surtout de s'en faire aimer avant de les endoctriner, sachant quelle arme puissante peut être l'affection sur le cœur d'un enfant.

Comme beaucoup d'autres maisons, les couvents d'ursulines durent aussi accepter de recevoir comme prisonnières des protestantes qui refusaient d'abjurer. À une époque où se commirent tant d'atrocités au nom du salut des âmes, les témoignages sont nombreux à reconnaître que les religieuses accomplirent souvent cette tâche ingrate avec une relative humanité. La jeune Anne de Chauffepié, enfermée en 1685 chez les mêmes ursulines de Niort qui avaient reçu Mme de Maintenon enfant, reconnaît dans son Journal qu'elle y fut traitée avec douceur, et même avec une véritable amitié : « Après quinze jours de séjour parmi elles, j'eus le bonheur d'en être aimée et d'avoir plus de liberté dans la maison que d'abord ; et comme elles virent que je n'en voulais point abuser, elles ne craignirent point de me laisser prendre tous les petits plaisirs que je pouvais trouver dans ce lieu-là, par la promenade de leur jardin et par une société libre avec les religieuses et avec les pensionnaires avec qui je mangeais [3]. » Deux mois plus tard, on la changea de couvent : la supérieure « vint elle-même me donner cet avis, avec des larmes de douleur et des paroles pleines de tendresse ; tout ce qu'il y avait de religieuses et de pensionnaires dans la maison me sollicitèrent par tout ce qu'elles purent imaginer de plus fort et de plus pressant, de plus doux et de plus redoutable, à changer de sentiments, ou à demander du temps pour penser à ce que j'avais à faire [4] ».

Les ursulines de Niort ne sont pas une exception. Des compagnes d'Anne de Chauffepié envoyées dans des couvents de Fontenay-le-Comte et de La Rochelle y « furent traitées à peu près de la même façon ». Elle-même, transférée à l'abbaye d'Arsisse, y fut reçue par la communauté « avec beaucoup d'honnêteté et des marques de bonté ». Trouvant trop durs les ordres portés sur la lettre de cachet, la supérieure prit sur elle de ne pas les appliquer avec exactitude, et autorisa la jeune fille à fréquenter les religieuses au lieu de la tenir au secret comme elle aurait dû le faire. Elle lui permit aussi d'écrire à ses parents et d'en recevoir des lettres. « Cette charitable fille », comme l'appelle Anne, s'efforça enfin de lui accorder « toutes les petites douceurs qui ne dépendaient que d'elle uniquement [5] ».

Les femmes en situation délicate dans le monde trouvent aussi dans les couvents des asiles commodes quand, de bon ou de mauvais gré, elles doivent prendre quelque distance avec leur famille ou leur milieu habituel. C'est le cas de celles qui, après un scandale, ont besoin de se refaire une réputation ; des femmes soupçonnées d'adultère par leur mari, qui appréhendent des violences de leur part ; des filles qui veulent se marier contre le gré de leurs parents ou qui refusent le prétendant qu'on leur propose, et que les juges envoient dans des couvents en attendant la fin de leur procès ; des femmes en instance de séparation, ou déjà séparées de leur mari.

La séparation, plus encore que le veuvage, impose en effet cette sorte de réclusion. Louis XIV lui-même veillera toujours à ce que les dames de son entourage se conforment à cette règle, même quand elles sont du plus haut rang. Lorsque la grande-duchesse de Toscane, une fille de Gaston d'Orléans, revint en France après avoir quitté son mari, elle choisit comme retraite l'abbaye de Montmartre, où son mari fit construire « une maison fort belle » pour elle et ses gens. À son grand déplaisir, le roi lui interdit d'en sortir trop souvent, et la faisait renvoyer de Versailles quand elle s'y attardait, « parce qu'il avait promis à M. le grand-duc qu'elle ne sortirait point[6] ».

Une autre grande dame, Hortense Mancini, la plus belle des nièces de Mazarin, dut, elle aussi, se retirer dans un couvent en attendant l'issue du procès qu'elle avait intenté pour se séparer de son mari. Celui-ci choisit pour elle l'abbaye de Chelles, mais comme il trouvait que sa femme n'y était pas assez sévèrement gardée, il obtint du roi de l'envoyer chez les religieuses de Sainte-Marie de la Bastille qui la traitèrent en véritable prisonnière. Pour se venger de leurs tracasseries, Hortense et l'une de ses amies, la belle Mme de Courcelles, s'amusèrent à faire aux religieuses « quelques plaisanteries » qui furent rapportées à la Cour : « On en fit, raconte-t-elle dans ses *Mémoires*, cent contes ridicules au roi : que nous mettions de l'encre dans le bénitier pour faire barbouiller ces bonnes dames, que nous allions courir par le dortoir pendant leur premier somme avec beaucoup de petits chiens en criant *Tayaut*. [...] Il est encore vrai que sous prétexte de nous tenir compagnie, on nous gardait à vue. On choisissait pour cet office les plus âgées des religieuses, comme les plus difficiles à suborner ; mais ne faisant autre chose que nous promener tout le jour, nous les eûmes bientôt mises toutes sur les dents l'une après l'autre ; jusque-là que deux ou trois se démirent le pied pour avoir voulu s'obstiner à courir avec nous [7]. »

Pendant les deux siècles qui précèdent la Révolution (et au XIXᵉ siècle encore), les couvents vont surtout rendre d'immenses services en offrant un asile à celles qui, pour une raison ou pour une autre, se trouvent privées de la protection d'un mari. A une époque où la vie est difficile pour les femmes seules, la retraite dans un couvent leur permet de conserver une certaine indépendance tout en mettant leur réputation à l'abri. Les orphelines, les célibataires, les veuves, les femmes dont le mari est en voyage, retrouvent en louant un appartement à des religieuses, une liberté dont elles n'auraient pas joui si elles avaient dû rester dans le monde sous la tutellle de leur famille.

Sans le chercher le moins du monde, les couvents ont donc beaucoup fait pour procurer aux femmes un nouveau statut social et le droit à une certaine indépendance dans la dignité. Ils n'y voyaient, quant à eux, qu'un moyen de s'assurer des revenus nécessaires. Bon nombre d'entre eux possédaient, en dehors de la clôture proprement dite, des bâtiments dont ils louaient des chambres ou des appartements. Selon les cas, les femmes y menaient une vie en partie monastique ou complètement séculière, comme la riche Mme Tambonneau, veuve d'un président à la chambre des comptes, dont Saint-Simon dit que, s'étant retirée dans sa vieillesse dans la maison des Enfants trouvés, elle y fut suivie « par ses amis et visitée de la meilleure compagnie de la Cour et de la ville qui avait accoutumée de la voir chez elle ».

À Paris, louer une simple chambre dans un couvent pouvait coûter au XVIIIᵉ siècle entre 50 et 150 livres par an. Un appartement revenait entre 200 et 800 livres, mais les plus fastueux pouvaient atteindre 1 200 livres. Les femmes devaient payer en outre une pension pour leur nourriture et leur entretien : à Paris toujours, cette pension était en général de 500 livres par an pour Madame et de 300 pour sa femme de chambre. Il était rare qu'elle excède 1 000 livres, même dans les maisons les plus en vogue. Ces prix, inaccessibles aux gens du peuple, étaient déjà abordables pour de bonnes bourgeoises pourvues de quelque revenu. Certains couvents, comme ceux des carmélites, proposaient un système un peu différent, plus proche de la vie religieuse : « Les dames qui veulent s'y retirer, dit Jèze, peuvent y entrer pourvu qu'elles donnent pour dot quinze à vingt mille livres, et qu'elles portent l'habit de religieuse [8]. » C'était à peu près se faire religieuse, sans prononcer de vœux ni s'astreindre à la règle trop rigoureusement.

De nombreux Mémoires du temps ont laissé des témoignages sur la vie à la fois indépendante et communautaire que les dames pensionnaires menaient à l'ombre paisible des cloîtres. Mme de Genlis a raconté les mois délicieux qu'elle passa dans l'abbaye d'Origny où son mari, qui devait reprendre son service de colonel dans l'armée, la laissa le temps d'un hiver : « Je pleurai beaucoup, dit-elle, en me séparant de M. de Genlis, et ensuite je m'amusai infiniment à Origny. » Si bien que quand son mari revint l'y chercher, elle le supplia de l'y laisser encore quelque temps, demande à laquelle il opposa cependant un refus « sec et positif ». Les religieuses, qui l'aimaient beaucoup, firent preuve durant son séjour d'une indulgence maternelle pour ses caprices de jeune femme : « J'avais un joli appartement dans l'intérieur du couvent, j'y étais avec une femme de chambre, j'avais un domestique qui logeait avec les gens de l'abbesse dans les logements extérieurs ; je mangeais à la table de l'abbesse qui faisait fort bonne chère. Nous étions servies par deux sœurs converses. On m'apportait mon déjeuner dans ma chambre. [...] Je jouais souvent de la harpe chez madame l'abbesse, je chantais des motets dans la tribune de l'église, et je faisais des espiègleries aux religieuses : je courais les corridors la nuit, c'est-à-dire à minuit, avec des déguisements étranges, communément habillée en diable avec des cornes sur la tête et le visage barbouillé ; j'allais ainsi réveiller les jeunes religieuses ; chez les vieilles que je savais bien sourdes, j'entrais doucement, je leur mettais du rouge et des mouches sans les réveiller. Elles se relevaient toutes les nuits pour aller au chœur, et l'on peut juger de leur surprise lorsque, réunies à l'église, s'étant habillées à la hâte sans miroir, elles se voyaient ainsi enluminées et mouchetées [...] Pendant tout le carnaval, je donnai chez moi, avec la permission de l'abbesse, des bals deux fois la semaine. On me permit de faire entrer le ménétrier du village, qui était borgne et qui avait soixante ans. [...] Mes danseuses étaient les religieuses et les pensionnaires ; les premières figuraient les hommes, et les autres les dames. Je donnais pour rafraîchissements du cidre et d'excellentes pâtisseries faites dans le couvent. J'ai été depuis à de bien beaux bals, mais certainement je n'ai dansé à aucun d'aussi bon cœur et avec autant de gaieté[9]. »

Dans l'abbaye de Longchamp, où les religieuses et les pensionnaires mènent plus joyeuse vie encore, les jeunes gens se rendent en bande et apportent des volailles et du gibier pour improviser des dîners fins avec les demoiselles « guimpées et non guimpées ». « Pour varier les plaisirs, dit un rapport de police en 1768, ces messieurs s'assemblaient assez souvent dans les parloirs et y jouaient des comédies, au grand contentement des jeunes religieuses et des pensionnaires. » Un certain Descau, élève de l'Académie de peinture et amant d'une jeune pensionnaire de l'abbaye, avait même installé son atelier dans la chambre de sa maîtresse. Il y peignit à son aise « tous les jolis minois encloîtrés » jusqu'à ce qu'elle s'aperçoive de son infidélité et le congédie en le priant « d'aller faire le mélange de ses couleurs dans d'autres lieux ».

La liste des pensionnaires qui y séjournent à cette époque montre l'extrême diversité de leur situation, de leur âge et de leur fortune. On y trouve évidemment beaucoup de vieilles filles : comme cette Mlle Vion, « fille de condition de la basse Normandie », qui, à quatre-vingts ans, « a le caractère si gaillard qu'elle met toute la jeunesse du couvent en gaieté et en belle humeur », ou une certaine Mlle de Busincourt, un basbleu philosophe, qui a reçu de la Cour une pension de 150 livres pour avoir dédié à la reine un ouvrage sur l'*Éducation des jeunes demoiselles*. On y remarque aussi quelques veuves d'un âge respectable, comme cette Mme de Bussy-Arion qui s'est réfugiée à Longchamp avec sa jeune bru pour fuir les brutalités de son fils. Mais la plupart des pensionnaires sont des jeunes filles qui, en attendant un mari, trompent l'ennui de leur réclusion en ne songeant « qu'à se régaler et à se réjouir [10] ».

Aucun couvent n'accueillit pourtant de pensionnaire plus surprenant que le prieuré des bénédictines de la Madeleine du Traisnel, à Paris, où l'ancien ministre et garde des Sceaux, Marc-René Le Voyer de Paulmy, marquis d'Argenson, se retira après la mort de sa femme en 1719. « Sa retraite, dit Saint-Simon, fut sans exemple. Ce fut dans un couvent de filles dans le faubourg Saint-Antoine, qui s'appelle la Madeleine du Traisnel, où il s'était accommodé depuis longtemps un appartement dans le dehors qu'il avait rendu beau et complet, commode comme une maison, où il allait tant qu'il pouvait depuis de longues années. Il avait pro-

curé, même donné beaucoup à ce couvent, à cause
d'une Madame de Veini qui en était supérieure, qu'il
disait sa parente, et qu'il aimait beaucoup. C'était une
personne fort attrayante, et qui avait infiniment d'esprit, dont on ne s'est pas avisé de mal parler. » C'était
pourtant une amitié bien extraordinaire que celle qui
lia pendant une partie de leur vie deux êtres aussi
dissemblables qu'un ministre et la supérieure d'un
couvent. Amitié ou amour ? Quoi qu'en dise Saint-
Simon, cette étrange liaison faisait beaucoup jaser dans
Paris. D'autant plus que, méprisant toutes les convenances, Mme de Veini d'Arbouze de Villemont n'hésitait pas à abandonner son couvent, du vivant de
Mme d'Argenson, pour courir au chevet de son ami
quand elle le savait malade. A partir du jour où il alla
vivre auprès d'elle à la Madeleine du Traisnel, d'Argenson n'en sortit plus que très rarement jusqu'à sa
mort, en 1721. Barbier rapporte qu'une chanson
courait Paris sur cette étonnante retraite :

> *Avec moins de peine*
> *René d'Argenson*
> *A la Madeleine*
> *Fait le carillon.*
> *Il court à la Madeleine*
> *Villemont est son Hélène,*
> *Elle en fait son beau Pâris...*

Mais la nature exacte de leurs relations resta toujours un secret. La mort elle-même ne sépara pas tout à
fait d'Argenson de son amie, car s'il fut inhumé à
Saint-Nicolas du Chardonnet, il avait exigé que son
cœur soit déposé dans la chapelle de son cher prieuré
Mme de Veini ne lui survécut que de trois ans. Elle
mourut à son tour en 1724, à peine âgée de cinquante-
neuf ans [11]

CHAPITRE XIII

Une vocation nouvelle

Dans le champ d'activités nouvelles qui s'ouvrait désormais à eux, les ordres féminins furent tentés très tôt de privilégier l'éducation des enfants qui s'adaptait mieux qu'aucune autre aux exigences de la clôture et qui s'intégrait tout naturellement dans leurs traditions les plus anciennes. Depuis leurs origines, la plupart des maisons religieuses avaient coutume d'élever des filles promises au cloître. Il ne s'agissait désormais que de recevoir des élèves en plus grand nombre, sans considérer leur destinée future, et de leur donner une éducation moins exclusivement centrée sur la vie monastique.

L'ordre des ursulines, venu d'Italie au début du XVIIᵉ siècle, avait précisément fait de cette vocation enseignante son but même. Son succès immédiat et son implantation rapide jusque dans les provinces les plus éloignées du royaume avaient bientôt incité d'autres ordres, d'autres maisons, à suivre son exemple et à ouvrir des pensionnats un peu partout.

L'Église, qui jugeait jusqu'alors l'instruction des femmes inutile sinon dangereuse, la considérait d'ailleurs d'un œil plus favorable depuis qu'elle y avait découvert un moyen de lutter contre le protestantisme et les progrès de l'athéisme. Elle espérait, en donnant aux filles une éducation profondément chrétienne dès leur plus jeune âge, les rendre capables d'exercer plus tard une influence salutaire sur leur mari et sur leurs enfants et d'entretenir dans leur famille de solides principes religieux.

Sans leur reconnaître encore le droit de s'instruire pour elles-mêmes, l'Église encourage donc les débuts d'une véritable scolarisation des filles. L'image, encore très insolite, d'une petite fille qui quitte les jupes de sa mère pour franchir comme son frère la porte d'une école, va bientôt se banaliser, mais il faut encore toute l'autorité de l'Église pour en faire accepter la hardiesse. Les familles se laissent d'autant mieux persuader qu'elles croient pouvoir se fier à la prudence et à la misogynie bien connue des institutions ecclésiastiques pour limiter cette instruction au minimum indispensable. Elles savent d'ailleurs que les couvents ne sont guère en mesure de donner aux filles une véritable formation intellectuelle. Comment pourraient-elles se douter que le processus qui s'engage est irréversible et qu'il va échapper lentement, mais inéluctablement, aux gens d'Église ?

Dès leur ouverture, les premiers pensionnats connaissent donc les faveurs de la bonne société. Loin de soupçonner qu'ils inaugurent une ère nouvelle, les parents pensent au contraire renouer avec les traditions primitives, puisque les Pères de l'Église conseillaient déjà de faire élever les filles dans les lieux de prière, à l'abri de l'influence pervertissante de la société. Selon les théories pédagogiques du XVIIe siècle, qui se fondent sur une vision profondément pessimiste de la nature humaine, l'éducation idéale ne se conçoit pas sans une séparation aussi totale que possible d'avec le monde. Depuis le péché d'Adam, l'être humain, même dans son enfance, est spontanément enclin au mal. Il est bon de l'éloigner le plus tôt possible des mauvais exemples qu'il pourrait rencontrer jusque dans sa famille, et d'exercer sur lui une surveillance incessante pour prévenir l'apparition de ses tendances perverses. Les collèges de garçons répondaient déjà à ces exigences : internement, rareté des sorties, contrôle des moindres faits et gestes de l'enfant. Mais la nature féminine suscitant une méfiance plus profonde encore, les couvents qui accueillent les filles vont appliquer ces principes avec une rigueur accrue. Les religieuses vont chercher à inculquer à leurs élèves l'obéissance, l'humilité, la crainte de l'autorité, à gommer chez elles les traits de caractère trop saillants ou trop vigoureux et à réprimer l'instinct sous toutes ses formes. Les filles ont si peu droit à la conscience d'elles-mêmes que le courage et la fierté, érigés en vertu chez les garçons, reçoivent, quand ils apparaissent chez elles, le nom péjoratif de « vanité », bien évocateur du « vide », c'est-à-dire de l'absence de sens auquel on les renvoie. Mme de Maintenon refusait ainsi de laisser les demoiselles de Saint-Cyr étudier l'histoire ancienne, parce qu'elle redoutait qu'elles y trouvent de dangereux exemples de vertu : « Je craindrais, avouait-elle, que ces grands traits de générosité et d'héroïsme ne leur élevassent l'esprit et ne les rendissent vaines et précieuses [1]. » Beaucoup de jeunes filles, élevées dans la crainte et dans la soumission, imaginaient difficilement une autre vie que le cloître, et une telle éducation continua longtemps à encourager les vocations précoces.

Dès la seconde moitié du XVIIe siècle, quelques esprits éclairés vont oser penser — certes bien timidement encore — que l'instruction des filles est tout à fait insuffisante. La plupart des femmes, même dans la bonne société, restent presque illettrées, et les plus instruites n'ont souvent que des rudiments de lecture et d'écriture : « Il est honteux, mais ordinaire, s'indigne Fénelon, de voir des femmes qui ont de l'esprit et de la politesse, ne savoir pas bien prononcer ce

qu'elles lisent. [...] Elles manquent encore plus gros-
sièrement pour l'orthographe ou pour la manière de
former ou de lier les lettres en écrivant[2]. »

Il va même plus loin en accusant l'oisiveté et le
désert intellectuel dans lesquels on abandonne l'enfance des femmes, d'avoir des effets désastreux sur la
formation de leur personnalité : « L'ignorance d'une
fille est cause qu'elle s'ennuie et qu'elle ne sait pas à
quoi s'occuper innocemment. Quand elle est venue
jusqu'à un certain âge sans s'appliquer aux choses
solides, elle n'en peut avoir ni le goût ni l'estime ; tout
ce qui est sérieux lui paraît triste, tout ce qui demande
une attention suivie la fatigue[3]. » Ces heureuses
paroles rendent un son neuf : enfin l'ignorance n'est
plus considérée comme le meilleur garant de l'innocence et de la vertu, enfin l'on s'aperçoit que la
discipline scolaire, en donnant l'habitude de l'effort,
une meilleure maîtrise de soi-même et des centres
d'intérêt plus élevés, peut fournir au contraire de
solides appuis dans l'éducation morale de la petite fille.

Tout en reconnaissant les bienfaits de cette formation intellectuelle, Fénelon hésite pourtant lui-même à
en étendre le programme bien loin. Comme toute son
époque, il est convaincu que les femmes n'ont pas les
capacités suffisantes pour faire des études poussées : il
leur est impossible, pense-t-il, de fournir un véritable
effort d'attention, elles se découragent vite et ne font
qu'effleurer les sujets qu'elles abordent ; leurs connaissances restent toujours superficielles, elles n'ont ni
profondeur ni solidité.

Les premières expériences pédagogiques apportant
rapidement des démentis à ces postulats, les mêmes *a
priori* se trouvent bientôt justifiés par des arguments
tout opposés : les études seraient dangereuses pour les
filles non plus parce qu'elles seraient incapables de s'y
plier, mais parce qu'elles y mettraient au contraire trop
de passion et d'« entêtement », qu'elles seraient ten-

tées d'en tirer trop de gloire, de sortir de leur condition. En désespoir de cause, on recourt à l'objection suprême qui clôt toute discussion : une femme savante est la honte de son sexe ; en s'élevant, elle perd sa féminité, dont l'humilité est le soutien le plus sacré. On devine, comme le remarque G. Snyders, la crainte qui se dissimule derrière ces barrières jalousement édifiées autour de la culture : instruites, les femmes pourraient bien se découvrir d'autres intérêts que leur famille et leur ménage, accepter moins aisément le sort qui leur est fait et refuser de vivre plus longtemps sous l'autorité toute-puissante d'un mari[4]. Une société comme celle de l'Ancien Régime pouvait difficilement se permettre de courir un risque aussi grave : en donnant aux femmes les moyens de leur liberté, en leur ouvrant largement l'accès aux études, elle se serait sans doute exposée à de profonds bouleversements. Il faudra attendre un changement durable des structures sociales pour que, beaucoup plus tard, l'égalité des enfants devant l'enseignement soit enfin admise.

Un argument d'un autre genre — plus étonnant pour nous, parce que plus éloigné de nos propres préjugés — était encore souvent invoqué pour interdire les études aux femmes : on craignait que l'acquisition d'un savoir intellectuel ou artistique ne déchaîne cette fameuse sensualité féminine, si difficile à contraindre. Tout paraissait dangereux : la lecture et les langues étrangères, parce que la littérature romanesque enflamme l'imagination ; les sciences, parce qu'elles font naître la curiosité et donnent les moyens de la satisfaire ; enfin les arts, parce qu'ils parlent directement aux sens (et surtout, curieusement, la musique, dont on a longtemps redouté les effets pervers sur la sensibilité féminine).

Dès le XVIIe siècle, quelques expériences pédagogiques nouvelles vont être tentées, qui porteront les premiers coups à ce pesant édifice d'idées reçues. Déjà les maisons d'ursulines proposaient un style d'enseignement d'une exceptionnelle ouverture pour l'époque ; plus tard, Mme de Maintenon, séduite par les idées de Fénelon, cherchera, elle aussi, à donner aux demoiselles de Saint-Cyr une éducation plus moderne et plus réaliste. Trop dérangeantes pour leur temps, ces tentatives, comme on le verra, retomberont malheureusement très vite dans l'ornière des méthodes éducatives classiques. Malgré cet échec relatif, elles auront eu du moins le mérite d'avoir apporté la preuve qu'il était possible d'inculquer aux filles autre chose que des principes moraux et religieux et qu'on pouvait aussi s'attacher à développer leur esprit et leur intelligence.

Parmi les innombrables maisons qui se sont ouvertes à l'enseignement au XVIIᵉ siècle, l'abbaye de Port-Royal est restée l'exemple le plus illustre de cette éducation monastique traditionnelle qu'on pensait convenir le mieux aux filles. Port-Royal, c'est le retour aux sources mythiques de l'éducation chrétienne, c'est le rêve impossible d'arracher l'enfance à son abîme originel pour la refaire sans le péché. Aucune maison n'a sans doute incarné aussi profondément cette terrible exigence de pureté et n'a voulu surtout la pousser aussi loin.

Comme l'impose la tradition, les pensionnaires mènent une vie identique à celle des religieuses, remplie par les exercices de piété, le travail manuel et l'instruction religieuse. Tout le programme de leur journée est calqué sur celui de leurs éducatrices, qu'on leur propose d'imiter chaque jour davantage. Elles portent l'habit des novices et participent aux offices. Elles ont leur propre chapitre des coulpes, et on les engage à pratiquer la mortification et la pénitence, dès qu'on les estime en âge de les supporter.

Comme les religieuses, les enfants sont plongées

dans un silence perpétuel. C'est en silence qu'elles se lèvent le matin, qu'elles travaillent et qu'elles prennent leurs repas. S'il leur est permis d'échanger quelques mots pendant les deux récréations de la journée, elles ne sont jamais autorisées à s'adresser à l'une de leurs camarades en particulier. Presque tous les sujets de conversation sont proscrits : il leur est interdit de parler des religieuses, des événements de la maison, des nouvelles du monde, ou des visites qu'elles ont reçues. Elles ne doivent surtout jamais parler d'elles-mêmes, de leurs espoirs, de leurs projets, de leurs chagrins. Enfin rien de ce qui pourrait être considéré comme personnel ou frivole ne doit jamais entrer dans leur conversation. Plutôt que de leur laisser une initiative dangereuse, leurs maîtresses prennent soin d'ailleurs « de leur parler et de s'entretenir avec elles, afin de les aider à dire des choses raisonnables qui leur ouvrent l'esprit ».

Sauf pour les plus petites, on laisse rarement les enfants jouer pendant les récréations ; on leur confie plutôt un ouvrage pour éviter toute dissipation et les empêcher de perdre inutilement leur temps. Ces enfants, qui ignorent les amusements de leur âge, en arrivent à préférer le travail au jeu, comme s'en félicitent leurs maîtresses : « Elles en ont pris une si bonne habitude, qu'il n'y a rien qui les ennuie tant que les récréations de fêtes [5]. » On leur permet pourtant de jouer parfois à des jeux graves et mesurés, organisés par les religieuses, comme des loteries où elles tirent au sort « des petits billets de dévotion sur des vertus », jeu auquel les enfants trouvent, prétend-on, « bien plus de plaisir qu'à tout autre divertissement ». Une de leurs maîtresses, la mère Anne-Eugénie de l'Incarnation (une des filles Arnauld), leur proposait aussi de « faire des énigmes ou des paraboles, c'est-à-dire qu'elle leur représentait quelque vertu ou quelque vice sous quelque image dont elle leur faisait faire le portrait, et puis elle leur faisait deviner ce que c'était[6] ».

Le pessimisme janséniste avait de l'enfance une vision plus sombre encore que celle du siècle. Le péché était partout. Les religieuses surveillaient leurs élèves sans relâche pour ne pas laisser échapper une seule parole, un seul geste douteux. La vie instinctive était continuellement traquée, étouffée. Un jour, la mère Angélique arrêta une petite fille qui avait retroussé ses manches « en sorte qu'on lui voyait un peu les bras ». « Ma fille, lui dit-elle, vos manches ne sont pas bien. Il faut que les bras soient couverts. Car depuis le péché d'Adam, toute chair étant corrompue, on doit avoir honte de la montrer[7]. »

Cette éducation, où l'instruction religieuse occupait la plus grande place, accordait peu de temps aux études proprement dites : les élèves recevaient chaque jour une leçon de lecture et d'écriture, auxquelles on ajoutait le dimanche une heure de calcul. Autant les petites écoles fondées pour les garçons par les solitaires de Port-Royal offraient des méthodes et des programmes d'enseignement neufs et intéressants, autant le système réservé aux filles demeurait archaïque, limité aux connaissances les plus élémentaires. Les principes pédagogiques qu'énonce Jacqueline Pascal (la sœur de Blaise, religieuse à Port-Royal) dans le *Règlement des enfants* qu'elle a rédigé, ne manquent pourtant pas de bon sens : elle recommande de ne pas exiger des petites un effort d'attention trop grand pour leur âge, « les faisant lire un quart d'heure, et puis jouer un autre », d'interroger souvent les élèves pour vérifier si elles ont bien compris ce qu'on leur enseigne, et de les encourager à poser des questions aussi souvent qu'elles le désirent. On peut trouver dommage que des principes aussi intelligents aient été appliqués de façon aussi étroite : pourquoi laisser s'éveiller la curiosité de l'enfant si on lui refuse ensuite tout aliment ?

Ces méthodes austères semblaient pourtant fondées sur le respect, et même sur un amour profond de l'enfance. L'affection, la douceur, la tendresse sont des mots que l'on retrouve souvent sous la plume de Jacqueline Pascal et dans les témoignages qui nous sont parvenus sur le pensionnat. Il ne s'agissait pas de sentiments de convention, même s'ils étaient toujours empreints de réserve et de gravité, car la rigueur janséniste n'excluait pas la bienveillance, et même une réelle indulgence envers les enfants : « Il faut les traiter fort civilement, disait Jacqueline Pascal, et ne leur parler qu'avec respect, et leur céder tout ce que l'on peut. » Plutôt que de menacer ou de sévir, les religieuses préféraient faire appel à l'amour que leurs élèves éprouvaient pour elles. Pour « quelques fautes » non précisées, commises un jour par le groupe des pensionnaires, la mère Anne-Eugénie de l'Incarnation eut à leur faire « paraître de la sévérité » : elle se contenta de leur dire « qu'elle ne reviendrait point à leur chambre puisqu'elle n'y avait que de la tristesse de voir le peu d'amour qu'elles avaient pour Dieu et leurs devoirs. Ces enfants, qui l'aimaient tendrement, furent toute la matinée dans les larmes et priaient leurs autres maîtresses d'aller prier ma sœur Anne-Eugénie de revenir. On lui alla dire que toute la chambre était en pleurs, et comme elle avait un cœur plein de tendresse pour ses enfants, elle ne voulut pas différer davantage à essuyer leurs larmes. Elle vint donc, en leur disant qu'elle était bien consolée du regret qu'elles avaient eu de leurs fautes, et qu'il était bien juste qu'elle leur pardonnât puisque Dieu leur avait pardonné, et en même temps elle tira de dessous son scapulaire un petit sac plein de dragées qu'elle leur distribua à toutes, en leur disant qu'il était remarqué dans la vie de saint Louis que les larmes qu'il répandait en se souvenant de la Passion de Notre-Seigneur, tombant sur ses lèvres, lui étaient douces comme du miel, et qu'elle leur donnait aussi ces dragées pour les faire souvenir que les larmes étaient douces lorsqu'on les emploie pour pleurer ses fautes [8] ». On aurait sans doute préféré que ces dragées aient été distribuées sans l'éternel assaisonnement d'un discours de morale, mais l'affection réciproque est bien là, réelle, sincère. Quoi qu'on puisse penser de ses méthodes éducatives, la mère Anne-Eugénie avait su inspirer à ses élèves un attachement sincère. N'était-ce pas le plus important ?

C'est peut-être cet amour vraiment maternel porté aux enfants qui explique l'attachement fidèle que les anciennes élèves de Port-Royal conservaient dans le monde pour la maison de leur jeunesse. Racine le disait avec fierté : « On sait avec quels sentiments d'admiration et de reconnaissance ces femmes ont toujours parlé de l'éducation qu'elles y avaient reçue ; et il y en a encore qui conservent, au milieu du monde et de la cour, pour les restes de cette maison affligée, le même amour que les anciens Juifs conservaient pour les ruines de Jérusalem [9]. » Sans doute y avait-il dans cette longue fidélité, un peu de cette conviction qui animait tous les proches de Port-Royal, d'appartenir à une élite persécutée au milieu d'un monde de réprouvés : la comparaison faite par Racine de l'abbaye à la Jérusalem biblique est à cet égard tout à fait significative.

Les enfants participaient d'ailleurs pleinement aux épreuves de leur maison, et prenaient fait et cause pour elle. Plongées dans des querelles dont elles ne comprenaient ni les motifs ni les enjeux, elles les vivaient à leur manière, avec l'intransigeance de leur âge. Lorsque l'archevêque Péréfixe rendit sa fameuse visite à Port-Royal, comme il tentait de raisonner, sans doute maladroitement, les pensionnaires, une petite fille d'une dizaine d'années osa lui répondre avec insolence : « J'adore la profondeur des jugements de Dieu de nous avoir donné un prélat aussi ignorant que vous l'êtes [10]. » Réponse qui était bien à l'image de la fière insoumission des religieuses jansénistes elles-mêmes !

Desmarets de Saint-Sorlin raconte que les pensionnaires avaient imaginé de fabriquer deux poupées, habillées l'une en jésuite et l'autre en capucin, et de leur faire soutenir des discussions devant les religieuses assemblées, à l'issue desquelles le jésuite était immanquablement confondu : « Alors toutes les pensionnaires et les religieuses battaient des mains en signe de victoire, se levaient en tumulte, et emportaient comme triomphantes le jésuite poupée dans le jardin où il y a un étang, et l'y plongeaient plusieurs fois, et enfin l'y noyaient. Cela se faisait avec des transports de joie, avec des éclats de rire, avec des voiles volants et des guimpes en désordre, et avec de riantes fureurs ; et le pauvre jésuite contrefait était comme un misérable Orphée entre les mains des furieuses ménades [11]. » Les détails de cette anecdote ont été contestés par Nicole. On voudrait cependant qu'ils soient vrais pour l'image vive et joyeuse qu'ils donnent de l'abbaye janséniste, bien éloignée des gravités figées de Philippe de Champaigne.

À l'heure où Port-Royal se voulait le point d'aboutissement le plus pur de l'éducation monastique, de nouvelles voies pédagogiques avaient pourtant été ouvertes par les ursulines qui proposaient déjà dans leurs pensionnats un système d'enseignement entièrement original pour leur temps. En intégrant les valeurs séculières et en cherchant à élever les jeunes filles non comme de futures religieuses, mais comme des femmes destinées à vivre dans le monde, elles rompaient délibérément avec la tradition telle que pouvait l'incarner Port-Royal.

Premier signe de cette volonté de sécularisation, la clôture était considérablement assouplie pour les pensionnaires. À une époque où les maisons d'éducation exigeaient une séparation absolue entre les enfants et leur famille, les ursulines indiquent expressément dans leurs *Constitutions* que « les pensionnaires pourront sortir pour voir leurs père et mère, ou ceux et celles qui en tiennent lieu ». De leur côté, les parents sont autorisés à rendre visite à leurs filles au parloir aussi souvent qu'ils le désirent, sauf les dimanches et les jours de fête. La famille et le monde extérieur restent donc le milieu véritable de l'enfant, dont il ne doit jamais se sentir vraiment coupé. Les petites filles portent d'ailleurs des vêtements simples mais séculiers. Sans être très étendu, le programme de leurs études est varié : il comporte, outre la « doctrine chrétienne » (l'instruction religieuse), des leçons de lecture, d'écriture, d'orthographe (qui, à l'époque, n'était pas toujours enseignée aux filles) et de calcul. Toutes ces matières s'accompagnent d'exercices pratiques qui trouvent une application directe dans la vie quotidienne : on leur apprend à écrire des lettres dans un style élégant et clair, à établir un compte, à rédiger une quittance, à rendre la monnaie. Elles reçoivent en outre des leçons de politesse et de bonne manière, de couture et de travaux ménagers.

Dans l'enthousiasme des premiers temps, ce programme, dit « restreint », pouvait être étendu beaucoup plus loin. Certaines maisons, comme celle du faubourg Saint-Jacques à Paris, proposaient d'enseigner à leurs élèves « tout ce que leurs parents peuvent désirer qu'elles sachent », comme le latin, la poésie, l'histoire, la géographie, la zoologie, la botanique, les arts d'agrément... Projet beaucoup trop hardi, auquel il fallut renoncer bien vite. Il heurtait trop les idées reçues, et les ursulines, malgré leurs ambitions, n'étaient pas elles-mêmes assez instruites dans toutes ces matières pour le mener à bien : le latin et la

zoologie furent rapidement abandonnés au profit du
« petit point ».

Sur le chapitre de l'hygiène et du soin des enfants,
les ursulines paraissent aussi très en avance sur les
autres maisons de leur temps. Même si leurs idées sur
la propreté corporelle diffèrent encore profondément
de nos conceptions actuelles, elles laissent (ce qui n'est
pas si mal) les enfants se développer librement, en
comprenant l'importance de l'exercice physique dans
leur épanouissement. Au lieu de les enfermer dans un
carcan de bonnes manières, leurs maîtresses les laissent
courir et sauter pendant les récréations, et s'amuser
entre elles à des jeux de leur âge, comme les jonchets
ou le volant. On cesse enfin d'assimiler les élèves aux
religieuses, en leur procurant un réel confort : dortoirs
chauffés, eau chaude pour leur toilette, linge empesé,
nourriture plus saine et mieux équilibrée. On veille à
conserver leur taille en les empêchant de se courber en
écrivant, et on leur fait porter un masque au jardin,
selon la coutume du monde, pour préserver leur teint.
Cette qualité inhabituelle des soins, dont les maisons
d'ursulines se faisaient un point d'honneur, contribua
beaucoup à leur réputation dans la bonne société :
« La propreté et choses semblables », écrivait Mme de
Pommereu [l'auteur de la première chronique de
l'ordre], bien qu' « accessoires », sont « néanmoins si
nécessaires que c'est bien souvent l'attrait qui porte les
personnes de qualité à nous confier leurs filles, et c'est
aussi la raison pour laquelle, en ce premier couvent, on
y a veillé tout d'abord [12] ». Les résultats obtenus sont
d'ailleurs spectaculaires : H. de Leymont remarque
qu'en vingt ans, on ne signale la mort que de trois ou
quatre élèves chez les ursulines du faubourg Saint-
Jacques, alors que pendant le même laps de temps,
Saint-Cyr comptera plus de quatre-vingts décès de
pensionnaires [13].

Ce dosage prudent d'un modernisme modéré et d'un

indéniable « professionnalisme » fit donc rapidement
le succès de l'ordre de sainte Ursule. Alors que les
premiers monastères ne s'établissent en France qu'au
tout début du XVIIe siècle, on en compte déjà une
centaine en 1650, et plus de trois cents à la fin du
siècle. À lui seul, le couvent de Saint-Denis, fondé en
1628, accueillait près de quatre mille élèves en 1657.
Mme de Maintenon elle-même, qui avait été élevée
chez les ursulines et les traitait volontiers de « sottes
créatures » et d' « incapables », s'inspira visiblement
de leurs méthodes pour fonder Saint-Cyr, et il n'est pas
certain qu'elle ait réussi à faire beaucoup mieux
qu'elles.

C'est justement parce qu'elle était l'une de leurs
anciennes élèves que Mme de Maintenon éprouvait
pour les ursulines ce curieux mélange d'admiration, de
reconnaissance et de ressentiment dont elle a toujours
témoigné à leur égard. Parmi les nombreux reproches
qu'elle a pu leur adresser, elle les a accusées de ne pas
mettre sur le même pied les élèves riches et les
pauvres, et de leur accorder un traitement entièrement
différent selon la pension versée par leurs parents. La
chose est possible et ne devait pas être propre aux
ursulines d'ailleurs. Elle leur reprochait encore, probablement non sans raison, leur profonde ignorance :
malgré leurs ambitions intellectuelles, les religieuses
n'avaient pas toujours des connaissances très étendues,
et la formation à la fois théorique et pratique qu'elles
recevaient pendant sept ans ne devait pas suffire à faire
d'elles des institutrices bien savantes.

Le mépris que Mme de Maintenon affichait pour
leurs « petitesses » et leur étroitesse d'esprit est plus
injuste dans la mesure où Saint-Cyr, après des débuts
prometteurs, ne s'est guère distingué lui-même par la
largeur de ses vues et de son enseignement. Mais dans
le fond, elle n'avait pas tout à fait tort : l'éducation
morale dispensée par les ursulines était encore très

entachée de conformisme, toute hérissée d'interdits et de préjugés. Malgré leurs efforts pour élever les enfants de façon séculière, les religieuses restaient prisonnières de leurs conceptions monastiques, et encourageaient plus ou moins ouvertement leurs élèves à choisir le cloître plutôt que le mariage. Leur pruderie et leur inexpérience les rendaient peu aptes à préparer les enfants aux réalités de la vie : non seulement elles n'osaient pas leur parler de l'état de mariage, mais elles préféraient passer sous silence le sixième commandement plutôt que de s'exposer à des explications gênantes. Mme de Maintenon, qui avait du moins le mérite de son franc-parler, blâmait ces pudeurs excessives qu'elle jugeait peu séantes à des éducatrices : « Il y a certainement plus d'immodesties à ces façons-là, disait-elle aux dames de Saint-Cyr, qu'il n'y en a à parler de ce qui est innocent, et dont tous les livres de piété sont remplis [14]. »

L'expérience des ursulines comptait déjà près d'un siècle quand Mme de Maintenon décida, en 1686, de fonder Saint-Cyr en souvenir des difficultés de sa propre jeunesse. Destinée à accueillir les filles de l'aristocratie pauvre, cette maison est une œuvre personnelle, entièrement soumise aux volontés, parfois aux caprices, de sa toute-puissante fondatrice. Elle est l'expression presque sans entrave de ses idées, par moments fermes et hardies, d'autres fois timorées, et souvent contradictoires.

Il paraît évident que Louis XIV et Mme de Maintenon avaient d'abord souhaité pousser beaucoup plus loin que les ursulines la sécularisation de l'enseignement donné aux jeunes filles à Saint-Cyr. Tous deux détestaient les couvents et auraient voulu que les dames de l'établissement restent des laïques, ou du moins des religieuses à vœux simples. C'est bien à contrecœur que le roi finit par céder aux pressions, et que Saint-Cyr devint, en 1692, un monastère régulier comme les autres. Il exigea du moins que le costume des religieuses conserve toujours une élégance de bon ton : chose interdite dans les maisons ordinaires, les dames de Saint-Cyr portaient donc du linge empesé et des gants pour se protéger les mains. Quant à l'uni forme des pensionnaires, il était simple mais n'avait rien de religieux : il se composait d'un corset, d'une jupe et d'un tablier noirs, noués de rubans dont la couleur variait selon les classes : rouges pour les petites (de moins de dix ans), verte pour la classe moyenne (de onze à quatorze ans), jaune jusqu'à dix-sept ans, et bleue pour les plus grandes. Cet uniforme était complété par un bonnet rond orné d'une fraise et d'une collerette, qui laissait voir les cheveux. Bien que démodé quand il eut l'occasion de le voir, ce costume parut à Horace Walpole « très élégant ».

Louis XIV avait tenu à surveiller personnellement l'élaboration des *Constitutions* de la maison qui portent la marque de son aversion pour les institutions monastiques, comme en témoignent certaines recommandations, inhabituelles dans ce genre d'établissement : les dames ne prennent pas de noms religieux, mais conservent leur nom de famille ; le service des enfants étant la première de leurs fonctions, elles doivent y consacrer toutes leurs forces et éviter, pour cette raison, « les austérités qui se pratiquent dans les autres communautés ». Le grand mérite de Saint-Cyr est en effet d'avoir su donner aux enfants la première place dans une maison qui était entièrement faite pour elles ; ce ne sont plus les élèves qui doivent s'adapter à la vie conventuelle, c'est la communauté des institutrices qui doit tout subordonner à leurs besoins. L'autre hardiesse de Saint-Cyr a été de délivrer en partie les enfants du poids des interdits qui les étouffait. Avec Mme de Maintenon, l'image de la petite fille « modeste », idéal des autres maisons d'éducation,

vole en éclats. Elle préfère les « méchants enfants ».
ceux qui sont « enjoués, glorieux, colères, et même un
peu têtus », aux « esprits de travers ». Une fille « un
peu causeuse, vive et volontaire » lui plaît davantage
qu'une « sournoise », plus sage mais plus dissimulée.
La pétulance de l'enfance, sa gaieté et sa « légèreté »
lui vont au cœur, elle qui, prise un jour dans un
tourbillon de petites filles, disait aimer « jusqu'à leur
poussière ». Elle recommande aux dames de Saint-Cyr
de ne pas les ennuyer avec des prières interminables, et
se souvient qu'enfant elle-même, elle trouvait le temps
bien long à l'église. Elle voudrait qu'on fasse régner
dans la maison une discipline souple, qui laisse aux
élèves toute leur spontanéité. Mieux vaut fermer les
yeux sur une faute légère que de punir trop souvent.
Enfin, elle veut que les enfants s'épanouissent dans la
confiance et la liberté, et qu'elles soient véritablement
aimées. Dans un siècle où les petites filles héritaient
d'un double désavantage, celui de l'enfance et celui de
la féminité, il fallait l'intelligence, la forte personnalité,
et surtout l'influence de Mme de Maintenon pour oser
défendre une cause aussi abandonnée de tous.

Dans les premiers temps de la fondation, Mme de
Maintenon dicte des règles d'un étonnant libéralisme
Bien qu'elle mette déjà l'accent sur l'éducation morale
et religieuse au détriment de la formation intellectuelle, elle voudrait cependant que les jeunes filles
soient élevées en futures femmes du monde, qu'elles
apprennent l'aisance et l'élégance des manières, l'art
de la conversation et celui de la correspondance. Une
certaine coquetterie leur est permise puisqu'elles peuvent orner leurs coiffures ou leurs uniformes de perles
et de rubans. Les lectures profanes leur sont même
autorisées, à condition qu'elles soient « honnêtes ».

En 1689, eurent lieu les fameuses représentations
d'*Esther* à Saint-Cyr, qui firent tant de bruit à la Cour.
Tous les courtisans briguèrent auprès du roi la faveur

d'y assister, et les pensionnaires, la tête tournée par l'ivresse du succès, ne rêvèrent plus que de l'éclat de Versailles. La dissipation et l'indiscipline se glissèrent dans la maison. Mme de Maintenon crut être allée trop loin dans l'ouverture de sa maison aux valeurs du siècle. Elle vit son œuvre compromise et prit peur. Du jour au lendemain, tout changea à Saint-Cyr, la régularité fut plus sévèrement imposée, la clôture plus farouchement défendue, le programme d'études réduit au strict minimum. Non seulement les lectures profanes furent impitoyablement bannies, mais le travail des mains supplanta désormais toute activité intellectuelle. Plus de perles, plus de rubans, plus de belles manières, Saint-Cyr retomba dans les voies étroites de l'éducation la plus traditionnelle. L'instruction religieuse et les travaux ménagers occupèrent désormais la majeure partie du temps des pensionnaires. Dans son acharnement contre tout ce qui pouvait venir « orner l'esprit » (expression qui, dans sa bouche, était empreinte du plus vif mépris), Mme de Maintenon ne voulut plus abandonner aux élèves « aucun livre entier, si ce n'est l'*Imitation* [*de Jésus-Christ*] et leurs *Heures* ». Elle craignait même que ses filles sachent l'orthographe, et leur expliquait « que quand on aurait su parfaitement tout ce qui est de cette sorte de science, il ne faudrait pas s'en servir exactement en écrivant des lettres, que cela sentait trop la pédanterie dans une personne de notre sexe, et l'envie de faire la savante [15] ».

Le régime de la maison devint très sévère. Déjà les jeunes filles ne sortaient jamais et ne pouvaient recevoir de visites de leurs familles plus de deux heures par an. Les entrées furent désormais strictement contrôlées : ne souffrez aucun homme dans vos murs, disait Mme de Maintenon aux dames de Saint-Cyr, « ni pauvre, ni riche, ni jeune, ni vieux, ni prêtre, ni séculier ; je dis même un saint s'il y en a sur la terre[16] ». Les pensionnaires étaient traitées de façon spartiate : la nourriture était très sobre, les lits durs, les salles et les dortoirs n'étaient jamais chauffés. Comme à Port-Royal, elles vivaient plongées dans un profond silence, et n'avaient, dans la journée, « pas plus de trois heures et demie de liberté là-dessus[17] ». Si leurs maîtresses cherchaient à adoucir cette rigueur, Mme de Maintenon les en reprenait sévèrement : « Soyez en garde, disait-elle, contre la pente que vous avez de les trop considérer et ménager ; c'est leur bien qui me fait parler ainsi. Plus vous les élèverez durement, plus vous contribuerez à leur bonheur ; c'est tout ce que vous pouvez faire de meilleur pour elles[18]. »

Dans cette réforme de son institution, Mme de Maintenon n'obéissait pas seulement à ses préjugés et à ses craintes. L'affaire d'*Esther* lui avait fait comprendre qu'il pouvait être dangereux de donner aux pensionnaires une éducation trop différente de la vie qui les attendait. Ces filles de la noblesse pauvre ne seraient jamais des dames de la Cour, mais des mères de famille obligées de s'enterrer au fond d'un château de province, ou des religieuses. Elle eut peur que sa protection et celle du roi ne donnent trop d'ambition à des filles qui n'avaient pas de quoi la soutenir, et les préparent difficilement à accepter un avenir aussi terne. La plupart d'entre elles pouvaient s'estimer heureuses si elles trouvaient un mari à la sortie de Saint-Cyr, car faute de dots suffisantes, comme le disait amèrement Mme de Maintenon, ce qui manquait le plus, c'étaient des « gendres ». Bien que l'éducation « laïque » de Saint-Cyr n'ait certainement pas été conçue pour former des religieuses, c'était en fait le cloître qui attendait fatalement le plus grand nombre de ses élèves.

L'attitude réaliste de Mme de Maintenon ne nécessitait pourtant pas un revirement aussi complet de ses méthodes et de ses principes, et le maintien à un niveau aussi bas des études intellectuelles. On peut regretter que Saint-Cyr, qui a représenté aux yeux de son siècle une des expériences les plus originales et les plus célèbres d'éducation, ait si mal soutenu sa réputation. Après avoir critiqué avec dédain ce qu'elle appelait les « pauvretés » et les « petitesses » des couvents, Mme de Maintenon finit par imposer à sa maison un système éducatif désuet, rigide et poussiéreux, qui allait se figer après sa mort dans un immobilisme craintif.

Dès ses origines, Saint-Cyr eut à souffrir de l'écrasante personnalité de sa fondatrice. Du vivant de Mme de Maintenon, personne ne se serait risqué à prendre la moindre initiative dans la maison sans lui demander son avis. Elle avait prévu dans le moindre détail l'organisation de cette institution où elle passait de longues heures tous les jours, avant de s'y retirer définitivement après la mort de Louis XIV. Quand elle mourut à son tour, personne n'osa plus modifier la plus petite des instructions qu'elle avait laissées. Sous Louis XVI, Saint-Cyr vivait encore à l'heure de Louis XIV : les élèves apprenaient la musique de Lulli, dansaient le « passepied » et la « forlane », brodaient sur des patrons du XVIIe siècle, et portaient toujours l'uniforme aux célèbres rubans, qui avait été celui de leurs grands-mères. « En restant immobile, comme le dit Th. Lavallée, on avait reculé jusqu'au ridicule [19]. »

CHAPITRE XIV

Éducation bourgeoise, éducation princière

Alors qu'il s'est montré plus fertile que le XVIIᵉ siècle en théories intéressantes sur l'éducation des filles, le XVIIIᵉ siècle ne semble curieusement pas avoir vraiment cherché à les mettre en pratique, comme s'il avait préféré rêver de nouvelles expériences plutôt que de leur donner une réalité.

Après la vogue qu'ils ont connue au siècle précédent, les pensionnats se vident. S'il faut en croire Mme Campan, la bonne société n'estime plus nécessaire, vers 1770, de leur confier ses filles, sinon pour l'année de leur première communion. Bien qu'ils restent les seuls établissements d'internat spécialisés dans l'éducation des filles, les couvents n'ont pas su adapter leurs méthodes et leurs programmes aux exigences nouvelles, et ce conservatisme prudent contribue au déclin de leur popularité.

Les idées sur l'éducation vont en effet beaucoup changer au cours du siècle, et l'on commence à reprocher aux religieuses de se révéler incapables de donner à leurs élèves une instruction suffisante et de les préparer à la vie réelle. On s'aperçoit qu'il est peut-être absurde de confier des tâches d'enseignement à des femmes qui n'ont aucune formation intellectuelle ou pédagogique, et qui font même profession de mépris pour les choses de l'esprit. Riballier, auteur d'un mémoire sur l'éducation, se demande comment « des religieuses qui prétendent ne devoir s'occuper, jour et nuit, que d'exercices de piété, qui ont renoncé au monde, qui ignorent les usages, et par conséquent les devoirs de la société civile, peuvent [...] donner à une jeunesse destinée à vivre dans le monde, l'éducation qui lui convient [1] ». Et Bernardin de Saint-Pierre va jusqu'à accuser cette éducation monastique, qui arrache trop tôt les filles aux affections dont elles ont besoin pour s'épanouir, d'être l' « un des plus grands malheurs dont la mollesse des familles ait affligé la société [2] ».

Quant à l'instruction religieuse dispensée par les couvents, elle n'apparaît même plus comme un argument en leur faveur à une époque où l'indifférence religieuse se répand dans les classes cultivées. La piété monastique ne soulève plus l'admiration d'antan, même chez les bons chrétiens qui l'estiment « fanatique » et étroite d'esprit. La mortification de la chair est passée de mode.

Accusation paradoxale, mais plus grave : on reproche aux couvents de produire des femmes mal élevées. Les institutions religieuses, où la rigueur s'est beaucoup relâchée, n'osent plus utiliser les méthodes sévères du siècle précédent et n'en connaissent pas d'autres pour élever les enfants. Leurs élèves sont souvent abandonnées à elles-mêmes et prennent des habitudes de paresse et d'indiscipline. Mais ce reproche va peut-être plus loin qu'il n'y paraît : quand Rousseau dit, dans l'*Émile,* que les couvents développent « tous les travers des femmes », il témoigne surtout d'une modification profonde des idées de la société sur l'éducation des femmes. Les couvents, qui vivent toujours sur des schémas du XVIIe siècle, continuent à éduquer les filles dans le culte de la timidité, de la modestie et de l'ignorance. On commence à s'étonner, dans un siècle qui a vu paraître bon nombre de femmes intelligentes et cultivées, d'un système éducatif si manifestement destiné à les abêtir. Riballier, par exemple, s'indigne que l'éducation traditionnellement réservée aux femmes ait essentiellement pour but de « leur inspirer une lâche timidité qui les rende incapables de se défendre d'aucun danger, une molle oisiveté qui s'oppose au développement et à l'accroissement de leurs forces, une aveugle superstition qui, des choses les plus simples ou les plus naturelles, leur fasse des fantômes ou des monstres, un fol amour-propre qui porte en elles jusqu'à l'excès le désir de plaire, le goût des vaines parures, une aversion décidée pour tout ce qui leur paraît gêner l'esprit, assujettir à ses devoirs[3] ».

Les esprits éclairés découvrent ce que Fénelon avait déjà pressenti, que la formation intellectuelle est avant tout une école de la personnalité, qu'elle est l'appui nécessaire d'une éducation morale responsable, et que c'est précisément la façon dont on élève les femmes qui engendre chez elles l'immaturité qu'on leur reproche. Ils accusent les couvents d'enseigner à leurs élèves les gestes de la piété et les apparences de la vertu, sans avoir cherché à leur en inspirer le goût et les sentiments véritables. Grave reproche pour des institutions qui font justement de la formation morale de l'enfant leur spécialité ! Castel de Saint-Pierre, auteur d'un *Projet pour multiplier les collèges des filles*, s'étonne qu'au sortir du couvent bien des jeunes filles soient non seulement « ignorantes des choses les plus communes et les plus importantes », qu'elles aient « si peu d'intelligence » et « si peu d'usage de raisonner juste », mais encore qu'elles aient « si peu d'habitude à la politesse, à la douceur, à l'indulgence, à la patience, à la discrétion et aux manières vraies, gracieuses et prévenantes, en un mot si peu justes et si peu bienfaisantes[4] ». Dépourvues des qualités morales qu'on a prétendu leur inculquer, elles n'ont même pas appris la « politesse » et l'usage du monde qui leur permettraient du moins de les simuler. On a fait d'elles, comme le dit Mme de Miremont — une autre théoricienne de l'éducation —, « de grands enfants qui vieillissent dans l'adolescence [5] » sans jamais parvenir à l'âge adulte.

Dans la seconde moitié du XVIIIe siècle, apparaît une critique d'un genre nouveau, celle d'élever les enfants dans une hygiène insuffisante. La société a découvert les bienfaits du bain, et l'éducation physique est devenue à la mode. Mais les pensionnaires continuent à ne se laver que le visage et les mains, car les couvents, perpétuant une morale dépassée, jugent toujours indécents les soins donnés au corps. « Dans presque tous les couvents, écrit Mme de Miremont, on ne connaît que la propreté extérieure [celle des vêtements]; l'usage du bain qui serait si salutaire, est comme proscrit; on fait une espèce de crime de tout ce qui peut en tenir lieu; et l'on ne sait ce que c'est que de s'opposer à ce que la sueur séchée sur la peau bouche les pores de la transpiration. On ignore que la malpropreté des dents (qui y est si ordinaire) a aussi d'autres dangers que celui de les gâter [6]. » En outre, les élèves ne prennent pas suffisamment d'exercice physique, et leur nourriture n'est pas assez variée; elles manquent de sommeil, car on les réveille trop tôt le matin. L'hiver, par mesure d'économie, les maisons sont rarement chauffées, et le froid qui y règne « donne des maux de tête, des maux de gorge et de poitrine, des rhumes opiniâtres, des coliques [7] ». À cause du froid, écrit encore Mme de Miremont, les salles et les dortoirs sont insuffisamment aérés : « Il n'y a de feu que dans la classe; on craint de refroidir l'endroit où l'on couche en renouvelant l'air; et presque toutes ces chambres à plusieurs lits ont une odeur qui suffoque ceux qui n'y habitent pas. C'est pourtant de ces vapeurs infectes que le poumon s'abreuve [8]. »

Mais si l'éducation donnée aux filles dans les couvents est presque unanimement condamnée, on s'entend encore difficilement sur des solutions nouvelles. L'éducation au sein de la famille serait jugée la meilleure si les mères avaient le temps de s'occuper effectivement de leurs enfants, et surtout si elles avaient une formation culturelle suffisante, ce qui est rarement le cas. On se résigne donc le plus souvent à garder les filles à la maison en leur faisant donner des leçons dans les principales matières, leurs mères ne conservant que le soin de leur éducation morale et ménagère.

Ce grand débat prouve du moins que l'instruction des femmes, à défaut d'avoir trouvé des modèles satisfaisants, est devenue un sujet à la mode : chacun y va de son « Traité », de son « Discours » ou de son « Mémoire » sur la nature féminine et sur l'éducation qui lui convient. La nécessité de cette éducation fait désormais l'unanimité, même si l'on ne s'entend pas encore sur l'étendue qu'on peut lui accorder. Bachelier, par exemple, observe qu' « à la honte de l'humanité », l'instruction de certaines femmes a été plus négligée « que celle de beaucoup d'animaux domestiques [9] » et Riballier voit dans « la fatale oisiveté et la honteuse ignorance » auxquelles on les a condamnées, « les sources de cette infinité de maux qui accablent et dégradent le genre humain [10] ».

Quelques voix isolées s'élèvent déjà pour suggérer que la même éducation soit accordée aux enfants des deux sexes, et leurs arguments étonnent par leur modernisme : « Il y aurait de l'absurdité, assure Riballier, à penser que l'âme des femmes est d'une autre nature que celle des hommes. » Quant à leur prétendue faiblesse physique, si souvent invoquée comme preuve de leur infériorité, il pense qu'elle est surtout entretenue par l'absence de tout exercice physique [11]. Bachelier est du même avis : en proposant d'ouvrir aux femmes la carrière des arts mécaniques, il récuse l'argument de leur « délicatesse » et invoque l'exemple des paysannes, habituées depuis leur enfance aux plus durs travaux : « Vous dites ce sexe faible et délicat ! Venez le voir l'hiver, courbé sur le bord des rivières, les mains dans la glace, commencer avant le jour un travail pénible qu'il continue bien avant dans la nuit ; l'été dans les campagnes, brûlé par le soleil, faner, moissonner, récolter, et partout traîner, porter des fardeaux énormes, et partager souvent les plus rudes travaux [12]. »

Même éducation intellectuelle, même éducation physique, mais aussi même éducation morale : on donne aux garçons des leçons de courage et de générosité, mais on ne songe pas à cultiver chez les filles une âme forte. Toutes les vertus, écrit Bernardin de Saint-Pierre, sont pourtant « nécessaires aux deux sexes. La plus faible des femmes aura un jour à supporter, comme un héros, les maux extrêmes de la vie, la calomnie, la douleur, la mort ; et elles les supporteront peut-être avec plus de courage, quoique les peuples modernes aient attaché la gloire à la vertu des hommes, et l'obscurité à celle des femmes. Par l'injustice même de ce partage, ils ont fait voir qu'elles y étaient plus naturellement disposées que les hommes [13] ».

Mais ces théories généreuses ne sont que des « tigres de papier » qui s'affrontent dans les airs sans toucher terre. La femme est un sujet à la mode : on accumule les traités, on fait assaut de grands sentiments, on se lamente sur les malheurs d'un sexe opprimé, et on l'adjure de réclamer ses « droits pour réparer les injures, pour redresser les torts que nous faisons et à la nature et à l'humanité [14] ». Mais les jeunes filles continuent, dans leurs familles ou au couvent, à n'accéder qu'à des études élémentaires, et à ne se voir propose, comme but suprême de leur éducation, que la vertu et les belles manières.

Sur un point important, cette éducation a pourtant changé en quelques années. Les arts d'agrément, interdits jusque-là aux femmes, sont au contraire devenus leur domaine privilégié. On s'est aperçu que les arts, pas plus que les études intellectuelles d'ailleurs, n'avaient sur les mœurs féminines l'influence lascive qu'on leur avait attribuée. L'éducation d'une jeune fille de la bonne société ne se conçoit donc plus sans maîtres de danse, maîtres de musique ou de dessin, qui vont donner leurs leçons jusque dans les pensionnats. Une jeune fille accomplie sait chanter en s'accompagnant d'un instrument comme la harpe ou le clavecin qui sont à la mode. Les petites filles apprennent très tôt à danser, car la danse « donne du maintien et de la grâce », développe la taille et en corrige éventuellement les défauts. On ne reproche plus aux femmes, comme au xviie siècle, d'avoir du charme : bien au contraire, on cherche à le cultiver, à l'entretenir. D'un extrême, on s'est précipité dans l'autre, sans que les femmes elles-mêmes y trouvent peut-être davantage leur profit.

Face à ces exigences nouvelles, les méthodes éducatives religieuses apparaissent donc comme très désuètes. Mais si les couvents accusent un certain retard et méritent en effet une bonne part des reproches qui leur sont faits, il serait injuste de ne considérer, comme on l'a souvent fait au xviiie siècle, que leurs manques et leurs imperfections. Ils ont eu du moins l'intérêt d'exister et d'offrir une alternative à cette éducation familiale tant prônée, mais qui pouvait se révéler elle aussi très étouffante. Ce n'est certainement pas à tort qu'on les a accusés d'élever les filles dans la méconnaissance du monde, mais c'était oublier un peu vite qu'enfermées dans leurs familles ces enfants pouvaient y vivre dans un isolement encore plus complet. Y trouvaient-elles toujours une meilleure préparation aux réalités de la vie ? Dans un couvent, les petites filles bénéficiaient du moins de la compagnie d'enfants de leur âge, qu'elles n'auraient pas connue en restant chez elles. De nombreuses femmes de cette époque ont décrit, dans leurs Mémoires, l'atmosphère paisible et chaleureuse du couvent de leur enfance, et ont témoigné du bonheur qu'elles y avaient trouvé en comptant leurs années de pensionnat parmi les plus douces de leur vie.

Comme c'était souvent l'usage, Manon Phlipon, la future Mme Roland, ne passa qu'une année, celle de la préparation à sa première communion, dans un établissement religieux. Ses parents avaient choisi de l'envoyer chez les dames de la Congrégation, rue Neuve-Saint-Étienne dans le faubourg Saint-Marcel (l'actuelle rue de Navarre), parce que cette maison avait une bonne réputation et qu'elle appartenait à un « ordre peu austère » (celui des chanoinesses de Saint-Augustin). Les religieuses passaient, dira plus tard Mme Roland, « pour n'avoir point de ces excès, de ces momeries qui caractérisaient leur plus grand nombre [15] ». C'était une maison fréquentée par les enfants de la bonne bourgeoisie. La pension ordinaire, nous apprend Jèze, y était de 250 livres par an, ce qui était raisonnable (les maisons parisiennes demandaient habituellement entre 300 et 400 livres), mais on ne comptait « point dans le prix de la pension les autres frais », ce qui laisse à penser que le confort des élèves devait dépendre du complément donné par les parents [16].

La petite Manon, qui venait pourtant d'une famille où elle était tendrement aimée, y fut très heureuse, et parla plus tard de l'année qu'elle y avait passée comme d'un « temps de calme et de ravissement ». Ce n'était point un couvent où l'on surchargeait les enfants d'exercices de piété : la messe chaque matin, et une demi-heure de méditation dans la journée pour les élèves les plus pieuses suffisaient même dans la classe qui préparait à la première communion. Les études intellectuelles, comme partout, y étaient peu poussées. Mme Roland parle de leçons d'orthographe, d'histoire, de géographie, de grammaire, et de travaux d'aiguille. On devait y enseigner aussi le calcul, la lecture et l'écriture. Mais Manon, qui à onze ans avait déjà beaucoup lu, en savait plus que les pensionnaires les plus âgées, et peut-être que ses maîtresses elles-mêmes. Aussi les religieuses étaient-elles particulièrement fières de cette élève dont l'éducation leur faisait honneur « sans avoir aucune peine à prendre pour la continuer ». Une vieille religieuse, plus instruite que les autres, prenait pourtant plaisir à lui donner des leçons particulières, heureuse de transmettre ce qu'elle savait à une enfant plus intelligente et mieux douée pour l'étude que ses compagnes. À la demande de ses parents, Manon recevait aussi des leçons de musique et de dessin, qui lui étaient données au parloir par des maîtres de l'extérieur.

À l'époque où la petite Phlipon y séjourna, le pensionnat accueillait trente-quatre élèves de six à dix-huit ans, réparties en deux classes. Celle des plus grandes, à laquelle Manon fut jugée digne d'appartenir en raison de son air sage et de ses connaissances avancées, ne comptait qu'une douzaine de jeunes filles. La communauté, réduite à une vingtaine de religieuses, entourait les enfants d'une atmosphère familiale dont Mme Roland garda longtemps une tendre nostalgie. À l'occasion d'une fête donnée en l'honneur de la supérieure, elle évoque dans ses *Mémoires*, ces relations libres et affectueuses qui existaient entre les élèves et leurs maîtresses, et qui devaient faire le charme de ces petites sociétés conventuelles quand la vie n'y était pas trop austère. « Tout était en mouvement, les jeunes personnes bien parées, la salle commune ornée de fleurs, le réfectoire garni de friandises. Il faut avouer que dans ces fêtes de pauvres recluses, où l'on pouvait trouver de l'enfantillage, il régnait aussi ce je-ne-sais-quoi d'aimable, d'ingénu, de gracieux, qui n'appartient qu'à la douceur des femmes, à la vivacité de leur imagination, à l'innocence de leurs ébats lorsqu'elles s'égayent entre elles, loin de la présence d'un sexe qui les rend toujours plus sérieuses quand il ne les fait pas délirer. Un petit drame, fort médiocre, mais animé par les voix des jeunes filles exécutant en chœur quelques couplets, fut le premier point du rassemblement ; des danses folâtres lui succédèrent ; des plaisanteries quelquefois heureuses, un rire badin, d'autant plus vif qu'il contrastait davantage avec la gravité habituelle, réalisaient les saturnales pour toutes les sœurs et leurs élèves [17]. »

À la fin de son année de couvent, Manon se sentit attirée par la vie religieuse. On comprend, à la lire, la tentation que pouvait exercer sur des adolescentes la quiétude de cet univers clos, où se nouaient des relations affectives souvent très intenses. Loin des difficultés du monde adulte qui les attendait, le couvent leur offrait l'image rassurante d'une enfance indéfiniment prolongée auprès des maîtresses qu'elles aimaient. Persuadée que ses parents ne consentiraient pas à ses projets, Manon résolut de garder le silence sur sa vocation en attendant d'être en âge de la déclarer. Pendant ce temps, sa résolution fondit d'elle-même, à mesure que le regret de la maison qui l'avait inspirée s'effaçait doucement de son cœur

Le discrédit dans lequel on voit tomber peu à peu la plupart des couvents au XVIIIe siècle, ne pouvait pas frapper les quelques établissements de très bon ton du faubourg Saint-Germain, où la grande aristocratie envoyait ses filles faire leur éducation. Parmi les plus

chics figurent l'abbaye de Pentémont, rue de Grenelle
— où, selon le mot très snob de Mme de Polignac, on
rencontre « tout ce que l'on connaît » — et l'Abbaye-
au-Bois, rue de Sèvres. Pentémont est l'une des
maisons les plus chères de Paris (600 livres la pension
ordinaire, et 800 livres l'extraordinaire), mais elle
accueille très peu d'élèves. L'Abbaye-au-Bois, dont les
pensionnaires sont beaucoup plus nombreuses, est un
peu moins chère (500 livres la pension ordinaire, et
600 livres l'extraordinaire). Mais les deux maisons ont
grande réputation.

Nous possédons un document, exceptionnel par son
charme et son originalité, sur la vie que menaient,
avant la Révolution, les pensionnaires de l'Abbaye-au-
Bois. Il s'agit du Journal qu'y tint jusqu'à la fin de ses
études une jeune princesse polonaise, Hélène Massalska, qui épousa plus tard le prince Charles de Ligne.

Orpheline de père et de mère, Hélène n'avait que
huit ans à son arrivée en France, en 1771. Elle fut
conduite à l'Abbaye-au-Bois par son oncle et tuteur, le
prince Massalski, évêque de Wilna, et par Mme Geoffrin, qui avait pris sous sa protection cette famille
d'exilés. Hélène raconte ainsi son entrée dans cette
maison illustre où elle allait demeurer jusqu'à l'âge de
quatorze ans : « Je suis entrée à l'Abbaye-au-Bois un
jeudi ; Mme Geoffrin, l'amie de mon oncle, m'a menée
d'abord au parloir de madame l'abbesse, qui est bien
beau, car il est blanc et rayé en or : Mme de
Rochechouart [18] est venue aussi au parloir, et la mère
Quatre-Temps aussi, car c'était la première maîtresse
de la petite classe où j'allais être. On a eu la bonté de
dire que j'avais une jolie physionomie et une jolie
taille, et de beaux cheveux ; je ne répondais rien, parce
que j'avais oublié le français en chemin, puisque j'ai
fait un voyage de si long cours, que j'ai traversé je ne
sais combien de villes, toujours avec la poste qui jouait
du cor de chasse. Je comprenais pourtant tout ce que

l'on disait ; alors on a dit qu'on allait me faire entrer
pour me mettre l'habit de pensionnaire, et qu'après on
me ramènerait à la grille, pour que Mme Geoffrin me
voie. On a donc ouvert le guichet de la grille du
parloir, et on m'a passée par là, car j'étais petite. On
m'a amenée dans une chambre, à Mme l'abbesse, qui
était tout en damas bleu et blanc, et sœur Crinore m'a
passé l'habit ; mais quand j'ai vu qu'il était noir, je me
mis si fort à pleurer que c'était pitié de me voir ; mais
quand on m'a mis les rubans bleus, cela m'a un peu
consolée, et puis la régente a apporté des confitures
que j'ai mangées, et on a dit que tous les jours on en
mangeait comme cela [19]. »

L'Abbaye-au-Bois était très inspirée de Saint-Cyr,
comme on le voit par l'uniforme noir à rubans de
couleur revêtu par Hélène, mais un Saint-Cyr de la
première époque, plus élégant et plus libéral que celui
de Mme de Maintenon. Les pensionnaires — dont le
nombre se montait à cent soixante-deux à l'époque
d'Hélène — portaient les plus grands noms de
France : Montmorency, Damas, Mortemart, Choiseul... et les religieuses, qui appartenaient, elles aussi,
à la haute noblesse, les élevaient dans les usages du
grand monde. Les liens entre l'Abbaye et la Cour
étaient étroits, et le parloir ne désemplissait pas de
grandes dames, venues rendre visite aux pensionnaires
ou aux religieuses. « On voyait, dit Hélène, un monde
énorme toute la journée », chose peu fréquente dans
les autres établissements d'éducation.

Sans être trop savante, comme il se devait, l'éducation donnée aux jeunes filles était soignée : Hélène
recevait des leçons d'histoire ancienne et d'histoire de
France, de géographie, de sciences naturelles, de
« fable » (mythologie), d'écriture, de calcul, d'instruction religieuse. Ces leçons étaient souvent données par
des maîtres venus de l'extérieur (tous des hommes, fait
exceptionnel dans une maison religieuse), les maî-

tresses d'études se contentant en général d'assister aux cours et de surveiller les élèves. Une large place était accordée aux disciplines artistiques (le dessin, la danse, la musique, la pratique des instruments, la déclamation, la lecture à haute voix) qui étaient enseignées par des professeurs renommés : des danseurs de l'Opéra comme Noverre, Philippe et Dauberval, des acteurs de la Comédie-Française comme Molé et Larive... L'Abbaye possédait d'ailleurs un véritable théâtre, avec des costumes et des décors, où les pensionnaires donnaient souvent des représentations devant un public de parents et d'amis. A l'occasion d'une fête où elles devaient jouer *Esther,* on fit faire pour les jeunes actrices des costumes magnifiques copiés sur ceux de la Comédie-Française. Hélène, qui jouait le rôle même d'Esther, portait « un habit blanc et argent, dont la jupe était tout agrafée en diamants du haut en bas », « un manteau de velours bleu pâle et une couronne d'or [20] ».

L'influence de Saint-Cyr est encore très évidente dans la répartition des élèves en classes de couleur. Jusqu'à douze ans, les enfants appartenaient à la classe bleue. Elles entraient ensuite dans la classe blanche qui préparait à la première communion et où les demoiselles étaient « fort en dévotion »; puis dans la classe rouge où, réparties en petits groupes, elles aidaient les religieuses dans les différentes obédiences de la maison. Elles passaient ainsi quelques semaines ou quelques mois à l'abbatiale, à la sacristie, au parloir, à la lingerie, à l'apothicairerie, etc. Comment ne pas reconnaître là encore les théories pédagogiques de Mme de Maintenon qui voulait qu'une femme, même de haute naissance, apprenne à tenir une maison, à broder le linge, à faire des comptes, à servir à table, et à effectuer elle-même les tâches les plus humbles du ménage ?

Contrairement à Saint-Cyr, les pensionnaires sortaient souvent dans leurs familles ou dans celles de leurs camarades de classe. Hélène était invitée à des bals d'enfants, à des parties de campagne, où elle apprenait à connaître la société qui serait la sienne plus tard. L'Abbaye-au-Bois organisait même des bals pendant le carnaval, auxquels participaient les familles des enfants et les anciennes élèves. « Ce jour-là, raconte-t-elle, nous quittions nos uniformes, et chaque mère parait sa fille de son mieux, nous avions des habits de bal fort élégants. Il venait ce jour-là beaucoup de femmes du monde, et surtout des jeunes femmes qui, n'allant pas seules, préféraient ces bals à ceux du monde, parce qu'elles n'étaient pas toujours obligées d'être assises à côté de leurs belles-mères[21]. »

Les élèves de l'Abbaye-au-Bois dormaient en dortoir, mais Hélène, en raison de sa naissance, de sa fortune et d'une santé réputée délicate, faisait partie des pensionnaires privilégiées qui avaient un appartement particulier. Sa meilleure amie, Mlle de Choiseul, logeait à côté d'elle. La nuit, quand tout dormait, les deux petites filles se levaient sans bruit et couraient la maison en faisant cent espiègleries, « comme de souffler les lampes, de cogner aux portes, d'aller causer chez les novices, d'y manger des confitures, du pâté et des bonbons » qu'elles y apportaient[22]. Une nuit, elles versèrent de l'encre dans le bénitier et s'amusèrent le lendemain à voir les religieuses sortir de matines le visage tout barbouillé. Une autre fois, elles attachèrent leurs mouchoirs aux cordes des cloches pour en bloquer le mécanisme et la novice chargée de réveiller le couvent se rompit les bras sans en tirer aucun son. Les religieuses riaient de leurs fredaines et disaient que « ce serait une perte pour le couvent » si Choiseul et Massalska « devenaient raisonnables ».

La discipline de l'Abbaye était en effet peu sévère. Les principes rigoureux du XVIIᵉ siècle n'étaient plus guère en vigueur dans les pensionnats, et surtout pas dans un établissement aussi aristocratique. Hélène, qui était très impétueuse, avait l'habitude de parcourir les couloirs de la maison « à bride abattue » sous l'œil indulgent des religieuses. Au jardin, les disputes dégénéraient facilement en pugilats, et les pensionnaires se battaient « comme des plâtres ». Toutes les classes se réunissaient parfois pour des jeux violents, très en honneur à l'Abbaye, comme « le massacre des Innocents » ou « la chasse », qui auraient horrifié les couvents du siècle précédent. Le jeu de la chasse durait une journée entière : les grandes pensionnaires de la classe rouge y faisaient « les piqueurs » et « les cerfs », et les petites de la classe bleue, « les chiens ». La lointaine influence de Mme de Maintenon, qui aimait tant les exubérances de l'enfance, se faisait peut-être encore sentir dans l'attitude indulgente des dames de l'Abbaye qui laissaient leurs élèves jouir d'une telle liberté ! Tandis que Saint-Cyr lui-même se sclérosait dans le respect d'une tradition étroite, son esprit et ce qui avait fait son originalité première revivaient dans ces pensionnats aristocratiques où l'on s'attachait à former de véritables femmes du monde.

On ne peut quitter l'Abbaye-au-Bois sans mentionner une coutume assez curieuse qui y était en usage au XVIIIᵉ siècle. Deux fois par an, le jour de la sainte Catherine et le jour des Innocents, les élèves revêtaient des habits monastiques et remplaçaient les religieuses dans tous leurs emplois. Conformément à la « règle », elles se réunissaient la veille dans la salle du chapitre pour élire leur abbesse. Hélène fut nommée, une année, à cette haute dignité et désigna parmi ses camarades sa régente, sa porte-crosse, sa chapelaine et les dames attachées à son service, les autres charges étant attribuées par vote. « Quand cela fut fini, raconte-t-elle, nous fûmes chez madame l'abbesse qui, suivant l'usage, m'embrassa, ôta sa croix, me l'attacha, et me mit l'anneau abbatial au doigt. Dès le lendemain, je commençai mes fonctions. Je fus pendant la grand-messe, que nous chantâmes, assise dans le trône abbatial. On l'avait orné du tapis violet à franges d'or, qui ne se met que pour les fêtes. Je reçus l'encens et fus baiser la patène, précédée de la crosse. Toutes les religieuses entendirent la messe et l'office dans les tribunes, et les pensionnaires remplissaient leurs stalles. Je donnai l'eau bénite et reçus la coulpe de toutes les pensionnaires. C'était fort drôle de voir des religieuses de cinq ou six ans. Il entra beaucoup de femmes [du monde] pour nous voir au chœur et au réfectoire, où je donnai un grand dîner avec des glaces. [...] Après dîner, nous fûmes nous emparer de toutes les obédiences et, par plaisanterie, ces dames furent s'établir dans les classes. [...] Le soir, nous fûmes en grande cérémonie reporter à madame l'abbesse sa croix et sa bague[23]. » Écho très aristocratique des anciennes fêtes des fous populaires, ce « monde à l'envers », où pensionnaires et religieuses échangeaient leurs places, permettait peut-être à chacun de mieux se situer dans sa position habituelle. En assumant le pouvoir pour un jour, les élèves s'en établissaient à leur tour les gardiennes et comprenaient que si les règles de la société sont une simple convention, chacun peut aussi tirer avantage de leur respect.

Si distingués qu'aient pu être des établissements comme Pentémont ou l'Abbaye-au-Bois, il ne pouvait être question de leur confier des filles de France qui auraient été trop « mêlées » aux autres pensionnaires. Quand Louis XV décida de faire élever dans un couvent ses quatre plus jeunes filles, « Mesdames cadettes », il choisit donc la plus riche et la plus prestigieuse abbaye de son royaume, celle de Fontevrault. Fondé à la fin du XIe siècle par Robert d'Arbrissel, l'ordre de Fontevrault bénéficiait d'un statut exceptionnel, puisque les nombreux couvents masculins et féminins qu'il comptait en France étaient tous placés sous l'autorité d'une femme, l'abbesse de Fontevrault elle-même. En raison des pouvoirs extraordinaires qui leur étaient conférés, ces abbesses appartenaient aux plus grandes familles, quand elles n'étaient pas de sang royal. Elles étaient souvent fort jalouses de leur dignité et de leurs privilèges, comme en témoigne le sursaut d'orgueil qu'eut sur son lit de mort Jeanne-Baptiste de Bourbon, fille naturelle d'Henri IV et de Charlotte des Essarts, en recevant la communion des mains d'un moine de son ordre. Comme il commençait à réciter la formule sacramentelle : « *Accipe*, soror, *viaticum...* » (Recevez, *ma sœur*, ce viatique...), elle l'interrompit d'un geste impérieux : « Dites *Mater* (ma mère), la règle vous l'ordonne ! » Au XVIIIe siècle, la liberté et l'opulence dont jouissait cet ordre, trop aristocratique pour se contraindre à une austérité humiliante, faisaient dire ironiquement à l'abbé Musson : « Les habitants de cette heureuse contrée y vivent dans l'abondance de tous les biens qu'on peut souhaiter pour le corps et pour l'esprit : ils y jouissent dès cette vie au centuple de ce qu'ils ont quitté dans le siècle pour le service de Dieu [24]. »

« Mesdames cadettes » étaient encore très jeunes quand elles arrivèrent à Fontevrault, en 1738 : Victoire, l'aînée, n'avait que cinq ans ; Sophie, quatre ans ; Thérèse (qui devait y mourir), deux ans ; et Louise, la dernière, un an à peine. C'est l'abbesse elle-même, Louise-Françoise de Rochechouart de Vivonne, qui avait été désignée par le roi pour être leur gouvernante, ce qui représentait une charge très prestigieuse. Elle avait reçu, à ce titre, tout pouvoir sur leur éducation, et les petites filles l'appelèrent « Maman », comme c'était souvent l'usage des enfants de France. Quatre religieuses, habillées de blanc pour ne pas effrayer les princesses, occupèrent auprès d'elles les fonctions de sous-gouvernantes, et « Mesdames » leur donnèrent le nom affectueux de « Mimie ». Une suite nombreuse composée de femmes de chambre, de filles de garde-robe, de servantes, d'officiers de bouche et de la chambre, de valets, et même d'un rôtisseur et d'un pâtissier, les avait suivies depuis Versailles pour assurer leur service particulier.

On aménagea pour les accueillir un corps de bâtiment appelé « le Logis Bourbon » qui touchait au palais abbatial : aménagement des plus simples d'ailleurs car l'abbaye, malgré son éclat, était criblée de dettes, et que le roi, bien qu'on l'en ait sollicité, ne se hâtait pas de faire exécuter les travaux nécessaires au confort de ses filles. Au cours des premiers hivers, les enfants gelèrent dans des pièces immenses et glaciales traversées de courants d'air.

Pas une seule fois, pendant les années qu'elles passèrent à Fontevrault, les princesses ne revinrent à Versailles, et pas une fois leurs parents ne leur rendirent visite, même à l'occasion de la mort de Thérèse, qu'on appelait Madame Sixième. Un échange de lettres affectueuses avec leur « Papa-roi » fut le seul lien qui les relia à la Cour. Peu avant le retour de Victoire, Louis XV envoya pourtant le peintre Nattier à Fontevrault pour exécuter le portrait de ses filles dont il voulait faire la surprise à la reine.

S'il faut en croire Mme Campan, l'éducation que Mesdames cadettes reçurent dans cette illustre abbaye fut un curieux mélange de « gâteries les plus ridicules » et de « pratiques barbares ». Elle cite, comme exemple de « gâteries ridicules », le fait que la communauté donna un jour raison à l'une des princesses contre son professeur de danse qui voulait la faire danser un menuet appelé « couleur de rose » ; la petite fille refusait, prétendant qu'il était « bleu » : « Les religieuses crièrent bleu comme Madame, le menuet fut débaptisé, et la princesse dansa. » Quant aux

« pratiques barbares », Mme Victoire raconta à Mme Campan qu'en guise de punition, on l'envoyait parfois, malgré ses « violentes terreurs », prier seule dans le caveau où l'on enterrait les religieuses de l'abbaye. Les anecdotes racontées par l'abbé Proyart sur l'enfance de Mme Louise montrent pourtant que si on les élevait dans la conscience de leur rang, ce n'était pas toujours avec l'indulgence de l'affaire du menuet. Un jour, Louise s'aperçut que ses femmes étaient restées assises pendant qu'elle buvait, contrairement aux règles de l'étiquette : « Debout, s'il vous plaît, leur cria-t-elle, Madame Louise boit ! » Mais pas une de ses femmes ne bougea comme elles en avaient reçu l'ordre de l'abbesse elle-même, qui avait voulu punir ainsi l'enfant de leur avoir parlé avec trop de hauteur. Une autre fois, comme une de ses femmes de chambre refusait de faire ses volontés, Louise s'écria en colère : « Ne suis-je pas la fille de votre roi ? — Et moi, Madame, lui répondit la femme de chambre, ne suis-je pas la fille de votre Dieu ? »

C'est sur le chapitre des études que l'éducation des princesses laissa, semble-t-il, le plus à désirer. Il est pourtant difficile de croire, comme l'affirme Mme Campan, qu'à douze ans Louise ne savait pas encore tout son alphabet et qu'elle n'apprit à lire couramment qu'après son retour à la Cour. Des maîtres envoyés de Paris leur enseignaient, en revanche, la danse, le dessin et la musique. Victoire jouait du clavecin, et Sophie du par-dessus de viole. Mais les maîtres ne suffisent pas quand l'exemple manque : lorsque Mesdames revinrent à Versailles, les courtisans les jugèrent gauches et dépourvues des manières du monde. Elles se tenaient mal, marchaient sans grâce et ne savaient pas faire la révérence convenablement.

On sait peu de choses des jeux et des distractions que pouvait leur offrir une maison aussi peu faite pour

recevoir des enfants. Chacune des princesses avait à
son service une petite fille de son âge qui lui tenait
compagnie. On leur avait sans doute donné aussi de
nombreux jouets, car l'abbé Proyart raconte que
quand Victoire eut douze ans, on retira toutes ses
poupées de son appartement, et qu'elle en eut un
grand chagrin. Deux ans plus tard, le roi se souvint de
ses filles exilées pour leur envoyer un superbe cadeau
qui dut consoler tardivement Victoire de cette perte :
deux carrosses, une gondole, trente-deux chevaux et
quatre ânes tout harnachés pour les promener dans la
campagne avoisinante. Une suite nombreuse de
cochers, de postillons, de palefreniers et de valets de
pied accompagnait cet équipage sous la direction d'un
piqueur de la Petite Écurie. Le roi alloua en même
temps 3 000 livres de pension à Victoire et 2 000 livres à
chacune de ses sœurs pour leurs « menus plaisirs ».

On sait que, de retour à Versailles, Mesdames
s'accoutumèrent à mener dans leurs appartements une
vie aussi solitaire et aussi retirée qu'à Fontevrault.
Louise, la plus jeune d'entre elles, montra sa fidélité
aux affections de son enfance en choisissant de retrouver tardivement l'univers claustral qui avait entouré
ses premières années, elle qui déclarait à son père
n'être parvenue que derrière les murs du Carmel « au
comble du bonheur ».

NOTES

Chapitre premier

1. Abbé Musson, *Les Ordres monastiques*, t. II, pp. 276 à 278.
2. Voir S. Lemaire, *La Commission des Réguliers*.
3. R. Lemoine, *Le Monde des Religieux*, cité, p. 371.
4. *Id.*, pp. 369 et suiv.
5. A. Gazier, *Histoire générale du mouvement janséniste*, t. I, pp. 336-337.
6. S. Mercier, *Tableau de Paris*, VII, p. 93.

Chapitre II

1. J. de Blémur, *Éloges*, II, pp. 292 et suiv.
2. *Id.*, I, p. 292.
3. N. Caussin, *Les Devoirs funèbres...* pp. 17-18.
4. J. de Blémur, *op. cit.*, I, p. 544.
5. *Règlements généraux... de Notre-Dame des Anges de Montargis*, (1674) : à partir de la page 247.
6. *Id.*
7. J. de Blémur, *op. cit.*, I, p. 408.
8. *Id.*, II, p. 211.
9. *Id.*, II, p. 497.
10. *Id.*, I, p. 549.
11. *Id.*, II, p. 430.
12. Y. Chaussy, *Les Bénédictines*, II, p. 182.
13. J. de Blémur, *op. cit.*, II, p. 554, 561.
14. *Id.*, I, p. 378.
15. N. Caussin, *op. cit.*, p. 18.
16. J.-B. Massillon, *Sermons* (publiés par J. Massillon), Paris, Vve Estienne et fils et J. Hérissant, 1745, II, pp. 223-224
17. J. de Blémur, *op. cit.*, I, p. 325, et II, pp. 210-211.
18. *Id.*, II, pp. 554-555.
19. *Id.*, II, pp. 589-590.

20. *Id.*, I, pp. 242 et suiv.
21. Cité par L. Paris, *Histoire de l'abbaye d'Avenay*, p. 366.

Chapitre III

1. À propos des vocations forcées, le père Yves de Paris parle de l' « inégalité que le père fait » de ses enfants... « quand de plusieurs enfants après l'aîné, il en destine un ou deux pour être chevaliers de Malte, les autres pour être d'église, et qu'il enferme les plus jeunes dans les collèges de religieux, à dessein de leur en faire prendre l'habit. Des filles, on n'en réserve que la plus belle pour le mariage, les autres sont mises, de leur gré ou par de mauvais traitements, en religion ». (Cité par H. Bremond, *Histoire littéraire du sentiment religieux*, I, pp. 469-470.)
2. Brunet de Brou, *La Religieuse malgré elle*, Amsterdam, C. Ickroan, 1740, p. 109.
3. Cl. Fleury, *Opuscules*, t. III *(Vie de la mère d'Arbouze)*, p. 71.
4. Mme Roland, *Mémoires*, Mercure de France, 1966, p. 238.
5. Esprit Fléchier, *Mémoires sur les Grands-Jours d'Auvergne*, Mercure de France, 1984, p. 100.
6. Mme de Genlis, *Mémoires inédits*, Paris, Ladvocat, 1825, I, pp. 148-151.
7. J. Éveillon, *Traité des excommunications*, p. 156.
8. *Id.*, p. 153.
9. *Id.*, pp. 154-155.
10. Fl. Boulenger, *Traité de la clôture*, pp. 360-361.
11. L. Lambeau, *Les Dames de Saint-Michel*, p. 150.
12. Voir Jèze, *Journal du citoyen* (1754), et *État ou tableau de la ville de Paris* (1760). À partir du XVIIe siècle, le montant des dots des religieuses avait été en principe fixé par l'État : elles pouvaient constituer une pension annuelle qui ne devait pas excéder 500 livres à Paris et dans les villes à Parlement, et 300 livres dans le reste de la France ; si la dot était versée en une fois, elle ne devait pas excéder 8 000 livres à Paris et dans les villes à Parlement, et 6 000 livres ailleurs. Mais ces instructions étaient peu suivies, et les dots variaient beaucoup d'un couvent à un autre. Il arrivait souvent que les deux systèmes soient combinés (versement d'une certaine somme le jour de la profession et rente annuelle).
13. Mlle de Montpensier, *Mémoires*, Librairie Fontaine, 1985, I, pp. 120-121.
14. *Id.*, I, p. 86.
15. J. de Blémur, *Éloges*, II, pp. 249-251.
16. Abbé Proyart, *Vie de Madame Louise de France*, pp. 5-6, 160.
17. S. Mercier, *Tableau de Paris*, VII, p. 95.
18. En 1769, le nombre des religieuses en France avait été estimé à

80 000, mais ce chiffre est probablement en dessous de la réalité. Elles étaient sans doute deux ou trois fois plus nombreuses encore au XVIIᵉ siècle. Voir Ch. Green, *La Peinture des mœurs de la bonne société...*, p. 166.

19. Cité par J. Boussoulade, *Moniales et hospitalières*, p. 55.
20. *Id.*, p. 61.
21. Cl. Langlois, *Le Catholicisme au féminin*, Éd. du Cerf, 1984, pp. 80 à 83.

CHAPITRE IV

1. *Cérémonial pour l'entrée des postulantes, des vêtures et professions... pour les religieuses de Sainte-Aure* (1782).
2. *Coutumier et Directoire pour les sœurs religieuses de la Visitation Sainte-Marie* (1637), p. 13.
3. Abbé Musson, *Les Ordres monastiques*, III, p. 240.
4. Le cérémonial de vêture est celui qui est décrit dans le *Cérémonial pour l'entrée des postulantes, des vêtures et professions... de Sainte-Aure* (1782). Le baiser de paix « doit être une simple inclination de tête contre celle de la novice, sans s'embrasser l'une l'autre ni baiser plusieurs fois, observant toujours de faire une révérence en se levant », précise le *Cérémonial des religieuses bénédictines de l'Institut de l'Adoration perpétuelle du Saint-Sacrement* (1668).
5. *Coutumier et Directoire... de la Visitation Sainte-Marie*, p. 31.
6. *Id.*, p. 99.
7. *Instructions pour le noviciat... de Sainte-Aure*, pp. 71-72.
8. *Id.*, p. 66.
9. *Id.*, pp. 90-91.
10. *Exercices journaliers du noviciat de... Montmartre*, p. 153.
11. *Coutumier des monastères de l'Annonciade céleste*, p. 119.
12. Presque tout ce que dit l'abbé Musson sur le noviciat de la Visitation se trouve confirmé dans le *Coutumier* de l'ordre (Paris, 1637). Les détails qui n'y figurent pas lui ont peut-être été fournis directement par des religieuses. D'une manière générale, Musson semble en effet très bien informé.
13. Abbé Musson, *op. cit.*, V, pp. 200-201.
14. *Id.*, V, pp. 201-202.
15. *Id.*, V, p. 204.
16. Tous ces détails sont empruntés à Jèze, *État ou tableau de la ville de Paris*, pp. 281 et suiv.
17. Cette cérémonie est décrite en détail dans le *Coutumier* de la Visitation (1637), p. 116.
18. J. Bouette de Blémur, *Éloges*, I, p. 505.
19. Mme Roland, *Mémoires*, Mercure de France, 1966, p. 226.
20. Abbé Proyart, *Vie de Mme Louise*, pp. 40-42.
21. L. Perey, *Histoire d'une grande dame*, pp. 147-150.

CHAPITRE V

1. *Coutumier et Directoire... de la Visitation*, p. 108.
2. *Relations sur la vie de la R. M. Marie des Anges*, p. 22.
3. Cité par Y. Chaussy, dans le chapitre IV de *L'Abbaye royale de Notre-Dame de Jouarre*, II, p. 268.
4. Une abbaye diffère d'un monastère ordinaire en ce qu'elle est « érigée canoniquement », et qu'elle jouit de son autonomie.
5. J.-J. Surin, *Lettres spirituelles*, II, p. 107.
6. Le P. Jean-Marie de Vernon, *Vie de la V. M. Marguerite de Saint-Xavier*, p. 142.
7. Abbé Reneault, *Élection d'une prieure au monastère des bénédictines du Saint-Sacrement de Rouen*.
8. *Mémoire pour les religieuses du Prieuré royal...* Cité par S. Moreau-Rendu, *Le Prieuré royal de Saint-Louis de Poissy*, p. 192.
9. J. de Blémur, *Éloges*, I, p. 501.
10. P. Lesourd, *La Butte sacrée*, note 296, p. 463.
11. J.-B. Thiers, *Traité de la clôture*, pp. 477-478.
12. J. de Blémur, *op. cit.*, II, pp. 191-192.
13. Lettre de Mme de Sévigné du 11 septembre 1680.
14. Mme de Staal-Delaunay, *Mémoires*, Mercure de France, 1970, p. 30.
15. Tallemant des Réaux, *Historiettes*, Gallimard, 1960, I, p. 4
16. L. Cognet, *La Réforme à Port-Royal*, pp. 23 et 25.

CHAPITRE VI

1. Fl. Boulenger, *Traité de la clôture*, pp. 437-438.
2. *Id.*, p. 251.
3. Mlle de Montpensier, *Mémoires*, Libr. Fontaine, 1985, II, p. 140.
4. Maupas du Tour, *La Vie de la vénérable mère J.-Fr. Frémiot*, p. 532.
5. *Règlements généraux et particuliers* (s.d.), pp. 64 et suiv. (Fernham).
6. *Règlements* (1674), pp. 1078-1079 (Fernham).
7. L. Tronson, *Examens particuliers*, pp. 257-258.
8. Fr. Rousseau, *Le Premier Monastère de carmélites*, pp. 63-69.
9. *Règle... de l'ordre de Notre-Dame du Mont-Carmel* (1854, rééd. de 1704) p. 23.
10. *Coutumier... de la Visitation Sainte-Marie*, p. 168.

11. Voir à ce sujet : M. Fosseyeux, *Les Apothicaireries des couvents* (1921).
12. Lettre à Mme de Grignan du 15 octobre 1677.
13. Abbé Musson, *Les Ordres monastiques*, III, p. 259.
14. L. Perey, *Histoire d'une grande dame*, p. 122.
15. *Règlements* (1674), pp. 222-223 (archives de Fernham).
16. L. Perey, *op. cit.*, pp. 116-117.
17. On trouve deux listes de ces signes, avec leurs explications dans les archives de Notre-Dame des Anges de Montargis, à Fernham. *Règlements généraux* (s.d.), pp. 201-203. *Règlements généraux* (1663), pp. 144-150.
18. *Vie de la M. M. Angélique Arnauld*, cité par H. Bremond, *Histoire littéraire du sentiment religieux*, IV, p. 195.
19. *Mémoires pour servir à l'histoire de Port-Royal* (1734), II, p. 73.
20. Abbé Musson, *op. cit.*, III, pp. 260 et 262.
21. *Coutumier du monastère de l'Annonciade céleste* (1843), pp. 51-52.
22. Voir à ce sujet : G. Duval, *La Bibliothèque de l'abbaye de Montmartre* ; A. Dutilleux et J. Depoin, *L'Abbaye de Maubuisson* ; Cl. Berthault, *L'Abbaye de Chelles*, II, p. 126 ; H. Bonnardot, *L'Abbaye royale de Saint-Antoine des Champs*, p. 14.
23. Abbé Musson, *op. cit.*, V, pp. 216-217.
24. J.-B. Thiers, *Traité de la clôture*, p. 158.
25. *Coutumier... de la Visitation Sainte-Marie*, p. 84.
26. E. Poncher, *Règle de saint Benoît* (1646), pp. 307-308.
27. *Sainte Fare et Faremoutiers*, p. 332.
28. *Coutumier... de la Visitation Sainte-Marie*, pp. 84-85.

CHAPITRE VII

1. J. Solé, *L'Amour en Occident*, p. 134.
2. Cité en note dans le *Discours sur les congrégations* de l'abbé Fleury, pp. 85-86.
3. Fl. Boulenger, *Traité de la clôture*, p. 28.
4. E. Poncher, *Règle de saint Benoît* (1646), p. 21.
5. Fl. Boulenger, *op. cit.*, p. 81.
6. J.-B. Thiers, *Traité de la clôture*, p. 269.
7. *Exercices journaliers du noviciat... de Montmartre*, p. 35.
8. L. Tronson, *Examens particuliers*, pp. 522 et 523.
9. J. de Blémur, *Éloges*, I, p. 310 ; II, pp. 413 et 297.
10. E. Poncher, *op. cit.*, (1608), p. 221.
11. J. Boileau, *Histoire des flagellants*, p. 315.
12. *Id.*, p. 306.
13. Abbé Musson, *Les Ordres monastiques*, VII, p. 37.
14. Le père J.-J. Surin, *Triomphe de l'amour divin*, pp. 56-60, p. 84.

15. *Id.*, p. 90.
16. Le père Jean-Marie de Vernon, *La Vie de la vénérable mère Marguerite de Saint-Xavier*, pp. 157-158.
17. J.-B.-A. Boucher, *Vie de la bienheureuse Marie de l'Incarnation* (1800), p. 404.
18. Le père Jean-Marie de Vernon, *op. cit.*, pp. 25-26, 158-162.
19. J. de Blémur, *Éloges*, II, p. 499.

CHAPITRE VIII

1. Les pratiques de cette cérémonie pouvaient différer un peu d'un couvent à l'autre. Les archives de Notre-Dame de Montargis en donnent deux versions. Voir : *Règlements généraux* (s.d.), LXXIV, I, p. 204 ; et *Id.* (1663), pp. 279 et suiv.
2. E. de Brégy, *Relations sur la vie de révérende mère Marie des Anges*, p. 22.
3. *Règlements généraux* (1663), p. 107 (Fernham).
4. Maupas de Tour, *La Vie de la vénérable mère J.-Fr. Frémiot*, pp. 83-84.
5. *L'Abbaye royale de... Jouarre*, p. 229.
6. J.-B. Thiers, *Traité des superstitions*, p. 110.
7. J. de Blémur, *Éloges*, I, p. 535.
8. Voir G. Legué et G. de La Tourette, *Sœur Jeanne des Anges*, (1886).
9. J. de Blémur, *op. cit.*, II, p. 138.
10. *Id.*, I, p. 201.
11. Maupas de Tour, *op. cit.*, pp. 207 à 209.

CHAPITRE IX

1. J.-J. Surin, *Triomphe de l'amour divin*, p. 147.
2. R. Mandrou, *Magistrats et sorciers* (1968).
3. Lettre de Peiresc à Mursenne, citée par R. Mandrou, *op. cit.*, p. 208.
4. Sur les marques diaboliques et les signes de possession, voir en particulier : L.-L. Gayral, *Les Délires de possession diabolique*, pp. 129 et suiv. ; et M. Garçon et J. Vinchon, *Le Diable*, pp. 61 et suiv.
5. J. de Blémur, *Éloges*, II, p. 388.
6. F. Laplantine, *Les Trois Voix de l'imaginaire*, p. 52.
7. Esprit du Bosroger, *La Piété affligée*, p. 48.
8. E. de Brégy, *Modèle de foi et de patience*, pp. 252-254.
9. J. Solé, *Les Mythes chrétiens*, p. 181.

10. F. Laplantine, *op. cit.*, p. 162.
11. J. de Blémur, *Éloges*, II, pp. 169-170.
12. *Id.*, I, p. 385.
13. F.-M. de Chaugy, *Vies des premières religieuses de l'ordre de la Visitation*, II, p. 207.

CHAPITRE X

1. P. de L'Estoile, *Mémoires-Journaux*, Paris, Bibliophiles, 1875-1896, t. VI, pp. 108-109.
2. J. de Blémur, *Éloges*, II, p. 256.
3. La syphilis.
4. P. Lesourd, *La Butte sacrée*, note 344, p. 467.
5. Tallemant des Réaux, *Historiettes*, Gallimard, 1960, I, pp. 261-262.
6. E. de Brégy, *Relations sur la vie de la révérende mère Marie des Anges*, p. 66.
7. *Id.*, p. 74.
8. Sur l'abbaye de Sainte-Glossinde et ses démêlés avec Bossuet, voir en particulier : A.-P. Floquet, *Études sur la vie de Bossuet*, tome II.
9. *Notes secrètes sur l'abbaye de Longchamp* (1870).
10. *Lettre de saint Vincent de Paul au cardinal de La Rochefoucauld...* (1827). Sur l'attribution de cette lettre à saint Vincent de Paul, voir G. May, *Diderot et « La Religieuse »*, p. 58.
11. S. Mercier, *Tableau de Paris*, VII, p. 97.
12. Tallemant des Réaux, *op. cit.*, I, p. 34.
13. A. de Tilly, *Mémoires*, Mercure de France, 1965, p. 243.
14. Tallemant des Réaux, *op. cit.*, II, p. 369.
15. *Id.*, I, p. 591.
16. E. Poncher, *Règle de saint Benoît* (1646), p. 370.
17. Lettre du 2 juin 1687, adressée par l'abbesse Gabrielle de Rochechouart aux monastères de son ordre. Voir : P. Clément, *Une abbesse de Fontevrault*, p. 285.
18. P. Lesourd, *op. cit.*, note 393, p. 473.
19. Voir par exemple les difficultés que rencontra Marie de Beauvilliers avec les confesseurs successifs de Montmartre, racontées par J. de Blémur dans ses *Éloges*.
20. P. Clément, *op. cit.*, pp. 250 et suiv.
21. Le P. Desmarets, *Histoire de Madeleine Bavent*, p. 13.
22. J.-B. Thiers, *Traité de la clôture*, p. 410.
23. Mme de Mazarin (Hortense Mancini) était la plus belle des nièces du cardinal Mazarin.
24. Héros de la *Jérusalem délivrée* du Tasse.
25. Mme de Sévigné, Lettre à sa fille du 6 mai 1676.
26. *Id.*, Lettre du 30 septembre 1676.

27. *Journal de Jacques Dufour*, cité dans *L'Abbaye royale de Notre-Dame de Jouarre*, pp. 268-269.
28. S. Mercier, *op. cit.*, VII, p. 96.
29. G. May, *Diderot et « La Religieuse »*, pp. 86 et suiv.
30. J. de Chabanel, *La Règle prescrite par saint Augustin*, pp. 27-28.
31. J.-J. Surin, *Triomphe de l'amour divin*, p. 92.
32. Le P. Desmarets, *op. cit.*, pp. 8-9.
33. G. Casanova, *Histoire de ma vie*, éd. Brockhaus-Plon, 1960-1962, VII, pp. 295-296.

CHAPITRE XI

1. J. de Blémur, *Éloges*, II, 2ᵉ partie, p. 10.
2. C. Torchet, *Histoire de l'abbaye... de Chelles*, II, p. 50.
3. J.-B. Thiers, *Traité de la clôture*, p. 498.
4. *Règlements des offices... de Montmartre* (1671), p. 89.
5. *Id.*, pp. 88 et 90.
6. Cité par Y. Chaussy, *Les Bénédictines*, p. 327.
7. Fl. Boulenger, *Traité de la clôture*, p. 387.
8. Cité par Y. Chaussy, *op. cit.*, pp. 327-328.
9. Fl. Boulenger, *op. cit.*, p. 423.
10. *Id.*, p. 227.
11. J.-B. Thiers, *op. cit.*, pp. 440-442.
12. J.-F. Senault, *Oraison funèbre de Mme de la Porte* (1671), p. 12.
13. Pierre de L'Estoile, *Mémoires-Journaux*, à la date du « dernier juillet 1590 ». D'autres versions de cette anecdote se trouvent dans le *Baron de Foeneste* d'Agrippa d'Aubigné, et dans les *Historiettes* de Tallemant des Réaux (Gallimard, 1960, t. I, p. 17).
14. *Sainte Fare et Faremoutiers*, p. 317.
15. J.-B.-A. Boucher, *La Vie de la bienheureuse Marie de l'Incarnation* (1800), p. 334.
16. *L'Abbaye royale de Notre-Dame de Jouarre*, pp. 216 et 225.
17. Mlle de Montpensier, *Mémoires*, Librairie Fontaine, 1985, II, p. 244.
18. *Coutumier... de la Visitation Saint-Marie*, pp. 9-11.
19. J. Éveillon, *Traité des excommunications*, p. 179.
20. Fl. Boulenger, *op. cit.*, p. 301.
21. J.-B. Thiers, *op. cit.*, p. 300.
22. Mme de Sévigné, Lettre du 29 avril 1678 à M. et Mme de Grignan.
23. Fl. Boulenger, *op. cit.*, pp. 299-301.
24. Baronne d'Oberkirch, *Mémoires*, Mercure de France, 1970, pp. 238-239.
25. Fl. Boulenger, *op. cit.*, p. 244.
26. J.-B. Thiers, *op. cit.*, p. 438.

CHAPITRE XII

1. J.-B. Thiers, *Traité de la clôture*, p. 456.
2. Tallemant des Réaux, *Historiettes*, Paris, Gallimard, 1960, II, p. 448.
3. *Journal manuscrit d'Anne de Chauffepié*. Dans : *Bulletin de la société de l'histoire du protestantisme français*, tome VI, p. 257.
4. *Id.*, pp. 257-258.
5. *Id.*, pp. 261-263.
6. Mlle de Montpensier, *Mémoires*, Libraire Fontaine, 1985, II, pp. 377-378.
7. H. Mancini, *Mémoires*, Mercure de France, 1965, pp. 54-55.
8. Sur ces pensions, voir Jèze, *État ou tableau de la ville de Paris*, pp. 375 et suiv.
9. Mme de Genlis, *Mémoires inédits*, Paris, Ladvocat, 1825, 2ᵉ édition, I, pp. 199 à 205.
10. *Notes secrètes sur l'abbaye de Longchamp en 1768*.
11. Voir L. Lambeau, *Le Prieuré de la Madeleine du Traisnel*, Paris, 1911.

CHAPITRE XIII

1. Mme de Maintenon, *Entretiens sur l'éducation*, p. 22.
2. Fénelon, *De l'Éducation des filles*, dans : *Œuvres* (1820), XVII, p. 98.
3. *Id.*, p. 6.
4. G. Snyders, *La Pédagogie en France*, p. 168.
5. *Règlement des enfants*. Dans : *Constitutions du monastère de Port-Royal* (Paris, 1721).
6. *Mémoires pour servir à l'histoire de Port-Royal* (Utrecht, 1742), III, p. 401.
7. *Id.*, III, p. 118.
8. *Id.*, III, pp. 402-403.
9. J. Racine, *Abrégé de l'histoire de Port-Royal*. Dans : *Œuvres complètes*, Paris, Gallimard, 1964-66, II, p. 59.
10. Mme de Maintenon, *Lettres historiques et édifiantes*, II, p. 227.
11. Desmarets de Saint-Sorlin, *Seconde Partie de la réponse à l'insolente apologie de Port-Royal*, Paris, F. Muguet, 1666, pp. 27-28. Et P. Nicole, *L'Hérésie imaginaire*, s.l.n.d., pp. 306-307.
12. Cité par H. de Leymont, *Mme de Sainte-Beuve...* p. 392. note 2.

13. H. de Leymont, *op. cit.*, pp. 393-394.
14. Mme de Maintenon, *Lettres sur l'éducation des filles*, p. 126.
15. *Id.*, note p. 34.
16. *Id.*, p. 216.
17. *Id.*, p. 233.
18. *Id.*, p. 132.
19. Th. Lavallée, *Histoire de la maison royale de Saint-Cyr*, p. 252

CHAPITRE XIV

1. Riballier, *De l'Éducation physique et morale des enfants*, p. 52.
2. Bernardin de Saint-Pierre, *Discours sur l'éducation des femmes*, dans : *Œuvres posthumes*, p. 451.
3. Riballier, *op. cit.*, p. 2.
4. Castel de Saint-Pierre, *Ouvrages de politique*, p. 270.
5. Mme de Miremont, *Traité de l'éducation des femmes* (Préliminaire).
6. Mme de Miremont, *op. cit.*, pp. 60-61.
7. *Id.*, p. 62.
8. *Id.*, pp. 62-63.
9. J.-J. Bachelier, *op. cit.*, p. 8.
10. Riballier, *op. cit.*, p. IX.
11. *Id.*, p. 4.
12. Bachelier, *op. cit.*, p. 11.
13. Bernardin de Saint-Pierre, *op. cit.*, p. 457
14. Riballier, *op. cit.*, p. 50.
15. Sur le séjour de Mme Roland chez les dames de la Congrégation, voir ses *Mémoires*, pp. 223 et suiv. Sur ce couvent, voir aussi P. et M.-L. Biver, *Abbayes et couvents de femmes*, p. 232
16. Jèze, *État ou tableau de la ville de Paris*, pp. 169 et suiv.
17. Mme Roland, *op. cit.*, p. 247.
18. La maîtresse générale, responsable du pensionnat.
19. L. Perey, *Histoire d'une grande dame....* pp. 18-19
20. *Id.*, p. 163
21. *Id.*, pp. 102-103
22. *Id.*, p. 62.
23. *Id.*, pp. 59-61.
24. L'abbé Musson, *Les Ordres monastiques*, III, p. 212.

SOURCES ET BIBLIOGRAPHIE

I. Constitutions, statuts, coutumiers des ordres*

Cérémonial de l'office divin pour les religieuses de Sainte-Ursule de la Congrégation de Paris. Paris, L. Josse, 1713.

Cérémonial des religieuses bénédictines de l'Institut de l'adoration perpétuelle du très Saint-Sacrement. Paris, R. Ballard, 1668.

Cérémonial des vêtures et professions pour les religieuses de Sainte-Ursule de la congrégation de Paris. 2ᵉ éd. revue et corrigée. Paris, G. Blaizot, 1668.

Cérémonial pour l'entrée des postulantes, des vêtures et professions, et du renouvellement des vœux pour les religieuses de Sainte-Aure... Paris, Cl. Simon, 1782.

Constitution de la maison de Saint-Louis, établie à Saint-Cyr (par Mme de Brinon). Paris, J. Anisson, 1700.

Constitutions des religieuses de Sainte-Ursule de la congrégation de Paris... Paris, G. et L. Josse, 1685.

Coutumier des monastères de l'Annonciade céleste, contenant l'observance du coutumier de l'ordre et les pratiques transmises par la tradition des mères. Langres, Dujussieu, 1843.

Coutumier et Directoire pour les sœurs religieuses de la Visitation Sainte-Marie. Paris, S. Huré, 1637.

Exercices journaliers du noviciat de l'abbaye royale de Montmartre. Rouen, 1677.

Instructions pour le noviciat à l'usage des postulantes et novices des religieuses de Sainte-Aure... Paris, C. Simon, 1785.

Règle et constitutions des religieuses de l'ordre de Notre-Dame du Mont-Carmel selon la réformation de sainte Thérèse, pour les monastères de son ordre en France. Réimprimé sur l'édition de 1704. Montpellier, J. Martel aîné, 1854.

Règlement des offices de l'abbaye royale de Montmartre. Paris, E. Levasseur, 1671.

---

* Ces textes étant particulièrement nombreux, nous n'en citerons que quelques uns, à titre indicatif.

Règlements des religieuses ursulines de la congrégation de Paris. Paris, L. Josse, 1705.

Règlements généraux et particuliers pour les religieuses bénédictines de ce monastère de Notre-Dame des Anges [de Montargis] et pour chaque officière en particulière [sic]. Premier chapitre des conseils que notre révérende mère G.G. [Geneviève Granger] a laissés à la communauté avant sa mort. Ms, 1663. (Abbaye de Fernham, Berks, G.-B.)

Règlements généraux pour les religieuses bénédictines de Notre-Dame des Anges de Montargis et pour chaque officière en particulière. Dressés sur les conseils de notre révérende mère Geneviève Granger... pendant sa vie, et que notre révérende mère Geneviève Nau a recueillis et mis dans leur dernier éclaircissement afin d'en faciliter la pratique aux sœurs. Ms, s.d. (Abbaye de Fernham, Berks, G.-B.).

Règlements généraux. Ms, 1673 (manque page de titre). (Abbaye de Fernham, Berks, G.-B.)

Statuts des moniales chartreuses... : Voir Le Masson (I.).

II. Principaux ouvrages consultés[*]

L'Abbaye royale Notre-Dame de Jouarre. Paris, G. Victor, 1961, 2 vol.

ALLIOT (J.-M.), *Histoire de l'abbaye de Notre-Dame de Gif.* Paris, A. Picard, 1892.

AUDIFFRET (H.) *Ouvrages de piété.* Paris, G. Josse, 2 vol.

BACHELIER (J.-J.), *Mémoire sur l'éducation des filles, présenté aux États généraux.* Paris, impr. royale, 1789.

BARTHÉLEMY (E. de), *Étude sur la vie de Jeanne-Françoise Frémyot... fondatrice de l'ordre de la Visitation Sainte-Marie.* Paris, J. Lecoffre, 1860.

– *Les Filles du Régent.* Paris, Firmin-Didot, 1874, 2 vol.

– *Mesdames de France, filles de Louis XV.* Paris, Didier, 1870.

– *Recueil des chartes de l'abbaye de Montmartre...,* Paris, Champion, 1883.

BEAUVILLIERS (Marie de), *Conférences spirituelles d'une supérieure à ses religieuses... d'après un manuscrit revu par L. G.* Paris, Toulouse, 1837.

BÉGON (Fanny de, pseud. : Mme de Stolz), *Notice sur le premier monastère de la congrégation de Notre-Dame de Paris* (Abbaye-au-Bois)... Paris, Tolmer et I. Joseph, 1877.

BERTHAULT (Cl.-H.), *L'Abbaye de Chelles.* Paris, Dupont, 1889-1894. 3 vol.

– *L'Abbaye du Pont-aux-Dames.* Meaux, Le Blondel, 1878.

BERTOUT (A.), *Les Ursulines de Paris sous l'Ancien Régime.* Paris, Firmin-Didot 1935.

BIVER (P. et M.-L.), *Abbayes, monastères et couvents de femmes à Paris, des origines à la fin du XVIIIe siècle*. Paris, P.U.F., 1975.

BLÉMUR (J. Bouette de), *Éloges de plusieurs personnes illustres en piété de l'ordre de saint Benoît*. Paris, L. Billaine, 1679, 2 vol.

BOILEAU (J.), *Histoire des flagellants*. Amsterdam, F. Van der Plaats, 1701.

BONNARDOT (H.), *L'Abbaye royale de Saint-Antoine-des-Champs, de l'ordre de Cîteaux, étude topographique et historique*. Paris, Féchoz et Letouzey, 1882.

BOUCHER (J.-B.-A.), *Histoire de la bienheureuse Marie de l'Incarnation...* Paris, J. Lecoffre, 1854.

– *Vie de la bienheureuse Marie de l'Incarnation*. Paris, Barbou, 1800.

BOULENGER (Fl.), *Traité de la clôture des religieuses...* Paris, D. Moreau, 1629.

BOUSSOULADE (J.), *Moniales et hospitalières dans la tourmente révolutionnaire...* Paris, Letouzey et Ané, 1962.

BRÉGY (Sœur Estochie de), *Modèle de foi et de patience dans toutes les traverses de la vie et dans les grandes persécutions, ou vie de la mère Marie des Anges Suireau abbesse de Maubuisson et de Port-Royal...* Aux dépens de la compagnie, 1754.

– *Relations sur la vie de la révérende mère Marie des Anges, morte en 1658...*, s.l., 1737, 2 vol.

BREMOND (H.), *Histoire littéraire du sentiment religieux en France*. Paris, Bloud et Gay, 1916-1936, 12 vol.

CADET (F.), *L'Éducation à Port-Royal*. Paris, Hachette, 1887.

CAMBOUNET DE LA MOTHE (J. de), *Journal des illustres religieuses de l'ordre de Sainte-Ursule...* Bourg-en-Bresse, J. Ravaux, 1684-1690, 4 vol.

CAMPAN (J.-L.-H. Genest, dame), *De l'Éducation...* Paris, Baudouin frères, 1824, 2 vol.

CASTEL DE SAINT-PIERRE (Ch.-I.), *Projet pour multiplier les collèges de filles*. Dans *Ouvrages de politique*, 2e éd., Rotterdam, J.-D. Beman, et Paris, Briasson, 1733-1740, tome IV.

CAUSSIN (N.), *Les Devoirs funèbres rendus à l'heureuse mémoire de madame Catherine-Henriette de Beauvilliers, dite de Sainte-Gertrude, coadjutrice de l'abbesse de Montmartre*. Paris, A. Taupinard, 1634.

CERTEAU (M. de), *La Possession de Loudun*. Paris, Julliard, 1970.

CHABANEL (J. de), *La Règle prescrite par saint Augustin aux nonnains et religieuses...* Toulouse, 1612.

CHAUGY (Fr.-M. de), *Vies des premières religieuses de l'ordre de la Visitation Sainte-Marie... édition augmentée d'une notice par M. Louis Veuillot*. Paris, Julien, Lanier et Cie, 1852, 2 vol.

CHAUSSY (Y.), *Les Bénédictines et la réforme catholique en France au XVIIe siècle*. Paris, éd. de la Source, 1975, 2 vol.

CHERONNET (Dom J.-Fr.), *Histoire de Montmartre... revue et publiée par l'abbé Ottin, curé de Montmartre*. Paris, Breteau et Pichery, 1843.

CHODERLOS DE LACLOS (P.-A.-Fr.), *De l'Éducation des femmes...* Paris, A. Messein, 1903.

Chroniques de l'ordre des carmélites. Troyes, 1846.

CLÉMENT (P.), *Une abbesse de Fontevrault au XVIIᵉ siècle. Gabrielle de Rochechouart de Mortemart, étude historique.* Paris, Didier, 1869.

COGNET (L.), *La Réforme de Port-Royal (1591-1618).* Paris, Sulliver, 1950.

— *La Mère Angélique et saint François de Sales (1618-1626).* Paris, Sulliver, 1951.

— *Relation écrite par la mère Angélique Arnauld sur Port-Royal...* Paris, B. Grasset, 1949.

COMPAYRÉ (G.), *Histoire critique des doctrines de l'éducation en France depuis le XVIᵉ siècle.* Paris, Hachette, 1879, 2 vol.

COSME DE SAINT-PIERRE (Père), *Discours funèbre sur la vie et la mort de feue Mme Anne-Bathilde de Harlay, abbesse de Notre-Dame de Sens...* Paris, F. Muguet, 1668.

— *Oraison funèbre de feue Madame Anne-Marie de Lorraine, abbesse de l'abbaye de Notre-Dame du Pont* [Pont-aux-Dames]. Paris, G. Josse, 1653.

CRAUZAT (E. de), *Le Dernier Médecin de l'abbaye de Montmartre,* dans : *Le Vieux Montmartre,* nᵒˢ 75-78 (1912), pp. 131-135.

CRISTIANI (L.), *Jeanne de Matel, fondatrice de l'ordre du Verbe incarné...* Lyon, 1979.

CRUCIFIX-BULTINGAIRE (G.), *Feuillants et feuillantines.* Paris, 1961.

DAOUST (J.), *Catherine de Bar, mère Mectilde du Saint-Sacrement (1614-1698)...* Paris, Téqui, 1979.

DARBO (P.), *Oraison funèbre d'Henriette d'Escoubleau de Sourdis, coadjutrice de l'abbesse de Montmartre.* Paris, A. de Sommaville, 1643.

DELUMEAU (J.), *La Mort des pays de cocagne.* Paris, Publications de la Sorbonne, 1976.

DEPOIN (J.) et DUTILLEUX (A.), *L'Abbaye de Maubuisson (Notre-Dame-la-Royale)...* Pontoise, impr. de Paris, 1882-1884, 3 vol.

DESMARETS (Père), *Histoire de Magdeleine Bavent, religieuse du monastère Saint-Louis de Louviers...* Paris, 1652.

DEVOS (R.), *L'Origine sociale des Visitandines d'Annecy aux XVIIᵉ et XVIIIᵉ siècles.* Annecy, Académie salésienne, 1973.

DU BLED (V.), *Les Couvents de femmes avant 1789.* Dans : *La Société française du XVIᵉ et XVIIᵉ siècle,* vol. IV, pp. 96-154. Paris, Perrin, 1904.

DUCHESNE (G.), *Histoire de l'abbaye royale de Longchamp (1255 à 1789).* Paris, Charles, 1905.

DUQUESNE (A.-B. d'Icard), *Vie de la vénérable mère Catherine de Bar.* Nancy, C.-S. Lamort, 1775.

DUVAL (G.), *La Bibliothèque de l'abbaye de Montmartre.* Dans : *Le Vieux Montmartre,* nᵒ 27 (1896), pp. 239-252.

Entretiens sur l'homme et le diable. (Centre culturel international de Cerisy-la-Salle.) Paris, La Haye, Mouton et Cie, 1965.

ÉRIAU (J.-B.), *L'Ancien Carmel du faubourg Saint-Jacques (1604-1792)*. Paris, J. de Gigord, 1929.

ESPINASSY (Mlle d'), *Essai sur l'éducation des demoiselles*. Paris, B. Hochereau, 1764.

ESPRIT DU BOSROGER (Père), *La Piété affligée, ou Discours... de la possession des religieuses dites de Sainte-Élisabeth de Louviers..* Rouen, J. Le Boulenger, 1652.

ÉVEILLON (J.), *Traité des excommunications et monitoires*. Angers, P. Avril, 1651.

FÉLIBIEN (M.), *Histoire de la ville de Paris..., revue, augmentée et mise au jour par D. Guy-Alexis Lobineau*. Paris, G. Desprez, 1725, 5 vol.

FÉNELON (F. de Salignac de La Mothe), *De l'Éducation des filles*, dans : Œuvres, tome XVII. Paris, J.-A. Lebel, 1820.

FLEURY (Cl.), *Des congrégations religieuses... accompagné de notes historiques et continué jusqu'à nos jours par *** avocat*. Paris, Sautelet, 1826.

– *Vie de la mère d'Arbouze*. Dans : *Opuscules de M. l'abbé Fleury*, tome III. Nîmes, P. Beaume, 1780-1783.

FLOQUET (A.-P.), *Études sur la vie de Bossuet...* Paris, Firmin-Didot frères, 1855, 3 vol.

FOSSEYEUX (M.), *Les Apothicaires des couvents sous l'Ancien Régime*. Paris, Daupeley-Gouverneur, 1921.

FOUCAULT (M.), *Histoire de la folie à l'âge classique*. Paris, Gallimard, 1976.

FUNCK-BRENTANO (F.), *Les Lettres de cachet à Paris*. Paris, impr. nationale, 1903.

GARÇON (M.) et VINCHON (J.), *Le Diable. Étude historique, critique et médicale*. Paris, Gallimard, 1926.

GAYRAL (L.-L. et J.), *Les Délires de possession diabolique*. Paris, Vigot, 1944.

GAZIER (A.), *Histoire générale du mouvement janséniste*. Paris, E. Champion, 1923-1924, 2 vol.

GERMAIN (M.), *Histoire de l'abbaye royale Notre-Dame de Soissons*. Paris, J.-B. Coignard, 1675.

GERVAISE (A.-Fr.), *Histoire générale de la réforme de Cîteaux*. Avignon, 1746.

GONCOURT (E. et J. de), *La Femme au XVIIIe siècle*. Paris, Flammarion, 1982.

GREEN (Fr.-Ch.), *La Peinture des mœurs de la bonne société dans le roman français de 1715 à 1761*. Paris, P.U.F., 1924.

GREIL (L.), *État des monastères de filles religieuses du diocèse de Cahors en 1668*. Cahors, F. Delpérier, 1900.

GUEUDRÉ (M. de Chantal), *Histoire de l'ordre des ursulines en France*. Paris, éd. Saint-Paul, 1958, 2 vol.

GUILHERMY (Fr. de), *Montmartre...* Paris, éd. de la Société du Vieux Montmartre, 1906.

HÉLYOT (P.), *Histoire des ordres monastiques, religieux et militaires, et des congrégations séculières... continuée par le père Bullot.* Paris, J.-B. Coignard, 1714-1719, 8 vol.

Histoire de l'ordre de Fontevrault (1100-1908)... Auch, impr. L. Cocharaux, 1911-1915, 3 vol.

Histoire du monastère de Notre-Dame de Prouille. Grenoble, Baratier et Dardelet, 1898.

HONORÉ C..., *Notice historique sur l'abbaye de Longchamp.* Paris, Librairie héraldique de J.-B. Dumoulin, 1869.

HOUSSAYE (M.), *M. de Bérulle et les carmélites de France (1575-1611).* Paris, Plon, 1872.

JAILLOT (J.-B. Renou de Chevigné, dit), *Recherches critiques, historiques et topographiques sur la ville de Paris, depuis ses commencements jusqu'à présent.* Paris, M.-M. Lottin, 1772-1775, 5 vol. et un atlas.

JEAN-MARIE DE VERNON (Père), *La Vie de la V. M. Marguerite de Saint-Xavier, religieuse ursuline du monastère de Dijon.* Paris, G. Josse, 1665.

JÈZE, *État ou tableau de la ville de Paris, considérée relativement au nécessaire, à l'utile, à l'agréable et à l'administration.* Paris, Prault, 1760.

JONQUET (E.), *Montmartre, autrefois et aujourd'hui.* Paris, Dumoulin, 1890.

Journal du citoyen. La Haye, 1754.

LAMBEAU (L.), *L'Abbaye-au-Bois de Paris (1636-1906).* Paris, impr. municipale, 1906.

– *Le Prieuré de la Madeleine du Traisnel, rue de Charonne (1653-1911).* Paris, impr. municipale, 1911.

– *Les Dames de Saint-Michel... L'ancien couvent de la Visitation de la rue Saint-Jacques.* Paris, impr. municipale, 1906.

– *Un vieux couvent parisien, les Dominicaines de la Croix de la rue de Charonne (1639-1904).* Paris, impr. municipale, 1908.

LANGLOIS (Cl.), *Le Catholicisme au féminin. Les congrégations françaises à supérieure générale au XIXe siècle.* Paris, Cerf, 1984.

LANGUET DE GERGY (J.-J.), *La Vie de la vénérable mère Marguerite-Marie [Alacoque]...* Paris, Vve Mazières et J.-B. Garnier, 1729.

LAPLANTINE (Fr.), *Les Trois Voix de l'imaginaire : le messianisme, la possession et l'utopie. Étude ethnopsychiatrique.* Paris, Éd. universitaires, 1974.

LAPRADE (A.), *L'Ancien Couvent des dames de Sainte-Aure et le couvent des bénédictines adoratrices du Saint-Sacrement.* Paris, impr. Roy, 1960.

LAVALLÉE (Fl.), *La Naissance de la Visitation.* Lyon-Paris, E. Vitte, 1922.

LAVALLÉE (Th.), *Histoire de la maison royale de Saint-Cyr (1686-1793).* Paris, Furne, 1853.

LEBEUF (J.) et COCHERIS (H.), *Histoire de la ville et de tout le diocèse de Paris... Nouvelle édition annotée et continuée jusqu'à nos jours par Hippolyte Cocheris.* Paris, A. Durand, 1863-1870, 4 vol.

LECOQ (M.), *Les Cordelières de Lourcine au faubourg Saint-Marcel-lez-Paris*. Paris, éd. municipales, 1969.

LE COUTURIER (E.), *La Visitation*. Paris, B. Grasset, 1935.

LEGUÉ (G.), *Urbain Grandier et les possédées de Loudun, documents inédits de M. Charles Barbier*. Paris, L. Baschet, 1880.

LEGUÉ (G.) et TOURETTE (G. de La), *Sœur Jeanne des Anges... autobiographie d'une hystérique possédée d'après le manuscrit inédit de la bibliothèque de Tours*. Paris, G. Charpentier et Cie, 1886.

LEMAIRE (S.), *La Commission des Réguliers (1766-1780)*. Paris, Tenin, 1926.

LE MASSON (I.), *Statuts des moniales chartreuses tirés des statuts de l'ordre et de quelques ordonnances des chapitres généraux*. Grenoble, C. Faure, 1690.

LE MOINE (R.), *Le Droit des religieux, du Concile de Trente aux Instituts séculiers*, Paris, D.D.B., 1956.

– *Le Monde des religieux. Époque moderne (1563-1789)*. Paris, Cujas, 1976.

LE NAIN (P.), *Essai de l'histoire de l'ordre de Cîteaux*. Paris, F. Muguet, 1696-1697, 9 vol.

LE PRADO (S.), *Des aumônes dotales. Étude juridique sur le contrat d'entrée en religion*. Angers, J. Siraudeau, 1908.

LESOURD (P.), *La Butte sacrée. Montmartre, des origines au XXᵉ siècle*. Paris, Spes, 1937.

LEYMONT (H. de), *Mme de Sainte-Beuve et les ursulines de Paris (1562-1630). Étude sur l'éducation des femmes en France au XVIIᵉ siècle*. Lyon, Vitte et Perrussel, 1890.

LOYSEL (Ch.), *Des aumônes dotales ou dots moniales avant 1789*. Paris, A. Rousseau, 1908.

MABILLON (J.), *Sur les dots des religieuses*, dans : *Œuvres posthumes*, t. II, pp. 64-69. Paris, F. Rabuty, J.-E. Josse, Jombert le Jeune, 1724, 3 vol.

MAILLARD (J.), *Triomphe de la pauvreté et des humiliations, ou la vie de Mademoiselle de Bellère du Tronchay, appelée communément sœur Louise*. Paris, G. Martin, 1732.

MAINTENON (Françoise d'Aubigné, marquise de), *Entretiens sur l'éducation des filles*. Paris, Charpentier, 1854.

– *Lettres historiques et édifiantes*. Paris, Charpentier, 1856, 2 vol.

– *Lettres sur l'éducation des filles*. Paris, Charpentier, 1854.

MANDROU (R.), *Magistrats et sorciers en France au XVIIᵉ siècle*. Paris, Plon, 1968.

MANZIN (J.), *Les Comptes de la dépositaire et du receveur de l'abbaye de Montmartre, 1758-1790*. Dans : *Le Vieux Montmartre*, 1930, pp. 197-224.

MAUPAS DE TOUR (H. Cauchon de), *La Vie de la vénérable mère Jeanne Frémiot, fondatrice et première mère et religieuse de l'ordre de la Visitation Sainte-Marie*. Paris, S. Piget, 1643.

MAY (G.), *Diderot et « La Religieuse », étude historique et littéraire*. Paris, P.U.F., 1954

MAZÉ (Jean), *Souverains et monastères*. Paris, éd. de Fontenelle, 1945.

MAZÉ (Jules), *Histoire de deux vieilles maisons : l'Hôtel de Brienne et le couvent Saint-Joseph*. Paris, Champion, 1927.

Mémoires et relations sur ce qui s'est passé à Port-Royal des Champs depuis le commencement de la réforme de cette abbaye. S.l., 1716.

Mémoires pour servir à l'histoire de Port-Royal et à la vie de la révérende mère Angélique de Sainte-Magdeleine Arnauld, réformatrice de ce monastère. Utrecht, 1742, 3 vol.

MERCIER (S.), *Tableau de Paris, nouvelle édition corrigée et augmentée*. Amsterdam, 1783, 12 vol.

METZ (R.), *La Consécration des vierges dans l'Église romaine*. Paris, P.U.F., 1954.

MIREMONT (A. d'Aubourg de la Boue, comtesse de), *Traité de l'éducation des femmes et cours complet d'instruction*. Paris, impr de P.-D. Pierres, 1779-1789.

MOLETTE (Ch.), *Guide des sources de l'histoire des congrégations féminines françaises de vie active*. Paris, éd. de Paris, 1974.

MOREAU-RENDU (S.), *Le Prieuré royal de Saint-Louis de Poissy*. Colmar, impr. Alsatia, 1968.

MUSSON (abbé), *Les Ordres monastiques. Histoire extraite de tous les auteurs qui ont conservé à la postérité ce qu'il y a de plus curieux en chaque ordre*. Berlin, 1751, 7 vol.

NAZ (R.), *Dictionnaire de droit canonique*. Paris, Letouzey et Ané, 1935.

Notes secrètes sur l'abbaye de Lonchamp en 1768. « Bibliothèque galante », Paris, F. Henry, 1870.

OLIVIER-MARTIN (Fr.), *Histoire du droit français, des origines à la Révolution*. Paris, Domat-Monchrestien, 1948.

PARIS (L.), *L'Abbaye d'Avenay*. Reims, E. Guény, 1879.

PENAUD (G.), *La Vénérable Mère Jeanne de Matel... sa vie, son esprit, ses œuvres*. Paris, V. Lecoffre, 1883.

PEREY (L., pseud. de Cl.-L.-A. Herpin), *Histoire d'une grande dame au XVIIIᵉ siècle : la princesse Hélène de Ligne*. Paris, Calmann-Lévy, 1892.

PIGANIOL DE LA FORCE (J.-A.), *Description historique de Paris, de Versailles...* Paris, Cavalier fils, 1742, 8 vol.

PITHOIS (Cl.), *La Découverte des faux possédés. Très utile pour reconnaître et discerner les simulations, feintises et illusions...* Châlons, G. Nobily, 1621.

PLONGERON (B.), *Les Réguliers de Paris devant le serment constitutionnel... 1789-1801*. Paris, Vrin, 1964.

POIGNANT (S.), *L'Abbaye de Fontevrault et les filles de Louis XV* Paris, Nlles éd. latines, 1966.

POMEREU (mère A. de), *Chroniques de l'ordre des ursulines, recueillies pour l'usage des religieuses du même ordre par la M.D.P.U.* Paris, Hénault, 1673.

PONCHER (E.), *Règle de saint Benoît, avec les statuts du R.P. Étienne Poncher, adaptés aux religieuses...* Paris, P. Chadière, 1646.

– *Règles des abbayes et monastères des filles religieuses de l'ordre de saint Benoît réformés par M. Étienne Poncher...* Paris, 1608.

PONTON (J.), *La Religieuse dans la littérature française*. Québec, Presses de l'université de Laval, 1969.

PROYART (L.-.B.), *Considérations sur l'existence des religieuses en France*. Paris, S. Charlier et G. Huyghe, 1790.

– *Vie de Madame Louise de France, religieuse carmélite, fille de Louis XV*. Nlle éd., Paris-Lyon, Perisse frères, 1854, 2 vol.

QUÉTEL (Cl.), *De par le Roy : essai sur les lettres de cachet.* Toulouse, Privat, 1981.

RACINE (J.), *Abrégé de l'histoire de Port-Royal*. Dans : *Œuvres complètes*, éd. établie par R. Picard, tome II. Paris, Gallimard, 1964-1966.

RAUNIÉ (E.), *Épitaphier du vieux Paris*. Paris, impr. nationale, 1890.

RENEAULT (abbé), *Élection d'une prieure au monastère des bénédictines du Saint-Sacrement de Rouen...* Rouen, A. Lainé, 1939.

RIBALLIER, *De l'Éducation physique et morale des enfants des deux sexes*. Paris, Nyon l'aîné, 1785.

ROUSSEAU (Fr.), *Histoire de l'abbaye de Pentémont, depuis sa translation à Paris jusqu'à la Révolution*. Paris, P. Renouard, 1918.

– *Le Premier Monastère des carmélites en France, le couvent de l'Incarnation, faubourg Saint-Jacques*. Paris, P. Renouard, 1917

ROUSSELOT (P.), *Histoire de l'éducation des femmes en France*. Paris, Didier, 1883, 2 vol.

SAINT-PIERRE (B. de), *Discours sur l'éducation des femmes*. Dans . *Œuvres posthumes... mises en ordre et précédées de la vie de l'auteur par L. Aimé-Martin*. Paris, Lefèvre, 1833.

SAINTE-BEUVE (Ch.-A.), *Port-Royal*. Paris, Gallimard, 1953.

Sainte Fare et Faremoutiers, treize siècles de vie monastique. Abbaye de Faremoutiers, 1956.

SAUVAL (E.), *Histoire et recherches des antiquités de la ville de Paris*. Paris, C. Moette, 1724, 3 vol.

SCHMITZ (Ph.), *Histoire de l'ordre de saint Benoît*, tome VII : *Les Moniales*. Maredsous, 1956.

SENAULT (J.-Fr.), *Oraison funèbre de feue Mme Magdeleine de la Porte...* Paris, P. Le Petit, 1671.

– *Oraison funèbre de feue Marie-Françoise Lescuier, abbesse du Lys*. Paris, P. Le Petit, 1669.

– *La Vie de la mère Magdeleine de Saint-Joseph, religieuse carmélite déchaussée...* Paris, Vve J. Camusat, 1645.

SICARD (A.), *Le Clergé de France pendant la Révolution*. Paris, V. Lecoffre, 1912-1927, 2 vol.

SNYDERS (G.), *La Pédagogie en France aux XVIIe et XVIIIe siècles*. Paris, P.U.F., 1965.

SOLÉ (J.), *L'Amour en Occident à l'époque moderne*. Bruxelles, éd. Complexe, 1984.

– *Les Mythes chrétiens de la Renaissance aux Lumières*. Paris, Albin Michel, 1979.

Souègues (E.-Th.), *L'Année dominicaine, ou la vie des saints, des bienheureux, des martyrs et des autres personnages illustres... de l'ordre des prêcheurs*. Amiens, G. Le Bel, 1684-1693, 7 vol.

Surin (J.-J.), *Lettres spirituelles*. 2ᵉ édition. Paris, E. Couterot, 1704, 3 vol.

– *Triomphe de l'amour divin sur les puissances de l'enfer, en la possession de la mère prieure des ursulines de Loudun...* Avignon, Seguin aîné, 1829.

Thiers (J.-B.), *Oraison funèbre de... Louise de Thou, abbesse des Clairets de l'ordre de Cîteaux...* Paris, J.-B. Coignard, 1671.

– *Traité de la clôture des religieuses, où l'on fait voir... que les religieuses ne peuvent sortir de leur clôture ni les personnes étrangères y entrer sans nécessité*. Paris, A. Dezallier, 1681.

Torchet (Ch.-M.-Cl.), *Histoire de l'abbaye royale Notre-Dame de Chelles*. Paris, Retaux-Bray, 1889.

Tronson (L.), *Examens particuliers sur divers sujets propres aux ecclésiastiques et à toutes les personnes qui veulent s'avancer dans la perfection*. Paris, A. Des-Hayes, 1725.

Trou (D.), *Recherches historiques, archéologiques et biographiques sur la ville de Pontoise*. Pontoise, impr. de Dufey, 1841.

Vergé du Taillis-Bürglin (O.), *La Vie religieuse au temps de la vieille France : Chroniques de l'abbaye royale de Maubuisson (1236-1789)*. Paris, Perrin, 1947.

Vincent de Paul (saint) attribué à, *Lettre de saint Vincent de Paul au cardinal de La Rochefoucauld sur l'état de dépravation de l'abbaye de Longchamp...* (publiée par l'abbé J. Laboudetie). Paris, Moutardier, 1827.

Willaert (L.), *Après le concile de Trente : la restauration catholique (1563-1648)*. Paris, Bloud et Gay, 1960.

INDEX

TABLE DES MATIÈRES

*Achevé d'imprimer en octobre 1987
sur presse CAMERON
dans les ateliers de la S.E.P.C.
à Saint-Amand-Montrond (Cher)
pour le compte de la librairie Arthème Fayard
75, rue des Saints-Pères - 75006 Paris*

35-66-7790-03
ISBN 2-213-02018-3
Dépôt légal : octobre 1987
N° d'Édition : 6851. N° d'Impression : 1921.

Imprimé en France

35-7790-5